Research on Environmental Impact of
Shield Tunnel Excavation in Urban Subway

城市地铁盾构隧道开挖对环境的影响研究

孙　广　袁淑芳　聂庆科　管晓明　◎ 著
李华伟　赫英超　付朝立　张全秀

中国建筑工业出版社

图书在版编目（CIP）数据

城市地铁盾构隧道开挖对环境的影响研究 =
Research on Environmental Impact of Shield Tunnel
Excavation in Urban Subway / 孙广等著. -- 北京：
中国建筑工业出版社, 2024. 10. -- ISBN 978-7-112
-30344-1

Ⅰ. U231.3

中国国家版本馆 CIP 数据核字第 2024F84X66 号

责任编辑：杨　允
责任校对：李美娜

城市地铁盾构隧道开挖对环境的影响研究
Research on Environmental Impact of Shield Tunnel Excavation in Urban Subway

孙　广　袁淑芳　聂庆科　管晓明
李华伟　赫英超　付朝立　张全秀　著

*

中国建筑工业出版社出版、发行（北京海淀三里河路 9 号）
各地新华书店、建筑书店经销
国排高科（北京）信息技术有限公司制版
建工社（河北）印刷有限公司印刷

*

开本：787 毫米×1092 毫米　1/16　印张：11¾　字数：292 千字
2024 年 11 月第一版　2024 年 11 月第一次印刷
定价：**58.00** 元
ISBN 978-7-112-30344-1
（43005）

序

　　自从 1965 年 7 月中国开始修建第一条城市轨道交通线路，到 2024 年 2 月，我国 55 个城市开通运营城市轨道交通线路 308 条，运营里程 10205.6km。城市轨道交通凭借其运量大、速度快、覆盖面广、安全性高、低碳环保、出行便利、不占用地面空间等优点，在缓解城市交通压力方面发挥了重要作用，已成为我国城市居民日常出行的重要交通方式。"十四五"规划提出进一步加快城际铁路和市域（郊）铁路等轨道交通建设，构建城市群都市圈交通一体化。未来几年仍将持续加大轨道交通建设力度。

　　盾构法具有施工速度快、不影响地面交通、不受周边环境局限等优点，已成为我国城市轨道交通建设的主要技术。但由于其施工的复杂性和技术的局限性，施工过程不可避免地对周边土体造成不同程度的扰动；且具有很多的不确定性风险，影响建（构）筑物及人员安全，尤其是线路途经城市繁华区域和人员密集老城区，周边建筑林立、建筑基础地下结构复杂，盾构施工对既有结构会产生不利影响，包括建（构）筑物结构变形、破损或不能正常使用，对环境和民生影响大。因此盾构隧道施工风险的认识和应对，越来越引起业界的广泛关注。

　　本书作者曾参与了多个城市轨道交通工程建设，秉承"兢兢业业、精益求精"，多年来勤于工作、善于总结，具有丰富的实践经验，在城市轨道交通方面积极探索研究，积累了大量的第一手资料，得出了具有参考价值的成果。在盾构施工风险控制方面，综合利用室内试验、现场监测、数据分析、数值模拟、理论研究、数据耦合等多种手段，通过分析判断，归纳演绎，提出了许多科学性、应用性强的理论和方法，并成功应用于工程实践，为城市轨道交通工程顺利建设提供了技术支撑。

　　阅读此书，获益良多。该书是一部科学理论和工程实践相结合的专著，分析有理有据，结论合理可靠，对城市轨道交通同仁具有宝贵的借鉴和参考价值。倍感欣慰的同时，也衷心希望建设界多出这样的工作者、研究者，多出这样的著作，助力轨道交通快速发展。

梁余圆

全国工程勘察设计大师

前　言

　　盾构法是城市轨道交通中暗挖法施工的常用方法。盾构法具有施工机械化程度高，施工速度快，不受季节气候影响，安全高效等优势。但盾构开挖往往会对周围土体造成扰动，引起地层变形和地面沉降。当地层变形超过一定限度时，会严重危及周边建筑、地下管网的安全，甚至引发灾害性事故，危及人民生命财产安全。所以，研究并准确预测盾构隧道施工引起的地面及地层变形的大小和规律，对城市轨道交通建设具有重大意义。

　　国内外学者在该领域已进行了大量探索，获得了许多有理论价值和工程实用价值的成果。盾构隧道施工对土层扰动影响最大的是正面开挖以及盾构间隙的填充引起的沉降和变形，同时开挖面的稳定性分析、正面压力、掘进速度、盾尾注浆过程及后续注浆压力等施工参数对土体的扰动非常大。因此，掌握整个施工过程对土体扰动的影响规律和对周围建筑物和各种设施的安全具有重要的价值。

　　十多年来，作者主持参与了多个城市地铁盾构隧道的施工监测工作，对城市地铁盾构隧道开挖对土体扰动的影响规律和对周围环境的影响进行了深入研究。本书通过海量监测数据分析、室内试验、现场试验、理论模型分析、数值模拟分析，研究了盾构隧道施工引起的地层变形规律，构建了分类适用的计算分析理论，利用所构建的计算理论进行了模拟分析，提出有针对性的盾构机施工参数；同时结合工程监测，研制了监测数据融合分析系统，为盾构隧道信息化施工提供了基础。本书是作者十多年来研究成果的汇聚，希望能对城市轨道交通的建设贡献点力量。

　　全书共分6章。第1章叙述了盾构隧道开挖引起的地层变形和稳定性的意义；第2章介绍了盾构隧道开挖引起的地层变形和稳定性国内外研究现状；第3章结合石家庄地铁1号线工程，对砂黏复合地层中盾构隧道开挖引起的地层变形和稳定性进行了研究；第4章结合洛阳市城市轨道交通2号线一期工程，对富水砂卵石地层中盾构隧道开挖引起的地层变形和稳定性进行了研究；第5章结合石家庄建和桥桩基托换工程，研究了盾构隧道开挖中桩基托换引起的桥梁变形；第6章对全书内容进行了总结。

　　本书由中冀建勘集团有限公司孙广高级工程师、袁淑芳正高级工程师、聂庆科正高级工程师、李华伟博士、赫英超正高级工程师，石家庄市轨道交通有限责任公司付朝立正高级工程师、张全秀正高级工程师，青岛理工大学管晓明博士合著。中冀建勘集团有限公司张鹏飞、郝永攀、刘洪涛、曹崇、李延彬、刘晗、周立超，石家庄市轨道交通有限责任公司韩森，北京交通大学白冰教授、李涛教授、侯建鹏、李现柯，石家庄铁道大学袁维副教授参与了本书的相关研究工作。全书由孙广、袁淑芳、聂庆科统稿。

由于作者水平有限，书中难免存有不当之处，敬请读者斧正！

目　　录

第 1 章

绪　论

截至 2024 年 2 月，我国 31 个省（自治区、直辖市）和新疆生产建设兵团共有 55 个城市开通城市轨道交通运营线路 308 条，运营线路总长度 10205.6km，地铁、轻轨、市域快轨运营线路长度为 9499.8km。2023 年全年我国新增轨道交通运营线路 16 条，新增运营里程 581.7km。预计"十四五"后两年城市轨道交通仍处于比较稳定的快速发展期，城市轨道交通运营规模会持续扩大，在公共交通中发挥的骨干作用更加明显。城市轨道交通的高速发展离不开地下隧道的修建，这带给隧道建设者们前所未有的机遇和挑战。

隧道施工方法中，盾构法因其具有施工时不会阻断交通、安全快速、对周围环境影响小、有利于提高工程质量和保护地面环境等优势，近年来越来越多被应用于城市地铁隧道的修建，已成为国内外地铁建设的主要施工方法之一。根据土压平衡盾构施工的原理和特点，通常保持开挖面的稳定就可以避免周围的扰动。当隧道发生失稳破坏时，开挖面会出现局部或整体的坍塌破坏，开挖面前方地面会出现过大的沉降，变形过大会导致邻近建筑物开裂、倒塌等一系列环境问题，严重威胁周围建（构）筑物的安全和正常使用，同时会影响施工进度，造成巨大的经济损失。盾构隧道施工引起的开挖面稳定性、地层及地面变形问题已成为隧道设计和施工中的热点问题。结合工程实践，本书针对典型地层（石家庄砂黏复合地层和洛阳富水砂卵石地层）中盾构隧道开挖引起的地层变形、地面沉降变形规律及开挖面稳定性进行系统研究总结。

地铁隧道穿越工程会引起土体扰动，影响周围建筑物和各种设施的安全。工程结构安全状态监测作为一种评估工程结构安全状态的工具，在工程结构（如斜坡、桥梁、隧道、基坑等）的施工或正常工作阶段中得到了广泛的应用。利用数据融合技术，将同一结构从不同传感器和不同监测点的数据中提取综合信息，能更好地从不同角度进行分析，全面了解工程结构的安全状态[1]，且融合后的信息可以反映出比使用单个数据或单个监测点更准确可靠的结果[2]。

第 2 章

国内外研究综述

2.1 不同地层盾构隧道开挖面稳定性分析方法

随着我国地下空间开发的增多，盾构施工的地质条件及掘进环境等变得更加复杂。在目前盾构施工过程中，一般通过控制泥水压力或压力舱中的渣土压力来保持开挖面的稳定。然而，由于开挖面失稳产生地表大沉降或地表坍塌事故多次发生，给正常施工带来极大的影响。因此，保持开挖面稳定是保证盾构正常掘进施工的关键。国内学者针对盾构施工中不同地层开挖面的稳定性已开展了一些研究。

1. 黏土地层

何川等[4]得出，黄土地层中盾构掘进引起的地层横断面沉降曲线与黏性土地层存在差异，曲线形式表现为下部呈深 V 形、上部区域呈缓和的盆状，出土率与顶推力、推进速度成反比。王承震[5]（2015）得出，盾构停机时，随着停机时间的增长，泥水不断浸入开挖面前方土体，开挖面附近土体应力表现出一定的拱效应，导致开挖面稳定性不断降低。裴洪军[6]（2010）提出，某地区隧道盾构法施工开挖面稳定系数的取值范围，即 $N = 5\sim7$（$H/D = 2$），并用莫尔-库仑破坏准则和地表沉降进行了验证。

2. 复合地层

胡欣雨等[7]（2015）提出，对于常见上软下硬复合地层，有效泥浆支护压力宜控制在较小的区间取值，不宜过大，并应充分利用盾构本体正面挡板来保持地层的稳定；开挖面前方为楔形体，破坏区域顶部为烟囱状，最大沉降量发生在开挖面前方顶部附近。乔金丽等[8]（2010）推导了渗流作用下多层土盾构隧道开挖面的极限支护压力公式，表明隧道开挖面稳定的极限支护压力等于作用于开挖面的有效支护压力和渗透力的总和。霍晓龙等[9]（2013）提出用可靠度方法研究上软下硬地层中开挖面稳定性，选择预测误差最小的 GRNN 网络方法映射出足够多的压力比。

3. 砂土地层

邱龑等[10]（2015）提出基于稳定系数的开挖面失稳风险分析方法，支护压力越接近前方土体的静止水土压力，则开挖面变形越小，开挖面也越稳定；富水砂层盾构隧道的极限支护压力比约为 0.4，高于不考虑孔隙水压力时的隧道极限支护压力比。李君等[11]（2011）对干砂地层中盾构开挖面稳定性问题进行研究，揭示了随着土拱的形成、发挥和发展，开挖面经历了从局部失稳到整体失稳的渐进破坏的模式。陈仁朋等[12]（2011）研究了干砂地层中不同埋深比下盾构开挖面稳定性，分析了埋深比对开挖面极限支护力及地表沉降的影响,揭示了开挖面稳定性与极限支护力及地表沉降的关系。汤旅军等[13]（2013）通过离心试验发现,开挖面支护力先减小为极限值而后逐渐增大并最终趋于残余值;开挖面前方土体总体呈现"楔形体＋棱柱体"的失稳区;极限支护力随着隧道埋深比的增大先增加而后基本保持不变。韩月旺等[14]（2007）利用数值模拟计算对盾构穿越富含地下水的砂砾地层时,压力舱土体的渗透性对开挖支护压力的控制进行了研究。

2.2　盾构隧道地层变形分析方法

为了减小隧道开挖对周围土体的扰动,通常采用盾构法进行施工。虽然盾构施工技术近年来有了进一步发展,但由于地质条件和施工工艺的限制,很难避免盾构推进对地层的扰动。

针对盾构施工引起的地层变形,国内外已经开展了大量的分析和研究,主要方法有:

1. 经验公式法（Peck 公式和修正 Peck 公式）

Peck 等[15-18]对大量的工程监测资料进行反分析,采用地层损失率估算地表变形,并通过工程实测资料对地层损失率的取值进行了统计。白海卫等[19]（2015）采用 Peck 公式进行了拟合分析,并给出了杭州和武汉地区双线盾构隧道施工地层变形预测的相关参数。杨三资等[20]（2015）得出盾构隧道施工地表纵向变形呈现隆起、快速沉降、缓慢沉降和稳定四个阶段。周灿朗[21]（2016）得到隧道拱顶上方地层埋深与沉降值变化总体呈线性关系;地层变形在向上传播过程中有扩散效应,最大沉降值减小而影响范围增大;随着埋深的增加,地层损失率没有明显变化,而沉降槽宽度系数呈逐渐增大的趋势。

2. 弹性应变法

Sagaseta[22]（1987）采用镜像法得到了弹性半空间解析解。在此基础上,Verruijt 等[23-26]进一步将土体视为可压缩材料并考虑隧道变形椭圆化,重新定义了土体孔隙参数。

3. 随机介质法

朱忠隆等[27]（2001）将土体视为随机介质,通过随机预测法对盾构施工所引起的土体损失进行预测。

4. 复变函数法

王立忠和吕学金[28]（2007）在考虑隧道变形椭圆化的基础上,利用复变函数对土层损失所引起的地表变形进行了映射求解。

5. Mindlin 法

魏纲等[29,30]（2005、2006）利用空间弹性力学 Mindlin 解推导了正面附加推力和盾壳与土体之间摩擦力引起的纵向地面变形计算公式。姜安龙[31]（2015）基于 Mindlin 解,建立了考虑同步注浆压力及刀盘摩擦力影响的地层变形三维解析解,并结合现场监测数据和数值分析结果对其进行了验证。

6. 数值计算法

于宁等[32,33]（2004、2005）分别采用不同数值方法对盾构施工的动态过程进行了模拟,并对其引起的地表变形进行了分析。邱明明等[34]（2014）采用有限差分软件 FLAC3D 建立了三维盾构施工力学模型，对富水砂层条件下的盾构施工过程进行动态数值模拟，并结合现场实测数据分析了盾构施工引起的地表沉降规律。

2.3 盾构隧道开挖面稳定性及地层变形研究

盾构开挖主要采用土压平衡盾构机施工，一般工程地质环境较为复杂。许多学者对盾构隧道开挖面稳定性和地层变形进行了深入研究。

关辉辉等[35]（2015）分析归纳盾构掘进参数，并通过监控量测验证，得出出土量及注浆压力相近时，同步注浆量及土仓压力是三种地层地表沉降影响最大因素。杨三龙等[36]（2015）在盾构掘进参数均满足设计要求的情况下，从地下水损失、盾构土仓压力、同步注浆不足、浆液性能差的地层自稳性 4 个方面分析地表沉降的原因。刘栋[37]（2015）通过控制盾构选型、管片选型、掘进参数、同步注浆、二次补浆、管片螺栓复紧等方面，成功解决小半径曲线隧道盾构施工轴线难以控制、管片容易错台、地表沉降较大等问题。肖昱[38]（2015）通过采用同步注浆和二次注浆措施及优化的掘进施工参数控制了掌子面的稳定和地表沉降，并证明了土压平衡盾构适用于粉细砂地层。姜忻良等[39]等（2013）利用有限元软件 ANSYS14.0 建立三维有限元模型，分析预测盾构法施工对既有石德铁路线路造成的沉降变形及水平变形影响，并对比当两隧道的开挖面前后间隔距离不同对铁路的沉降差异，得出当两隧道开挖前后间距大于 24m 时，铁路沉降与先后单独开挖两隧道接近。王军等[40]（2015）为了进一步提高盾构掘进施工效率，根据土压平衡盾构施工特点，对盾构掘进的施工工序进行综合研究，得出主要影响因素。王忠昶等[41]（2017）利用 FLAC3D 建立了盾构双隧道的三维精细数值模型，得出盾构双隧道开挖造成的地层沉降大致沿隧道轴线与水平线夹角45°向地表扩散，横向地表沉降的影响距离距隧道中心约为30m。王军等[42]（2015）通过盾构选型、掘进参数统计和分析，得出盾构在全断面砂层中掘进时必须向改良土体注入膨润土泥浆和泡沫，以达到改良和减摩的作用；盾构在粉质黏土和中粗砂组成的复合地层中掘进时，单独使用泡沫改良土体就能满足掘进要求，膨润土泥浆将不以改良渣土为第一目的，而以润滑为第一目的。白永学等[43]（2012）针对砂卵石层特点，选用颗粒离散元法作为数值计算工具，通过对大型三轴试验的数值模拟，对砂卵石层的细观参数进行了标定，研究了支护压力对开挖面变形、地表沉降、开挖面的最大位移和土层应力的影响。

还有部分学者研究了地表超载、高水位对开挖面稳定性的影响以及开挖面稳定性极限分析理论。凌同华等[44]（2015）发现，①对隧道开挖面极限支护压力影响最大的地表超载区域大致分布在开挖面前方约 4.5m 至后方一定距离内；②当超载区分布在开挖面前方 10m 左右范围内时，对靠近开挖面前方地表的沉降作用效果较为明显。郑佳艳等[45]（2014）得出开挖面前方土体破坏时倾角随水位增高而逐趋平缓，总极限支护压力与水位高度呈非线性关系，且其斜率随水位增高而增大；在水位高度一定时，隧道埋深越小，渗流力对开挖面破坏模式和极限支护压力的影响越大。吕玺琳等[46]（2011）基于村山氏极限平衡法和极限分析上限法研究了盾构隧道开挖面稳定性，推导了维持开挖面稳定的最小极限支护压力计算公式。

2.4　多元监测信息融合

为了对盾构隧道开挖造成的变形进行全面分析，需要对多元监测信息进行融合，近年来，对于多元监测信息融合的研究逐渐增多。

肖德林等[47]（2020）利用 BP 神经网络融合技术，将多个不同监测点的位移监测数据进行融合，得到边坡的综合位移。基于融合后的位移数据，采用反馈分析方法得到边坡土体的力学参数。彭鹏等[48]（2011）将多传感器估值融合理论应用于西南某滑坡动态变形监测分析，证明了该方法在滑坡动态变形监测与分析中的有效性和可行性。王智伟等[49]（2020）提出了一种基于神经网络的多源异构监测数据融合算法，以温度、湿度、风力、云量、单日降水量和累计降水量等作为输入变量，以滑坡位移变化量数据作为输出数据，并采用甘肃省永靖县黑方台党川滑坡的实测数据进行了验证，结果表明神经网络数据融合算法适用于具有多源异构监测数据的滑坡变形预测。孙志久等[50]（2020）将大坝诊断基础数据和现场检查缺陷信息进行汇聚融合分析，研发了基于监测、现场检查及历史缺陷隐患的大坝安全智能诊断系统，提高大坝安全诊断的准确性。刘聪等[51]（2019）开发了基于三维变分数据同化的多传感器观测融合方案，用于融合 GPS 数据和钻孔测斜仪数据以预测滑坡，结果表明，利用同化过程可以比利用单一 GPS 数据或钻孔测斜仪数据更准确地监测边坡破坏。王勇等人[52]（2017）开发了一种双层异构传感器网络（即地质传感器和摄像传感器）来监测滑坡，地质传感器一旦监测到边坡异常，摄像机传感器将对其进行可视化分析，分析的内容包括层间触发、运动监测和图像压缩传输。

第 3 章

砂黏复合地层中盾构隧道开挖引起的地层变形和稳定性研究

3.1 引 言

石家庄地铁属于典型的非饱和砂黏复合地层,盾构开挖主要采用土压平衡盾构机施工。其工程地质环境较为复杂,根据隧道穿越的地层可分为三种典型断面,黄土状粉土、粉质黏土段,黏土质与砂质结合段(复合段),粉细砂、中粗砂段。本章以石家庄地铁工程背景研究砂黏复合地层中盾构隧道开挖引起的地层变形和稳定性。

研究内容及方法:

(1)根据地层因素、环境因素和组段划分方法,对盾构区间隧道进行组段划分。

(2)提出复合地层复合比的概念,构建标准推力-标准扭矩特征空间,研究掘进参数与砂黏复合地层复合比的关系,建立考虑复合地层开挖面组成的盾构掘进速率预测模型。

(3)揭示地层盾构施工过程中地层和地面的纵向和横向变形规律,并与矿山法施工引起的沉降进行对比分析。

(4)研究不同注浆压力、不同土舱压力对盾构隧道施工引起的地表沉降的影响规律,研究适用的盾构掘进控制参数,确保施工过程中的安全。

3.2 盾构区间隧道组段划分

3.2.1 组段划分原则与方法

盾构隧道组段划分的原则是根据盾构掘进过程中穿越的地层性质并综合考虑盾构施工环境条件的组合效应来进行组段的划分。

(1)盾构隧道穿越的地层性质。盾构施工参数确定的基本原则主要是依据盾构开挖地层情况。

(2)盾构施工环境条件的组合效应。除考虑盾构隧道穿越的地层情况外,还须充分考虑盾构施工环境条件的组合效应,即盾构隧道上方地层及重要管线情况,盾构隧道上(下)方地下建(构)筑物,地面沉降控制要求,盾构隧道穿越特殊地层条件(如巨型漂石、水体下穿越等),都会影响到盾构组段的划分。

1. 根据盾构隧道穿越地层的组段划分

1) 隧道穿越地层调查

以石家庄地铁 1 号线 1 期工程为例，从西向东穿越主城区，穿越的地层具有很强的代表性。故选取其中的 5～12 标段展开调查，作为石家庄地铁盾构隧道组段划分的基础。

2) 地层基本情况

（1）工程地质条件

工程场地施工范围内土层分布较为稳定，自上而下依次为人工堆积层、第四系全新统冲洪积层、第四系上更新冲洪积层等三大层。盾构区间穿越地层主要为黄土状粉质黏土、黄土状粉土、粉细砂、中粗砂。

（2）水文地质条件

根据勘察相关资料可知，勘察钻孔最大深度 40m，在勘察深度范围内未能实测到地下水位，根据对本工点周边水井的调查资料及区域水文地质资料，场地赋存一层地下水，地下水类型为潜水，埋深大于 45m，含水层为⑥$_5$层中粗砂（含卵石）。本次勘察未见上层滞水，但由于大气降水、管道渗漏等原因，拟建区间内不排除局部存在上层滞水的可能性。

（3）场地的地震评价及不良地质情况

盾构区间场地位于构造相对稳定地带，无新构造活动迹象。场地地势平坦，未发现有泥石流、滑坡、采空区等不良地质作用。场地地层为河流冲洪积地层，场地内存在湿陷性黄土状粉土、黄土状粉质黏土，因此拟建盾构区间场地目前存在的地质灾害主要为黄土湿陷。地基的湿陷等级为Ⅰ级，具轻微湿陷性，对盾构区间结构无影响。

3) 隧道穿越地层的组段划分

根据北京地区地层条件和近期开工修建的 6 条新线的地层调查结果来看，北京地铁盾构区间隧道穿越的主要地层为，砂砾石/砂卵石/圆砾地层、粉细砂/中—粗砂地层和粉土/粉质黏土/黏土地层，以及这三种土层组成的混合地层，极少数地区存在土岩混合地层和全断面岩层。因此，将盾构施工区间隧道穿越的地层（表 3.2-1）划分为如下 3 个组段：

（1）A 段：粉质黏土组成的地层。

（2）B 段：砂层，包括粉细砂、细中砂和中粗砂。

（3）C 段：土与砂的复合土层。

目前，石家庄地铁任何一个盾构区间隧道，盾构穿越的地层都是这三个组段的一种或者几种的组合。

石家庄地铁 1 号线盾构隧道穿越地层统计表　　　　　　　　　　表 3.2-1

标段	区间	埋深/m	穿越主要地层	最近上覆地层
5	博物院站—体育场站	10～16	粉质黏土	粉质黏土、粉细砂
6	体育场站—北宋站	9.2～13.1	粉质黏土、细中砂、粉细砂、	粉细砂
7	北宋站—谈固站	9.76～17.94	细中砂、中粗砂	中粗砂、粉质黏土
8	谈固站—朝晖桥站	11.60～12.90	粉细砂、粉质黏土、细中砂	粉细砂
8	朝晖桥站—白佛站	10.00～19.64	粉细砂、粉质黏土、细中砂	粉细砂
9	白佛站—留村站	10～15	细中砂、中粗砂	细中砂、粉质黏土
10	火炬广场—石家庄东站	8.35～16.7	粉质黏土、中粗砂	中粗砂、粉细砂

标段	区间	埋深/m	穿越主要地层	最近上覆地层
11	石家庄东站—南村站	9.9～16.4	中粗砂、粉质黏土	中粗砂、粉质黏土
12	南村站—洨河大道站	9.5～14.8	中粗砂	中粗砂

2. 隧道施工环境的风险分级

（1）施工环境重要程度分级[53,54]

盾构施工环境主要包括既有轨道线路、铁路、建（构）筑物、河流、桥梁、管线、道路等，根据施工环境的重要程度可以划分为以下三级：

Ⅰ级：既有轨道线路，铁路，重要桥梁（高架桥、立交桥等），重要建（构）筑物［年代较长的建筑物，古建筑物，基础条件差建筑物，国家及城市标志性建筑物，需重点保护的水塔、油库、高压线铁塔等建（构）筑物等］，重要市政管线（污水管、雨水管干管，使用时间较长的上水管、热力管道、中水管等）。

Ⅱ级：重要市政道路（城市主干道、快速路、高速路等），水体（河流、湖泊等），一般建（构）筑物（基础条件较好的建筑物，地下通道，无特殊保护要求的建筑物），一般桥梁（匝道桥、人行天桥等）。

Ⅲ级：一般市政道路（城市次干道和支路等），一般市政管线（通信、电力管道，结构较好的污水管、雨水管、上水管、热力管道、中水管等）。

（2）盾构隧道自身及地层环境的影响因素

盾构隧道自身及地层环境对盾构施工环境风险也会有一定的影响，同样的施工环境，地层条件不同，风险大小也不一样，盾构隧道自身及地层环境主要有以下两点影响因素：

①隧道的埋深：盾构隧道埋深过小的话会导致地表沉降控制困难，对于隧道埋深小于9m的浅埋隧道应予以重视。

②盾构穿越及上覆土层情况：隧道穿越及上覆土层中存在漂石、孤石等特殊地质情况，或者存在较厚的高压缩性填土、地质疏松体等不良地质情况。

综合考虑施工环境重要程度、隧道自身及地层环境情况等风险因素后，将盾构施工环境的组合风险分为以下三级：

Ⅰ级：盾构下穿或上穿既有轨道线路及铁路，下穿重要建（构）筑物、重要市政管线。

Ⅱ级：盾构下穿一般建（构）筑物、重要市政道路、水体，邻近重要建（构）筑物、重要市政管线。

Ⅲ级：盾构下穿一般市政管线、一般市政道路，邻近一般建（构）筑物、重要市政道路，或隧道附近无环境风险。

当隧道埋深小于9m或盾构穿越及上覆地层存在不良地质或特殊情况时，施工环境风险应上调一级。

3. 盾构施工区间隧道组段的综合划分

盾构区间隧道组段的综合划分是在盾构穿越地层组段划分的基础上按照盾构施工环境的组合安全风险级别对各个组段进行更详细的划分，将 A、B、C 三个地层组段划分为 $A_Ⅰ$、$A_Ⅱ$、$A_Ⅲ$、$B_Ⅰ$、$B_Ⅱ$、$B_Ⅲ$、$C_Ⅰ$、$C_Ⅱ$、$C_Ⅲ$ 9 个组段，即将每个地层组段按照盾构施工环境安全风险级别划分为Ⅰ、Ⅱ、Ⅲ三个组段。盾构施工区间隧道组段的综合划分如图 3.2-1 所示。

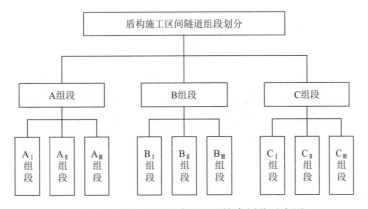

图 3.2-1 盾构区间隧道组段的综合划分示意图

3.2.2 工程实例

1. 工程概况

1）工程位置及周边环境

石家庄地铁 1 号线白佛站—留村站盾构区间（简称白留区间）起点为山东路的白佛站，终点为长江大道的留村站，工程区间平面位置见图 3.2-2。盾构区间沿线穿越的地表建筑物主要有 2 层建筑物、八匹马雕塑、京港澳高速公路、白佛客运站、石家庄收费站等，如图 3.2-3 所示。白留盾构区间起点里程为 K18 + 287.700，终点里程为 K20 + 303.500，长度为 2015.8m。盾构区间段又分为小里程段和大里程段，其中小里程段连接白佛站，大里程段连接白留区间的明挖段，中间设有风井。本节主要研究小里程段即由风井到白佛站区段。

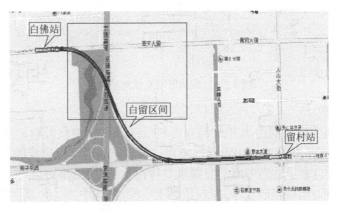

图 3.2-2 工程区间平面位置

(a) 八匹马雕塑   (b) 京港澳高速公路

(c) 商铺　　　　　　　　　　(d) 商铺周边图片

图 3.2-3　路线周边环境情况

2）工程地质及水文地质条件

（1）工程地质条件

本盾构区间影响范围内土层分布连续性较好，盾构隧道上覆土层主要为人工填土层、新近沉积层、全新统冲洪积层、上更新统冲洪积层等，盾构隧道区间穿越土层主要为黄土状粉质黏土、细中砂、中粗砂。白留区间左线（K18＋287.700～K19＋369.662）地质剖面图如图 3.2-4 所示。

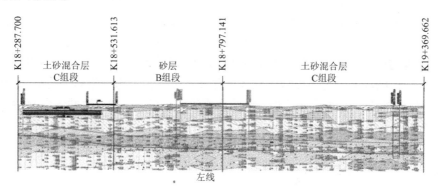

图 3.2-4　盾构区间左线地质剖面

（2）水文地质条件

根据对本区间明挖段周边水井的调查资料及区域水文地质资料，地下水位埋深约为 40～45m。勘察未见上层滞水，但不排除降雨、管道破裂等情况造成的上层滞水情况。因此，盾构施工设计也需要适当考虑上层滞水对盾构隧道工程的影响。本区间所在地层主要有④$_1$ 层粉细砂、④$_2$ 层中粗砂、⑤$_1$ 层粉质黏土、⑥$_1$ 层细中砂、⑥$_2$ 层中粗砂含卵石、⑥$_4$ 层粉质黏土，具体参数见表 3.2-2。

白佛站至风井区间地质参数表　　　　　　　　　　　表 3.2-2

地层编号	岩土名称	重度 γ/（kN/m³）	黏聚力 c/kPa	内摩擦角 φ/°	垂直基床系数/（kPa/m）	水平基床系数/（kPa/m）	地基土的基本承载力/kPa
④$_1$	粉细砂	19.5	0	27	20000	25000	190
④$_2$	中粗砂	20.2	0	30	32000	35000	220
⑤$_1$	粉质黏土	19.7	22	18	35000	50000	180
⑥$_1$	细中砂	20.1	0	28	35000	40000	220
⑥$_2$	中粗砂含卵石	21.0	0	32	55000	60000	300
⑥$_4$	粉质黏土	19.8	28	18	45000	50000	190

（3）场地地震评价及不良地质情况

盾构区间场地位于构造相对稳定地带，无新构造活动迹象。场地地势平坦，未发现有泥石流、滑坡、采空区等不良地质作用。场地地层为河流冲洪积地层，场地内存在湿陷性黄土状粉土、黄土状粉质黏土，因此拟建盾构区间场地目前存在的地质灾害主要为黄土湿陷。地基的湿陷等级为Ⅰ级，具轻微湿陷性，对盾构区间结构无影响。

3）区间结构设计形式及施工工法

本区间采用土压平衡盾构机施工。区间左线、右线均从区间明挖段始发（左线先始发），白佛站接收。在区间明挖段、白佛站相应设置盾构始发井、接收井。

本区间隧道采用预制装配式单层钢筋混凝土衬砌，管片环间拼装采用错缝拼装的方式。环形衬砌外径为 6m，内径为 5.4mm；管片宽度为 1200mm，厚度为 300mm。衬砌环采用标准环加左右转弯楔形环形式。装配式衬砌联络通道的门洞区段采用切割管片，并采取防腐蚀措施。

2. 组段划分

根据白佛站—留村站盾构区间详勘图、总平面图和现场考察，盾构区间风险如表 3.2-3 所示，对该区间左线（K18＋287.700～K19＋369.662）进行了组段划分，组段划分结果见表 3.2-4。

盾构区间风险源分级表　　　　　　　　　　　　　　　　表 3.2-3

序号	风险分类	风险名称	位置范围	风险基本状况描述	措施	风险等级
1	自身风险	盾构区间	K18＋288.4～K20＋303	盾构外径 6m，管片厚度 300mm，拱部土层 3～5m 范围内为中砂；长度为 2016.6m，结构覆土厚度约为 10.0～19.6m，区间拱顶以细中砂为主，右 K18＋690（左 K18＋706.1）处设 1 号联络通道，K19＋288.256 处设 2 号联络通道兼风井及泵站，K19＋855 处设 3 号联络通道	盾构施工加强掘进参数控制，加强注浆，加强监测，联络通道提前洞内注浆加固	Ⅱ级
2	环境风险	盾构区间顺向下穿污水管、雨水管	K18＋288.4～K18＋500	中山路方向主要有两根 DN500 污水管，埋深 2.6m（管内底），斜穿区间约 150m 范围，与区间结构竖向距离范围为 7.4～12.4m；DN1200 雨水管一根，埋深 3.72m（管内底），与区间结构外皮竖向距离为 7.4～11.28m。区间盾构埋深 10～15m，顶部覆土主要为粉细砂	盾构施工加强掘进参数控制，加强注浆，加强监测	Ⅲ级
3		盾构区间下穿 2 层楼房	K18＋460～K18＋540	盾构区间下穿 2 层楼房，基础形式未知，正在调查，区间埋深范围约为 13～15m，区间正穿房屋结构。拱部地层为细中砂		Ⅱ级
4		盾构区间下穿京港澳高速公路（路基段）	K18＋690～K18＋900	盾构区间下穿京港澳高速公路，路堤高约 7m，路面与结构净距约 24m，路宽 26m，行车道为双向四车道 2m×7.5m，硬路肩 2m×2.5m，土路肩 2m×0.75m，路基护坡宽度均 5m，为粉煤灰路基。区间覆土厚约 17m，与基础底净距约为 14m，拱部地层为细中砂		Ⅱ级
5		盾构区间下穿收费站	K18＋680	盾构区间下穿石家庄收费站，收费站基础为独立扩大基础，基础埋深 2.5m，长 5.1m，宽 3.4m。盾构区间埋深 18.74m，与基础底净距为 16.24m，顶部覆土为细中砂		Ⅱ级

盾构隧道组段划分表　　　　　　　　　　　　　　　　表 3.2-4

序号	起始里程	地层组段	施工环境风险	安全风险组段
1	K18＋287.700～K18＋513.613	C 组段 粉质黏土、中粗砂、细中砂	Ⅱ级	C_{II}
2	K18＋513.613～K18＋797.141	B 组段 细中砂	Ⅱ级	B_{II}
3	K18＋797.141～K19＋369.662	C 组段 粉质黏土、中粗砂、细中砂	Ⅱ级	B_{II}

3.2.3　小　结

通过研究，确定了石家庄地区的组段划分原则，并进行划分，主要结论如下：

（1）根据石家庄地区所穿越地层的特点，将盾构施工区间隧道穿越的地层划分为三个组段：A 段、B 段、C 段。

（2）综合考虑施工环境重要程度、隧道自身及地层环境情况等风险因素后，将盾构施工环境的组合风险分为三级：Ⅰ级、Ⅱ级、Ⅲ级。

（3）对盾构区间组段进行综合划分，将 A、B、C 三个地层组段划分为 A_I、A_{II}、A_{III}、B_I、B_{II}、B_{III}、C_I、C_{II}、C_{III} 九个组段。

（4）以白佛站—留村站盾构区间为工程实例，进行了组段划分。

3.3　盾构掘进参数计算分析

3.3.1　土压盾构掘进原理和控制流程

1. 土压平衡盾构机基本原理

土压平衡（Earth Pressure Balance）盾构（简称 EPB）是在盾壳的前部设置隔板，盾构刀盘切削的泥土充满土舱和螺旋输送机，通过控制螺旋输送机的转速以及推进油缸的推进力，从而使土舱压力施加在开挖面上，保证开挖面的稳定。土压平衡盾构利用土本身作为开挖面的支护材料。

土压平衡盾构机主要组成结构为刀盘、前盾、中盾、尾盾，如图 3.3-1 所示。盾构机通过旋转刀盘切削刀盘前方的土体，切削后的泥土通过刀盘上预留的开口进入土舱，土舱内多余的泥土通过螺旋输送机运输到传送带上，然后排入渣土车。盾构机推进油缸推力作用在管片上，然后给盾构机一个反作用力使其向前推进。盾壳主要是起到支护和保护作用，首先要抵抗盾构机周边的水土压力，然后保护未修筑衬砌的盾构隧道，并防止地下水进入隧道。在盾壳的掩护下，盾构机完成掘进、排土、衬砌等一系列工作[55]。盾壳保护下管片拼装过程如图 3.3-2 所示。

2. 土压平衡盾构掘进控制流程

土压平衡盾构掘进过程需要保证切削后的土体具有足够的流塑性，从而使得土体可以顺畅进入土舱，进而通过调整螺旋输送机旋转速度来控制土舱压力，保障开挖面稳定[56]。

盾构掘进过程中，尤其在下穿建（构）筑物时，还应控制好盾构掘进速度。如果掘进速度过快，刀盘对隧道开挖掌子面进行挤压，无法及时释放地层应力，从而导致需要不断调整盾构掘进参数（盾构推力、刀盘扭矩、土舱压力）来保证掘进速度，并减少盾构掘进施工对周围土体的扰动。如果掘进速度过慢，难以保证同步注浆浆液的均匀性，容易造成注浆过于集中或间断。由于盾构测量误差和地层条件复杂，盾构掘进方向容易出现偏差，掘进过程中不断调整盾构机姿态。盾构机纠偏通常通过调整盾构机千斤顶数量以及刀盘扭矩。对于土质较硬和小曲率掘进等情况，需要采用仿形刀对弯曲的方向进行超挖，为盾构纠偏保留足够的空间。

在土压盾构掘进过程的控制中，主要控制切削土体的添加剂种类和数量、土舱压力以及盾构掘进速度，同时也要注意同步注浆的控制。土压平衡盾构掘进控制程序如图 3.3-3 所示。

图 3.3-1　盾构机组成

图 3.3-2　盾壳保护下管片拼装过程

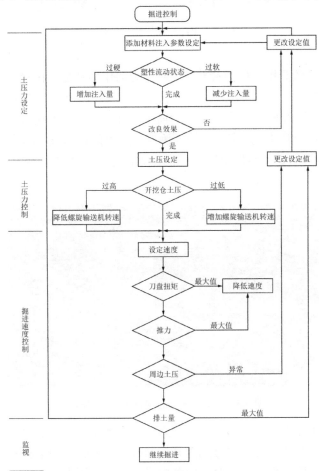

图 3.3-3　土压平衡盾构掘进控制程序

3.3.2　盾构施工主要控制参数的理论计算

土压平衡盾构机的掘进参数主要分为三大类：①运动学参数，刀盘转速、推进速率、每转切深；②力学参数，总推力、刀盘扭矩、土舱压力；③材料参数，每环注浆量、每环出土量。土压平衡盾构机结构示意如图 3.3-4 所示。在前人的研究基础上，结合白留区间的工程特点和土压平衡盾构的掘进特性，选取三个主要掘进参数（土舱压力、刀盘扭矩、盾构推力）的计算模型进行研究。

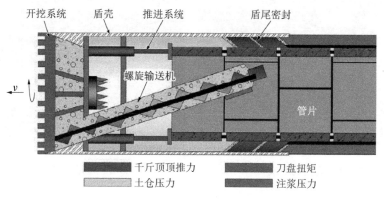

图 3.3-4　土压平衡盾构机结构示意

1. 土舱压力计算

盾构开挖土体导致开挖面应力释放，土舱压力的作用就是平衡释放的应力，保证开挖面的稳定，如图 3.3-5 所示。通常来说，土舱压力主要考虑开挖面侧向土压力、水压力和储备压力。其中水压力和储备压力计算较为简单，且所占比例也较低，土舱压力的计算难点主要为开挖面侧向土压力的计算。开挖面侧向土压力的计算方法通常根据实际情况进行选择，常用计算理论主要有朗肯土压力理论、太沙基松弛土压力理论或松山松弛土压力理论。

图 3.3-5　土压平衡盾构机土舱压力示意

开挖面的侧向土压力主要分为静止土压力、主动土压力、被动土压力及松动土压力四种，其中被动土压力和主动土压力分别为开挖面破坏的上临界和下临界压力值，但当隧道上覆土层土质较好且隧道埋深较大时，应考虑采用松动土压力。根据工程经验，开挖面土舱压力的上限值取静止土压力再加上孔隙水压力和预备压力，开挖面土舱压力的下限值通常取主动土压力再加上孔隙水压力和预备压力[57]。具体的计算方法如下：

1）侧向土压力

土压力计算目前无固定办法，主要通过现场工程师的经验判断。以下是几种实际施工中常用的土压力计算方法。

（1）朗肯土压力理论

当土舱压力设置偏小时，土体向隧道内移动，处于主动破坏的极限平衡状态。在此状态下，最大主应力 σ_1 等于土体的竖向应力 σ_z，最小主应力 σ_a 等于水平应力 σ_x。此时的水平应力 σ_x 就是土体的主动土压力，如图 3.3-6 所示。

$$\beta = \frac{1}{2} \angle ENM = \frac{1}{2}(90° - \varphi) = 45° - \varphi/2 \tag{3.3-1}$$

$$\sigma_x = \sigma_a = \sigma_3 = \sigma_z \tan^2(45° - \varphi/2) - 2c\tan(45° - \varphi/2) \tag{3.3-2}$$

式中：β——破裂角，如图 3.3-6 所示；

　　　σ_z——深度为 z 处的地层自重；

　　　c——土的黏聚力；

　　　z——地层深度；

　　　φ——地层内摩擦角。

当土舱压力设置偏大时，土体向开挖面外侧移动，处于被动破坏的极限平衡状态。在此状态下，最大主应力 σ_1 等于开挖面土体的侧向压力竖向应力 σ_p，最小主应力 σ_a 等于竖向应力 σ_z。此时的开挖面土体的侧向压力竖向应力 σ_p 就是土体的主动土压力，如图 3.3-7 所示。

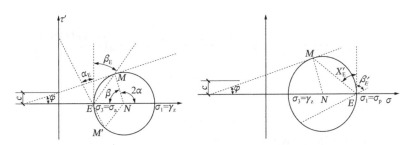

图 3.3-6　主动土压力应力圆　　　　图 3.3-7　被动土压力应力圆

$$\beta = \frac{1}{2} \angle ENM = \frac{1}{2}(90° + \varphi) = 45° + \varphi/2 \tag{3.3-3}$$

$$\sigma_p = \sigma_1 = \sigma_z \tan^2(45° + \varphi/2) + 2c\tan(45° + \varphi/2) \tag{3.3-4}$$

式中：σ_z——深度为 z 处的地层自重；

　　　c——土的黏聚力；

　　　z——地层深度；

　　　φ——地层内摩擦角。

（2）太沙基松弛土压力理论

当上覆土层的厚度远大于盾构外径时，在较好土层中可能会产生一定的拱效应。太沙基土压力理论假定隧道开挖后，隧道顶部出现土体松动，当部分土体发生微小沉降时，作用于洞顶的垂直土压力如图 3.3-8 所示。通常计算所得的松弛范围较实际隧道偏小，因此计算的松弛土压力偏大[58]。

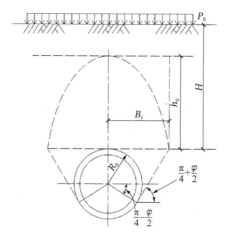

图 3.3-8　盾构掘进形成的塌落拱（太沙基）

由距地表深z处某一微小单元垂直方向力的平衡条件得：

$$2\gamma B_1 \,\mathrm{d}H = 2B_1 \,\mathrm{d}\sigma_v + 2c\,\mathrm{d}H + 2k\sigma_v \tan\varphi\,\mathrm{d}H \tag{3.3-5}$$

简化后写为：

$$\frac{\mathrm{d}\sigma_v}{\mathrm{d}H} = \gamma - \frac{c}{B_1} - k\sigma_v \frac{\tan\varphi}{B_1} \tag{3.3-6}$$

并由边界条件$h = 0$ 处，σ_v 为q及$h = h_c$处，$\sigma_v = P$，解方程，即可获得隧洞顶部的围岩压力P为：

$$P = \sigma_v = \frac{\gamma B_1 - c}{k\tan\varphi}\left[1 - \exp\left(-\frac{kH\tan\varphi}{B_1}\right)\right] + q\exp\left(-\frac{kH\tan\varphi}{B_1}\right) \tag{3.3-7}$$

$$B_1 = R\cot\left[\left(\frac{\pi}{4} + \frac{\varphi}{2}\right)/2\right] \tag{3.3-8}$$

$$P_a^T = K_a P \tag{3.3-9}$$

式中：P——拱顶垂直土压力（MPa）；

　　　R——隧道外径（m）；

　　　φ——土体的内摩擦角（°）；

　　　γ——土体重度（kN/m³）；

　　　c——土体黏聚力（kPa）；

　　　q——地面超载（MPa）；

　　　h_0——松弛层的高度（m）；

　　　P_a^T——水平主动土压力（MPa）；

　　　K_a——主动土压力系数。

（3）松山松弛土压力理论

松山等人将太沙基土压力理论用于推求盾构前进方向开挖面前方土压力松弛而产生的水平力，即假定盾构前方因开挖面释放应力而形成滑动面，由洞顶的滑动宽度求出盾构前进方向的松弛范围并算出松弛土压力[59]。该土压力理论计算复杂，手算无法实现，只能通过电算进行大量的试算，因此不再具体介绍该方法。

2）水压力

如果盾构穿越的地层存在地下水，土舱压力就需要考虑地下水在土中的微细孔向上流动时的阻力，因此在计算穿越地层的水压力时，考虑地层的渗透系数进行计算，如式(3.3-10)所示[60]。

$$\sigma_{\mathrm{w}} = k_{\mathrm{w}} \gamma h \tag{3.3-10}$$

式中：k_{w}——根据土层的渗透系数进行估算的经验系数，通常砂土取 0.8～1.0，黏性土取 0.3～0.5；

　　　γ——水的重度；

　　　h——地下水位距离刀盘顶部的距离。

3）预备压力

预备压力是为了在发生盾构施工过程中压力损失过大或其他意外情况时进行及时的压力补充。通常根据施工经验取值，取值范围为 10～20kN/m²。

2. 刀盘扭矩计算

1）穿越单一土层

刀盘扭矩的计算比较复杂，刀盘在地层中掘进时的扭矩（图 3.3-9）计算公式：

$$T = T_1 + T_2 + T_3 + T_4 \tag{3.3-11}$$

式中：T_1——刀盘切削扭矩（克服泥土切削阻力所需的扭矩）；

　　　T_2——刀盘表面摩擦力矩（克服与土层的摩擦阻力所需的扭矩）；

　　　T_3——刀盘外圈摩擦力矩；

　　　T_4——其他附加力矩。

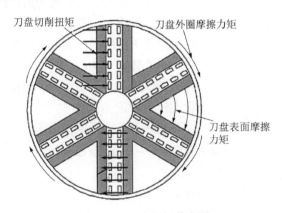

图 3.3-9　刀盘扭矩分布图

（1）刀盘切削扭矩

$$T_1 = 1/8 q_{\mathrm{u}} h_{\max} D^2 \tag{3.3-12}$$

式中：n——刀盘转速（r/min）；

　　　q_{u}——切削土的抗压强度（kPa）；

　　　$h_{\max}$——每转切深，即刀盘每转的切入深度（m）；

　　　D——刀盘直径（m）。

（2）刀盘表面摩擦力矩

$$T_2 = (2\alpha\pi\mu_1 R_c^3 P_d)/3 \qquad (3.3\text{-}13)$$

式中：α——刀盘不开口率；

μ_1——土与刀盘之间的摩擦系数；

R_c——刀盘半径（m）；

P_d——盾构前方的主动土压力（kPa）。

（3）刀盘外圈摩擦力矩

$$T_3 = 2\pi R_c^2 B P_z \mu_1 \qquad (3.3\text{-}14)$$

式中：R_c——刀盘半径（m）；

B——刀盘周边的厚度（m）；

P_z——刀盘圆周的平均土压力（kPa）；

μ_1——土与刀盘之间的摩擦系数。

2）穿越复合地层

土压盾构机穿越复合地层时，由于隧道穿越的土层参数不同，盾构扭矩的计算不能直接采用以上穿越单一土层的计算方法，因此，要对上述计算公式进行修正。

（1）刀盘切削扭矩

计算公式同式(3.3-12)，但其中切削土的抗压强度q_u按开挖面各土层的面积比例进行加权平均求得。

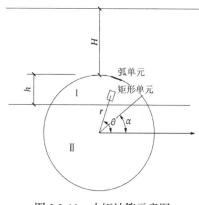

图 3.3-10　力矩计算示意图

（2）刀盘表面摩擦力矩

如图 3.3-10 所示，以刀盘圆心为原点，建立极坐标。隧道上覆土层厚度为H，穿越的复合地层的上土层为 I，与刀盘的摩擦系数为μ_1；其下土层为 II，与刀盘的摩擦系数为μ_2。开挖面中上土层 I 的厚度为h，下土层的厚度为$(2R-h)$。取刀盘表面任意矩形微小单元，单元中心距原点为r，单元中心与原点连线和极轴夹角为θ，单元长为dr，宽为$r\,d\theta$，侧土压力计算理论采用朗肯土压力理论。

矩形单元所受摩擦力为：

$$f = K\bar{\gamma}(H + R - r\sin\theta)r\,dr\,d\theta \qquad (3.3\text{-}15)$$

式中：K——土体侧向压力系数；

$\bar{\gamma}$——隧道上覆土层的平均重度；

R——隧道半径。

矩形单元所受的摩擦力矩为：

$$T = fr = \mu K\bar{\gamma}(H + R - r\sin\theta)r^2\,dr\,d\theta \qquad (3.3\text{-}16)$$

上土层 I 的摩擦力矩为：

$$T_1 = \int_{\alpha}^{\pi-\alpha}\int_{\frac{R-h_1}{\sin\theta}}^{R}\mu_1 K\bar{\gamma}(H + R - r\sin\theta)r^2\,dr\,d\theta \qquad (3.3\text{-}17)$$

下土层 II 的摩擦力矩为：

$$T_{\mathrm{II}} = \int_{\alpha}^{\pi-\alpha} \int_{0}^{\frac{R-h_1}{\sin\theta}} \mu_{\mathrm{II}} K\overline{\gamma}(H+R-r\sin\theta)r^2\,\mathrm{d}r\,\mathrm{d}\theta$$

$$+ \int_{\pi-\alpha}^{2\pi+\alpha} \int_{0}^{R} \mu_{\mathrm{II}} K\overline{\gamma}(H+R-r\sin\theta)r^2\,\mathrm{d}r\,\mathrm{d}\theta \tag{3.3-18}$$

考虑刀盘闭口率β的影响，因此复合地层的摩擦力矩为：

$$T_2 = \beta\left(T_{\mathrm{I}} + T_{\mathrm{II}}\right) \tag{3.3-19}$$

（3）刀盘外圈摩擦力矩

假设刀盘圆周上一个微小弧长单元，弧长单元中线与原点联系和极轴的夹角为θ。弧长单元距离圆心的距离为半径R，弧长单元的长度为$R\,\mathrm{d}\theta$，刀盘厚度为B。

弧长单元处的土压力为：

$$F = \overline{\gamma}(H+R-R\sin\theta)BR\,\mathrm{d}\theta \tag{3.3-20}$$

上土层 I 的刀盘周围摩擦力矩为：

$$T_{\mathrm{I}}' = F\cdot R = \int_{\alpha}^{\pi-\alpha} \mu_{\mathrm{I}}\overline{\gamma}(H+R-R\sin\theta)BR^2\,\mathrm{d}\theta \tag{3.3-21}$$

下土层 II 的刀盘周围摩擦力矩为：

$$T_{\mathrm{II}}' = F\cdot R = \int_{\pi-\alpha}^{2\pi+\alpha} \mu_{\mathrm{II}}\overline{\gamma}(H+R-R\sin\theta)BR^2\,\mathrm{d}\theta \tag{3.3-22}$$

复合地层的刀盘周围摩擦力矩为：

$$T_3 = T_{\mathrm{I}}' + T_{\mathrm{II}}' \tag{3.3-23}$$

综上所述，复合地层刀盘扭矩为：

$$T = T_{\mathrm{I}}' + \beta\left(T_{\mathrm{I}} + T_{\mathrm{II}}\right) + T_{\mathrm{I}}' + T_{\mathrm{II}}' \tag{3.3-24}$$

3. 盾构推力计算

盾构推力主要由以下 6 项组成，盾体与周围土层的摩擦阻力F_1，刀盘的正面阻力F_2，盾尾与管片之间的摩擦阻力F_3，盾构机切口环的贯入阻力F_4，变向阻力F_5，后接台车的牵引阻力F_6。盾构推力计算主要考虑F_1、F_2、F_3三项，如式(3.3-25)所示[59]。

$$F = F_1 + F_2 + F_3 \tag{3.3-25}$$

1）穿越单一土层

（1）盾体与周围土层的摩擦阻力F_1（图 3.3-11）

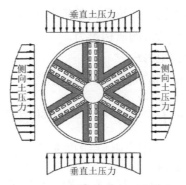

图 3.3-11　盾体外表面压力分布

19

①土层为砂质土

$$F_1 = 0.25\pi DL(2P_e + 2KP_e + K\gamma D)\mu_1 + W\mu_1 \tag{3.3-26}$$

式中：D——盾构外径（m）；

L——盾壳总长度（m）；

P_e——作用在盾壳上顶部的竖直土压力（kPa）；

K——开挖面上土体的静止土压力系数；

γ——开挖面上土体的浮重度（kN/m³）；

μ_1——地层与盾壳的摩擦系数，通常取$\mu_1 = \frac{1}{2}\tan\varphi$，$\varphi$为土体的内摩擦角；

W——盾构主机的重量（kN）。

②土层为黏土

$$F_1 = \pi DLc \tag{3.3-27}$$

式中：D——盾构外径（m）；

L——盾壳总长度（m）；

c——开挖面上土体的黏聚力（kPa）。

（2）刀盘面板的推进阻力F_2

$$F_2 = 0.25\pi D^2 P_f \tag{3.3-28}$$

式中：D——盾构外径（m）；

P_f——土压平衡盾构为土舱内的设计土压力（kPa）。

（3）盾尾与管片之间的摩擦阻力F_3

$$F_3 = n_1 W_S \mu_2 + \pi D_S b P_T n_2 \mu_2 \tag{3.3-29}$$

式中：n_1——盾尾滞留管片的数量；

W_S——单环管片重量（kN）；

μ_2——盾尾密封刷与管片的摩擦系数；

D_S——管片外径（m）；

b——单道盾尾刷与管片的接触长度（m）；

P_T——盾尾密封刷的油脂压力（kPa）；

n_2——盾尾刷的层数。

2）穿越复合地层

在上述穿越单一土层的盾构推力计算公式基础上，分别计算复合地层不同土层的推力，然后进行求和得出穿越复合地层所需的盾构推力。

（1）盾体与周围土层的摩擦阻力F_1

复合地层上土层中盾构所受到的周围地层的摩阻力为：

$$F_1' = \int_\alpha^{\pi-\alpha} \mu_{\mathrm{I}}\,\overline{\gamma}(H + R - R\sin\theta)R\,\mathrm{d}\theta \tag{3.3-30}$$

复合地层下土层中盾构所受到的周围地层的摩阻力为：

$$F_1'' = \int_{\pi-\alpha}^{2\pi+\alpha} \mu_{\mathrm{II}}\gamma(H + R - R\sin\theta)R\,\mathrm{d}\theta + \mu_{\mathrm{II}}W \tag{3.3-31}$$

式中：W——盾构机自重。

盾构机与周围地层的摩阻力计算表达式为：

$$F_1 = F_1' + F_1''\qquad(3.3\text{-}32)$$

（2）刀盘的正面阻力F_2

根据式(3.3-17)、式(3.3-18)同理可得，作用在刀盘的正面阻力分别为：

上土层Ⅰ的正面阻力为：

$$F_{\text{Ⅰ}} = \int_{\alpha}^{\pi-\alpha} \int_{\frac{R-h_1}{\sin\theta}}^{R} K\overline{\gamma}(H+R-r\sin\theta)r^2\,\mathrm{d}r\,\mathrm{d}\theta\qquad(3.3\text{-}33)$$

下土层Ⅱ的正面阻力为：

$$\begin{aligned}F_{\text{Ⅱ}} &= \int_{\alpha}^{\pi-\alpha} \int_{0}^{\frac{R-h_1}{\sin\theta}} K\overline{\gamma}(H+R-r\sin\theta)r^2\,\mathrm{d}r\,\mathrm{d}\theta \\ &\quad+ \int_{\pi-\alpha}^{2\pi+\alpha} \int_{0}^{R} K\overline{\gamma}(H+R-r\sin\theta)r^2\,\mathrm{d}r\,\mathrm{d}\theta\end{aligned}\qquad(3.3\text{-}34)$$

式中：$\overline{\gamma}$——土的平均重度（kN/m³）；

K——土的侧压系数。

$$F_2 = F_{\text{Ⅰ}} + F_{\text{Ⅱ}}\qquad(3.3\text{-}35)$$

（3）盾尾与管片之间的摩擦阻力F_3

F_3与穿越单一土层的计算公式(3.3-29)相同。

因此，复合地层总推力如下：

$$F = F_1' + F_1'' + F_{\text{Ⅰ}} + F_{\text{Ⅱ}} + F_3\qquad(3.3\text{-}36)$$

4. 工程实例计算

白佛站—留村站区间典型砂黏复合地层区段位于915～1022环（该区间黏土层占开挖面的比例为40%～50%），结构覆土厚度约18.50～19.64m，该段上覆土层主要有粉质黏土、细中砂、粉细砂、黄土状粉质黏土、杂填土。各土层的地质参数见表3.3-1，典型计算剖面见图3.3-12。

各土层的地质参数　　　　　　　　　　　　　　　　　　表 3.3-1

地层编号	岩土名称	重度γ/（kN/m³）	黏聚力c/kPa	内摩擦角θ/°
④₁	粉细砂	19.5	0	27
④₂	中粗砂	20.2	0	30
⑤₁	粉质黏土	19.7	22	18
⑥₁	细中砂	20.1	0	28
⑥₂	中粗砂含卵石	21.0	0	32
⑥₄	粉质黏土	19.8	28	18

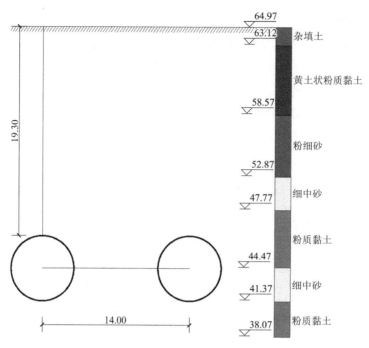

图 3.3-12　复合地层典型计算断面图（单位：m）

（1）土舱压力计算

上土压力对于地表沉降的影响最为敏感，故计算土压力时选择覆土厚度一般取到刀盘顶部。由于石家庄地区地下水位通常在 50m 以下，石家庄 1 号线沿线钻孔 40m 以内没有发现地下水，因此土舱压力计算不考虑水压力。土舱压力理论计算结果对比如表 3.3-2 所示。

土舱压力理论计算结果对比　　　　　　　　　　表 3.3-2

计算点位置	朗肯土压力理论		太沙基松弛土压力理论			实际土压力值 /MPa
	静止土压力 P_0/MPa	主动土压力 P_a/MPa	松弛层厚度/m	静止土压力 P_{0T}/MPa	主动土压力 P_{aT}/MPa	
隧道上边缘	0.170	0.15	7.826	0.077	0.049	0.14～0.16

根据朗肯土压力理论计算的土压力为 0.15～0.17MPa，虽然比实际监测值偏大，但考虑一定的储备压力，其计算结果可以满足要求。根据太沙基松弛理论计算的值偏小，所以不太适合本工程。

（2）盾构推力和刀盘扭矩的计算

本盾构区间选用华隧通制造的土压平衡盾构机（TS6150B）。该型号土压盾构机基本参数见表 3.3-3。

盾构机机械参数　　　　　　　　　　表 3.3-3

序号	项目	基本参数
1	开挖直径/mm	6180
2	刀盘厚度/mm	600
3	刀盘密闭率	0.78

续表

序号	项目	基本参数
4	土体与盾壳的摩擦系数	0.2
5	盾尾内径/mm	6060
6	主机长/mm	8785
7	总长/m	77
8	总重/t	450

采用上文中复合地层刀盘扭矩的计算模型结合现场施工经验，针对砂黏复合地层，具体掘进参数的设置范围见表 3.3-4。

盾构推力和刀盘扭矩理论计算结果　　　　　　　　　表 3.3-4

盾构推力项目	盾构推力/kN	刀盘扭矩计算项目	刀盘扭矩/（kN·m）
F_1	8045.73	T_1	24.75
F_2	3213.45	T_2	1196.84
F_3	1290.1	T_3	486.03
F	12549.28	T	1707.62

为了更好地验证砂黏复合地层掘进参数计算公式的准确性，特选取白留区间 915～1022 环（该区间黏土层占开挖面的比例为 40%～50%）的掘进参数数据计算推力和扭矩并绘制曲线图，见图 3.3-13。当土压盾构机穿越砂黏复合地层时，平均总推力为 11360.56kN，平均刀盘扭矩为 1590.42kN·m。

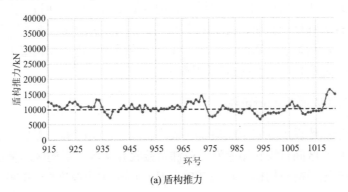

(a) 盾构推力

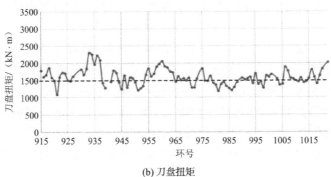

(b) 刀盘扭矩

图 3.3-13　推力和扭矩的纵向变化规律

计算断面计算结果与实际监测数值对比发现：复合地层公式计算所得的盾构推力和刀盘扭矩略大于实际工程平均值，误差值在10%以内，总体来说总推力和刀盘扭矩的理论计算与实际掘进值误差较小。因此上文提出的复合地层公式理论计算值完全可以指导工程实践，说明采用上述复合地层中掘进参数计算方法是可行的，对于砂黏复合地层盾构掘进中盾构推力和刀盘扭矩的设定具有一定指导意义。

3.3.3 小 结

依托工程案例，主要对砂黏复合地层下土舱压力和盾构推力及刀盘扭矩的计算方法进行了研究，得出以下结论：

（1）介绍了土压平衡盾构机的基本组成、开挖原理以及盾构掘进控制流程。

（2）盾构隧道开挖面土压力计算常用朗肯土压力理论、太沙基土压力理论和松山松弛土压力理论等。针对本区间隧道主要穿越砂黏复合地层，将各土压力计算理论所得结果与工程实例进行对比分析，得出朗肯土压力理论计算所得开挖面土压力最为合理。

（3）在复合地层的刀盘扭矩和盾构推力的计算过程中，需要考虑不同土层的性质差异，通过理论分析得出适用于复合地层的刀盘扭矩和盾构推力理论计算公式。结合白留区间典型实例，进行计算，分析了盾构推进过程中盾构推进扭矩和盾构推力理论计算公式的可行性，验证上述推导的复合地层掘进参数计算公式的正确性。

3.4 盾构掘进参数与地层复合比相关性及速率模型修正

依托石家庄地铁1号线白佛站—留村站盾构现场掘进试验，通过二次转换原始盾构掘进参数得出标准推力和标准扭矩，进而构建标准推力-标准扭矩特征空间，研究砂黏复合地层土层组成比例与盾构掘进参数的相关性。并对传统盾构掘进速率模型进行优化，建立了考虑开挖面土层组成变化的盾构掘进预测模型。

3.4.1 白留区间现场盾构掘进试验

通过石家庄地铁建设工程安全风险监控系统获取盾构实时掘进参数。石家庄地铁1号线的白佛站—留村站区间自留村站始发，白佛站接收井接收，盾构区间全长2015.8m。选用华隧通制造的土压平衡盾构机（TS6150B）。盾构隧道覆土厚度约10.00~19.64m，盾构隧道区间穿越土层主要为砂黏复合地层和细砂地层，区间拱顶以细中砂为主，地下水位埋深大约40~45m。

白留区间的复合地层集中分布在风井至白佛站区间，因此本节选取白留区间的833~1330环区段为研究对象。由于盾构机的始发和接收需要采取诸多土体加固手段，导致盾构掘进参数离散程度大。为了保证掘进参数变化规律研究的代表性和准确性，盾构掘进参数的规律研究对象要剔除盾构始发的50m范围和接收前50m范围内的掘进参数，且选取每环数据的平均值代表该环的掘进参数代表值[61]。剔除后的数据根据穿越地层的不同进行组段划分，其中833~1220环为穿越砂黏复合地层，1221~1330环为穿越单一细砂地层。

石家庄砂黏复合地层中，砂层和黏土层性质差异大，具体参数见表3.4-1。复合地层中黏土层和砂层的比例不同，地层的坚硬程度和对刀盘的摩擦系数就会有明显差别，从而导致盾构机掘进时所需的法向力和切向力也不同。

各岩土层的物理、力学性质指标　　　　　　　　　　　表 3.4-1

岩土层名称	重度γ/（kN/m³）	黏聚力c/kPa	内摩擦角θ/°
细中砂	20.1	0	28
粉质黏土	19.7	22	18

为了更好地研究砂黏复合地层下盾构掘进参数规律，将复合地层中复合比定义为：

$$f = \frac{S_黏}{S_{开挖面}} = \frac{\theta - \sin\theta}{2\pi} \tag{3.4-1}$$

式中：θ——黏土层对应的圆心角，$\theta = 2\arccos[(R - h_1)/R]$；

　　　h_1——黏土层厚度；

　　　R——开挖半径（图 3.4-1）。

复合比的不同可直接反映出复合地层的地质差异，将复合比作为表征复合地层地质特征的指标。按复合比的不同，进一步细化复合地层的分类，研究不同复合比地层的掘进参数规律。根据复合比不同，将白留区间的复合地层分为 3 类：复合地层Ⅰ（复合比为 30%～40%）、复合地层Ⅱ（复合比为 40%～50%）、复合地层Ⅲ（复合比为 10%～20%），纯砂地层（复合比为 0），如表 3.4-2 所示。由于地下水位埋深在 40m 以下，所以不考虑地下水对地层的影响。

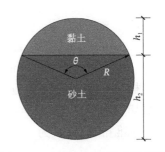

图 3.4-1　开挖面土层组成示意图

盾构穿越地层的组段划分　　　　　　　　　　　表 3.4-2

分段编号	起止环数	土层分布情况	
		粉质黏土	细中砂
Ⅰ	833～915	30%～40%	60%～70%
Ⅱ	916～1022	40%～50%	50%～60%
Ⅲ	1023～1220	10%～20%	80%～90%
Ⅳ	1221～1330	0	100%

3.4.2　复合地层盾构掘进参数的地层相关性分析

1. 掘进参数二次转换

在盾构机众多的掘进参数中，诸多研究表明盾构推力F、刀盘扭矩T对盾构穿越土层变化最为敏感。从图 3.4-2 中可看出，盾构掘进过程中，由于掘进参数点波动性大且分布较为分散，导致不同复合比地层间掘进参数差异性不明显。造成掘进参数波动性较大的主要原因为，盾构推力和扭矩的变化受到刀盘转速和掘进速率的影响。推进速率和刀盘转速的增减，必然导致盾构推力和扭矩的变化，最终使得盾构推力和刀盘扭矩无法有效反映穿越地层的差异。

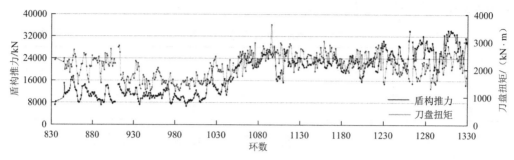

图 3.4-2 不同地层盾构推力和扭矩变化曲线图

为了消除掘进速率和刀盘转速的影响，引入每转切深 h 这一参数，每转切深为推进速率与刀盘转速的比值，即刀盘每转一圈刀盘所掘进深度[61]。以下对盾构推力 F 和刀盘扭矩 T 进行二次转换和定义。

标准推力 $\overline{F}$ 定义为

$$\overline{F} = \frac{F}{h} \tag{3.4-2}$$

式中：F——盾构推力（kN）；

h——每转切深（mm）。

标准推力 $\overline{F}$ 表示土压盾构机掘进单位长度所需的盾构推力（kN/mm），反映了土层抵抗刀具切入的能力。

标准扭矩 $\overline{T}$ 定义为

$$\overline{T} = \frac{T}{\overline{R}h} \tag{3.4-3}$$

式中：T——刀盘扭矩（kN·m）；

$\overline{R}$——刀盘扭矩的平均旋转力臂（mm）。

刀盘的扭矩 T 主要由切削土阻力扭矩 T_1（克服切削阻力所需的扭矩）、刀盘旋转阻力矩 T_2（克服与泥土的摩擦阻力）以及其他附加扭矩组成。其中 T_1 占总扭矩的 25%～31%，T_2 占总扭矩的 47%～63%[62]。已有研究在对刀盘扭矩进行转换时，仅考虑了刀具的切削土扭矩，显然是不太合理的。所以刀盘扭矩力臂的计算应主要考虑 T_1 和 T_2，T_1 的平均旋转力臂为 0.5R，T_2 的平均旋转力臂为 R，通常 $T_1：T_2 = 1：2$，因此刀盘扭矩的平均力臂：$\overline{R} = \frac{0.5R + 2R}{3} = 0.83R$，刀盘平均切向力为 $T/(0.83R)$。

标准扭矩 $\overline{T}$ 表示掘进单位切深所需的刀盘切向力（kN/mm），反映了土层对刀盘旋转前进的抵抗能力。掘进实践数据表明：标准推力 $\overline{F}$ 和标准扭矩 $\overline{T}$ 可以消除盾构掘进效能（掘进速率和转速）的影响，都具有明确的物理意义，可反映出复合地层组成的变化。

2. 标准推力-标准扭矩特征空间分析

从复合地层标准推力变化曲线（图 3.4-3）可得：不同复合比的复合地层对应的标准推力差异明显。随着复合比降低，标准推力提高。在纯砂地层中标准推力的波动性较强，分散性大。纯砂地层的平均推力是复合地层Ⅱ（复合比为 40%～50%）的 5 倍，说明标准推力的设置与地层特性密切相关，地层越硬，所需标准推力越大。

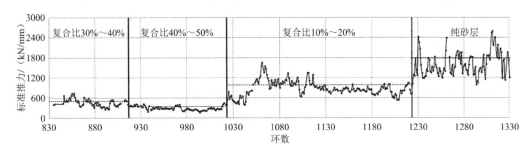

图 3.4-3　复合地层标准推力变化曲线

从复合地层标准扭矩变化曲线（图 3.4-4）可得：随着复合比降低，标准扭矩增加，而且复合地层的复合比越小，标准扭矩的波动性越强。从复合地层 Ⅰ（复合比为 30%～40%）到复合地层 Ⅲ（复合比为 10%～20%），标准扭矩提高不大。从复合地层 Ⅱ（复合比为 40%～50%）到复合地层 Ⅰ（复合比为 30%～40%）增幅明显。

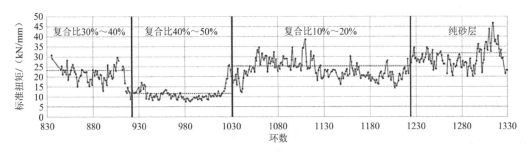

图 3.4-4　复合地层标准扭矩变化曲线

为了进一步研究标准推力、扭矩和复合地层复合比的相关性，将每环的标准推力、标准扭矩以及每转切深组成掘进状态空间 Ω。令 $x = \overline{F}$，$y = \overline{T}$，将特征参数点 (x_i, y_i) 绘制在 $\overline{F}$-$\overline{T}$ 图上，如图 3.4-5 所示。通过分析现场盾构掘进试验数据，标准推力和标准扭矩与复合地层的地层组成及特性的相关性显著，正常掘进状态下 $\overline{F}$ 和 $\overline{T}$ 之间也具有较好的函数关系。但在以下特殊情况下，两者的关系较为复杂，①刀盘中心结泥饼，②出现孤石障碍物，③刀盘磨损严重。当盾构机遇到这些特殊情况时，$\overline{F}$ 和 $\overline{T}$ 就会出现异常。这些异常参数通常能够反映出盾构机的异常状态。

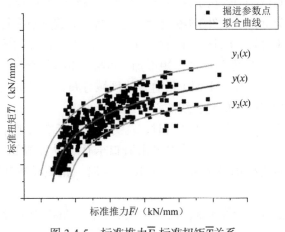

图 3.4-5　标准推力 $\overline{F}$-标准扭矩 $\overline{T}$ 关系

由图 3.4-5，$\overline{F}$ 和 $\overline{T}$ 具有很强的规律性，运用 Origin 软件对复合地层和单一砂层掘进参数点进行回归分析，获取带状分布的趋势线方程：

$$y = b\ln(x + c) + a \tag{3.4-4}$$

式中，a、b、c 与复合地层的地层性质相关。

针对石家庄砂黏复合地层，$a = -30.932$，$b = 8.267$，$c = -91.926$，相关系数 $R^2 = 0.71503$，即石家庄砂黏复合地层下标准推力和标准扭矩的标准函数关系：

$$y = 8.267\ln(x - 91.926) - 30.932$$

排除个别特殊情况，正常掘进状态下，掘进参数点应分布在沿曲线 y 上下一定距离的带状区域内。

通过进一步控制回归分析的预测与原理，y 的置信水平为 $1 - \alpha$ 的预测区间近似为：

$$[y - \hat{\sigma}_{e}^{2}u_{1-\alpha/2},\, y + \hat{\sigma}_{e}^{2}u_{1-\alpha/2}]$$

式中：$u_{1-\alpha/2}$——标准正态分布的 $1 - \alpha$ 的上分位点；

$\hat{\sigma}_{e}^{2}$——回归分析的残差方差，

$$\hat{\sigma}_{e}^{2} = \frac{Q_{e}}{n - 2} \tag{3.4-5}$$

式中：n——回归分析的自由度；

Q_{e}——回归分析残差平方和，

$$Q_{e} = \sum_{i=1}^{n}(y_{i} - \hat{y}_{i})^{2} \tag{3.4-6}$$

因此，$\overline{F}$-$\overline{T}$ 平面带状分布的上下限方程为：

$$y_{1} = b\ln x(x + c) + a - \hat{\sigma}_{e}^{2}u_{1-\alpha/2} \tag{3.4-7}$$
$$y_{2} = b\ln x(x + c) + a + \hat{\sigma}_{e}^{2}u_{1-\alpha/2} \tag{3.4-8}$$

通过现场数据回归分析得出：

$$y_{1} = 8.267\ln(x - 91.926) - 25.98$$
$$y_{2} = 8.267\ln(x - 91.926) - 35.86$$

通过曲线 $y_{1}(x)$ 和 $y_{2}(x)$ 将 $\overline{F}$-$\overline{T}$ 平面分成三个区域，Ⅰ区、Ⅱ区和Ⅲ区。盾构掘进参数点的分布与穿越土层情况和掘进状态存在对应关系。具体关系如下：

（1）当掘进参数点 (x_{i}, y_{i}) 落在Ⅰ区内时，说明盾构机处于正常掘进状态，将掘进参数点按复合比的不同分类标注，如图 3.4-6 所示。发现掘进参数点根据复合地层的复合比不同明显分成四个区域，Ⅰ$_1$区、Ⅰ$_2$区、Ⅰ$_3$区、Ⅰ$_4$区。随着盾构穿越地层的复合比的降低，穿越地层硬度提高，标准推力和标准扭矩增加。40%～50%复合比、30%～40%复合比、10%～20%复合比和 0 复合比自下而上沿着带状区域分布，并且标准推力增加速度大于标准扭矩增加速度，即带状区域的趋势线的斜率逐渐减小。

（2）当掘进参数点 (x_{i}, y_{i}) 落在Ⅱ区内时，表明盾构机标准扭矩异常偏高。可能是由于刀盘前结泥饼、土舱内存土较多或是刀盘出渣口卡住，从而导致扭矩异常升高。例如图 3.4-6 中的 A 点，盾构机掘进至 A 点（1110 环）时，扭矩异常升高，经检查发现刀盘出渣口卡住。

（3）当掘进参数点 (x_{i}, y_{i}) 落在Ⅲ区内时，表明盾构机标准推力异常偏高，可能是土舱压力过大、盾构刀盘被周围土体握裹或遇到强有力的障碍物（例如孤石等）。例如图 3.4-6

中的 B 点，盾构机掘进至 B 点（1280 环）时，标准推力异常偏大，最后经检查发现是刀盘前方出现孤石导致标准推力异常升高。

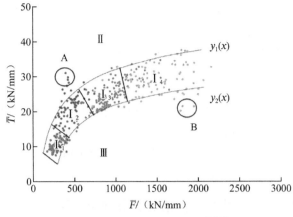

图 3.4-6　不同复合比地层的 $\overline{F}$-$\overline{T}$ 图

3. 基于掘进参数的土层识别方法

基于上述研究，建立了基于掘进参数的地层识别流程如图 3.4-7 所示。首先根据盾构推力、扭矩和每转切深计算出标准推力和标准扭矩。设比推力与比扭矩的回归关系为 $y = b\ln(x+c)+a$，其中 a、b、c 三个系数通常根据盾构机的掘进试验段的掘进参数数学统计得出。

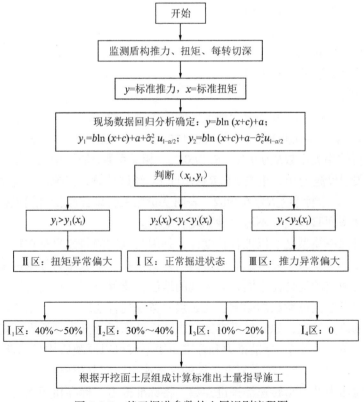

图 3.4-7　基于掘进参数的土层识别流程图

根据回归分析的预测与控制原理，y的置信水平为$1-\alpha$的预测区间近似为$[y-\hat{\sigma}_e u_{1-\alpha/2}, y+\hat{\sigma}_e u_{1-\alpha/2}]$。因此，预测区间的边界曲线为$y_1 = b\ln x(x+c)+a-\hat{\sigma}_e u_{1-\alpha/2}$和$y_2 = b\ln x(x+c)+a+\hat{\sigma}_e u_{1-\alpha/2}$。式中：$u_{1-\alpha/2}$为标准正态分布的$1-\alpha$的上分位点，可查表获得；$\hat{\sigma}_e^2$为回归分析的残差方差。

（1）当$y_1(x_i) < y_i < y_2(x_i)$时，表明盾构掘进处于正常状态。通过现场统计根据不同复合比对带状区域进行分区，可进一步通过参数点属于哪个区，判断其黏土层占开挖面的比例。

（2）当$y_i > y_1(x_i)$时，表明刀盘扭矩异常偏大，说明盾构遭遇了裹挟性地质。

（3）当$y_i < y_2(x_i)$时，表明盾构推力异常偏大，说明遭遇了加固土层或者孤石。

（4）根据土层识别得出的复合地层复合比，并结合土体的松散系数，从而确定标准出土量，防止出土量过大导致地表塌陷。

3.4.3　考虑砂黏复合地层复合比的盾构掘进速率预测模型

工程实践表明，掘进过程中掘进速率与其他掘进参数间存在数学关系。盾构掘进速率的影响因素较多，盾构机设备型号差异、盾构机司机操作习惯不同以及地层条件不同都会影响盾构掘进速率，因此，盾构掘进速度的模型是多元的。以往的研究建立掘进速率模型主要考虑盾构推力、刀盘扭矩、土舱压力及刀盘转速等掘进参数。掘进速率与盾构推力、刀盘扭矩、土舱压力和刀盘转速之间的传统数学模型如下[63,64]：

$$V = a_0 + a_1F + a_2T + a_3P + a_4N \tag{3.4-9}$$

式中：V——掘进速率（mm/min）；

$\quad\quad F$——盾构推力（kN）；

$\quad\quad T$——刀盘扭矩（kN·m）；

$\quad\quad P$——平均土舱压力（kPa）；

$a_0 \sim a_4$——回归系数。

代入白留区间833～1220环复合地层区间的掘进参数，回归分析结果如下：

$$V = 39.18 - 0.00302 \times P - 0.000175 \times F - 0.000909 \times T + 6.52 \times N$$

该回归分析的相关系数R为0.48，R^2为0.23。相关系数R是衡量因变量与自变量相关程度的指标，相关程度越密切，相关系数R越接近1。经过计算，传统掘进速度回归模型的相关系数R为0.48，剩余标准差S为6.4982，表明变量相关程度比较低且模型拟优度较低。因此，传统掘进速率回归模型并不适合砂黏复合地层。

传统的掘进速率模型之所以拟合程度低，是因为以往的研究只是在特定的地质条件下建立掘进速率模型，模型主要考虑盾构推力、刀盘扭矩、土舱压力等掘进参数。但是对于复合地层，复合地层的复合比不同，其表现的地层性质就不同，在复合地层中建立掘进速率模型，不仅要考虑掘进参数的影响，还必须要考虑复合地层的土层差异。

通过上文的研究发现，原始掘进参数二次转换得出标准推力和标准扭矩与复合地层的复合比呈良好的负相关关系。标准推力和标准扭矩不仅可以反映盾构机的推力和扭矩变化，还可以反映土层的变化。所以砂黏复合地层的掘进速率回归分析模型应主要考虑标准推力、标准扭矩、土舱压力及刀盘转速等掘进参数。将标准推力、标准扭矩和土舱压力作为多元回归分析的自变量集合。利用Origin软件进行掘进速率的多元线性回归分析，复合地层的掘进速率模型与标准推力、标准力矩以及土舱压力相关性比较好。因此，复合地层掘进速率模型如下：

$$V = b_0 + b_1 N + b_2 P + b_3 \overline{F} + b_4 \overline{T} \tag{3.4-10}$$

式中：V——掘进速率；

$\overline{F}$——盾构推力；

$\overline{T}$——刀盘扭矩；

P——土舱压力；

$b_0 \sim b_4$——回归系数。

代入白留区间 833～1220 环复合地层区间的掘进参数，回归分析结果如下：

$$V = 18.48 + 24.43 \times N + 0.0897 \times P - 0.0129 \times \overline{F} - 0.759 \times \overline{T}$$

可决系数 $R^2 = 0.64322$，相关系数 $R = 0.80201$，剩余标准差 $S = 3.7769$，采用 F 统计量检验法进行掘进参数对掘进速率的影响显著性进行检验，计算结果如表 3.4-3 所示。结果显示，土舱压力、标准推力、标准扭矩和刀盘转速对盾构掘进速率的影响均高度显著。该盾构掘进速率计算模型与实际值相比，准确度较高。

回归分析统计量及检验结果（$\alpha = 0.05$）　　　　表 3.4-3

方差来源	偏差平方和	自由度	方差	F值	$F\alpha$	显著性
N	6249.78	1	6249.78	438.11	3.90	高度显著
P	899.90	1	899.90	63.08	6.79	高度显著
$\overline{F}$	882.54	1	882.54	61.87	—	高度显著
$\overline{T}$	2115.47	1	2115.41	148.29	—	高度显著
回归	8821.31	4	2205.33	154.59	2.43	高度显著
剩余	4893.00	343	14.2653	—	3.43	—
总和	13714.32	347	—	—	—	—

3.4.4　小　结

本节对盾构主要掘进参数分布规律、掘进参数与地层之间的相互关系以及盾构掘进参数预测模型进行了研究，得出主要结论如下：

（1）通过对盾构推力和刀盘扭矩进行二次处理，消除掘进速率和刀盘转速的影响，提出标准推力和标准扭矩的概念。实践证明：标准推力和标准扭矩跟复合地层的复合比具有很强的相关性。

（2）通过对复合地层掘进参数（标准推力、标准扭矩）与地层性质的相关性分析得出，正常掘进状态下，标准推力和标准扭矩成对数关系，并且随着复合比的降低，$\overline{F}$-$\overline{T}$ 曲线斜率逐渐减小，标准推力增长速率高于标准扭矩。

（3）基于标准推力 $\overline{F}$-标准扭矩 $\overline{T}$ 特征空间，依托白留区间盾构工程，分析了掘进参数与地层情况的对应关系以及在该特征空间的位置。将 $\overline{F}$-$\overline{T}$ 平面图划分为 I 区、II 区和 III 区，分别代表正常掘进区、扭矩偏大区、推力偏大区，并根据复合比的不同，将 I 区进一步划分

为 I_1 区、I_2 区、I_3 区、I_4 区，分别代表复合比 40%～50%区、复合比 30%～40%区、复合比 10%～20%区、复合比 0 区。以此建立了基于掘进参数的复合地层土层识别和盾构掘进状态判断方法。

（4）建立砂黏复合地层的掘进速率模型，引入标准推力、扭矩替换盾构推力和刀盘扭矩，相比于传统的掘进速率模型，该模型可以考虑砂黏复合地层复合比的影响。因此，该模型的拟合程度更好，精度更高。通过多元回归分析得出，土舱压力、标准推力、标准扭矩、转速与掘进速率呈高度显著关系，且掘进速率和标准推力、扭矩成反比。

3.5 盾构与矿山法施工引起地表沉降规律

3.5.1 盾构法施工引起地表沉降的发展过程

1. 诱发地表变形的主要因素

盾构隧道施工过程中，盾构开挖隧道会对周围土体造成扰动，从而引起隧道周围地层的变形。隧道上覆地层性质交叉、地下水多、盾构掘进参数设置不合理等都会使得地层损失过大，从而引发较大的地表沉降。盾构机与地层的相互作用如图 3.5-1 所示。

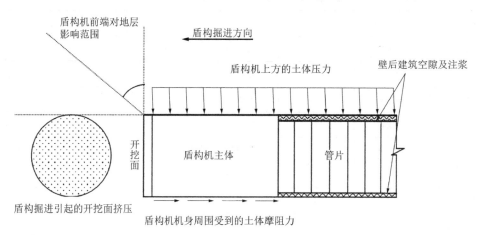

图 3.5-1　盾构机与地层的相互作用图

盾构隧道开挖引发地表变形偏大的主要原因如下：

（1）土舱压力设置不当，致使开挖面失稳，土体移动；

（2）盾构机掘进参数设置不合理，对周围地层扰动过大；

（3）盾尾同步注浆压力不足，无法及时填补盾尾间隙，注浆浆液凝固时间和强度不达标；

（4）盾构隧道内部泄漏水过大或人工降水过多，导致地下水位下降，地层发生固结变形；

（5）盾构管片发生上浮或大变形，导致土体损失增大。

2. 地层扰动时间效应

盾构法施工引起地表沉降的过程在时间上有明显不同[65]，根据影响因素和沉降类型的不同大体可以分为五个阶段，如图 3.5-2 所示。

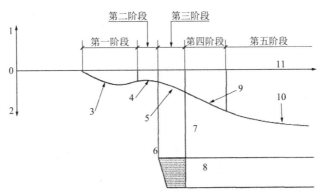

1—隆起；2—沉降；3—先行沉降；4—开挖面前沉降；5—盾尾沉降；6—开挖面；7—盾尾；8—盾构机；
9—盾尾空隙沉降；10—后续沉降；11—时间轴

图 3.5-2　盾构施工引起土体沉降阶段划分示意图

（1）预沉降阶段。这一阶段从掌子面距离预先设定的监测断面 20～30m 处开始，直到掌子面抵达预先设定的监测断面时所引起的沉降，即盾构机未到达监测断面时土体变形。其沉降机理是盾构施工对前方土体产生扰动，这个过程会引起地下水位下降和隧道上部区域覆土厚度增大，最终引起土体的固结沉降。这一阶段的地表沉降影响区域大小主要受土体的水文地质条件控制。

（2）开挖面附近地表变形阶段。这一阶段的地表变形即掌子面在监测断面正下方时的沉降，也就是盾构抵达时土层出现的位移。这是由于盾构机的推进作用力设置不合理造成开挖面土体失衡、隧道掘进后土体初始应力减小和土体塑性变形等造成的。这一阶段最合理的情况是盾构机内部土压力与掌子面处水土压力之和相等，而盾构机内部土压力的设定是根据前期地层勘察数据来完成的。如果设定的内部土压力比掌子面处水土压力之和小，则正面土体会向盾构内部移动，进而造成土层损失，引起隧道上覆土体下沉；如果设定的内部土压力比掌子面处水土压力之和大，则正面土体受盾构机挤压作用，掌子面上方土体受向上作用力，引起隧道上覆土体隆起。

（3）盾构机穿过期间沉降阶段。这一阶段是指从掌子面到达监测断面时开始直至盾尾穿过监测断面结束。本阶段的沉降主要是由于盾构掘进尺寸与盾构直径尺寸不同引起的，此外还因为在盾构机不断向前推进过程中机体与周边土体之间有摩擦作用，从而对周边土体形成扰动，引起地表沉降变形。

（4）注浆填充沉降阶段。这一阶段是指盾构机穿过地层后管片环脱离盾尾的瞬时沉降。在盾构过程中，为减小盾构机向前推进的阻力，通常使盾构机外壳尺寸略小于刀盘尺寸，因此隧道掘进尺寸直径会略大于管片环外径尺寸。当管片环离开盾尾时，周围土体在外力作用下会沿径向向隧道处移动，进而在周围土体中造成地层损失，在地表处形成沉降变形。本阶段的地表沉降变形大小是由注浆填充效果决定的，即控制合理的注浆压力和浆液填充率时沉降量会比较小。

（5）后期沉降阶段。本阶段地表沉降主要表现为固结沉降和蠕变残余变形沉降两种形式，这主要是因为前期盾构施工过程中对周边土体造成了扰动。

3. 地层扰动空间效应

隧道盾构法施工引起的地表沉降变形在空间上呈三维状，当盾构机向前推进时，地表沉降变形沿纵向也随之推进，其沉降槽宽度也随之增大，在形式上呈波浪式[66]，其中有 5 个特点：

（1）盾构机刀盘的前方、上方和四周均可产生土体变形，土体变形的区域范围因上部土体距离盾构机刀盘远近不同而不同，表现为上部土层距离刀盘越远，沉降槽的宽度越大。

（2）隧道盾构法施工引起的地表沉降槽曲线在横断面上类似于正态概率分布曲线。

（3）隧道盾构法施工引起的地层变形位移量以隧道轴线为中心向两侧逐渐减小，其最终沉降值大小受隧道埋深影响，且隧道埋深越大最终沉降值越小。

（4）隧道盾构施工引起的地表变形在纵断面上因位置不同而分布不同，具体表现为盾构机刀盘前、后方因受力不同分别为拉伸区和压缩区。

（5）地表沉降值的大小主要取决于土体的水文地质特性，也因隧道有效埋深等因素的改变而改变。

3.5.2 地表变形监测方案

1. 基准点布置

白留盾构区间的地表沉降监测基准网（高程基准网），以石家庄市地铁 1 号线工程高程系统为基准建立，起始点设置在地铁施工精密水准点上。

为了保证沉降监测基准能够稳定可长期使用，监测基准点不允许设置在盾构开挖引起的地层变形影响范围之内。基准点一般选择设置在周边基础较深的建（构）筑物上，方便观测且容易保存，基准点埋设方式见图 3.5-3[67]。

2. 监测点埋设及技术要求

地表沉降监测点应把握以下原则[68]：

（1）沉降监测点布设对象要全面。主要为盾构沿线沉降影响范围内的地表、沿线穿越的管线以及地表建筑物。

（2）沉降监测点应尽量实现同点监测，避免出现同一区域重复布点的情况。

（3）沉降监测点采用标准埋点形式。采用人工钻孔或机械钻孔进行埋设，监测点标志应与地面持平，避免影响人车通行。

地表沉降监测点埋设方式如图 3.5-4 所示。

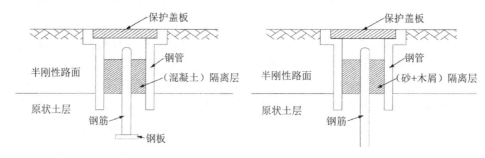

图 3.5-3　基准点埋设示意图　　　　　图 3.5-4　地表沉降监测点埋设示意图

3. 监测点的布置

按照国家标准规范及设计文件监测要求，结合工程特点以及隧道沿线环境特点，具体监测点布置情况如表 3.5-1 及图 3.5-5 所示。

监测对象、项目及测点布置一览表　　　　　　　　　　　　　　　表 3.5-1

序号	现场监测对象	监测项目	测点布设原则	监测点数量
1	周边环境	地下管线沉降	沿区间管线方向，每 15m 布设一个监测点	56
2		地表沉降	盾构始发端 100m 范围内，每 20m 设一断面。其余地段，每 30m 设一断面	985
3		建筑物	建筑物四角、沿外墙每 10～15m 处或每隔 2～3 根桩基上，每侧不少于 3 个测点	48

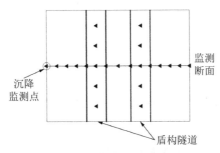

图 3.5-5　监测点布置示意图

3.5.3　盾构法施工引起地表变形实测数据分析

1. 横向地表沉降槽成槽规律研究

对于石家庄地铁 1 号线白留区间，其沉降槽主要特征为：沉降槽宽度系数一般为 6～8m，曲线窄而陡。为了更好地研究隧道开挖造成的沉降与盾构机位置的关系，分别在盾构刀盘距离监测断面−3m、0m、8.4m、16.8m、33.6m 提取监测断面的沉降数据，绘制在同一个地表横向沉降槽曲线图内。

以下针对 DB19272、DB19230、DB18649 三个断面进行详细分析，其中 DB19272 和 DB19230 为穿越砂黏复合地层，DB18649 为穿越砂层。

（1）DB19272 断面

图 3.5-6 中白留区间的 DB19272 断面，盾构隧道穿越的是粉质黏土和细中砂复合土层，厚度分别为 1.67m、4.33m。以先行隧道为研究对象，如图 3.5-6（a）所示。盾构刀盘在未到达监测断面时，由于盾构机土舱压力和盾构推力原因，导致前方土体轻微隆起，但隆起值较小，不超过 1mm。当盾构机刀盘位于监测断面下方时，由于盾构掘进对周边土体扰动，造成地表沉降，此时沉降值较小。白留区间采用的土压盾构机盾壳长度为 8.4m，因此从刀盘到达监测断面正下方至刀盘穿过监测断面 8.4m，为盾壳穿越监测断面阶段。此时，由于刀盘超挖，盾壳前进扰动土体，产生一定程度的土体损失，该阶段形成了 3mm 沉降，占总沉降的 28%。当盾构刀盘距离监测断面 8.4m 时，管片从盾尾脱出，由于盾壳具有一定厚度，就会在管片周围形成盾尾间隙，与此同时，盾构机同步注浆系统会对盾尾间隙进行注浆。通常形成盾尾间隙后，地表沉降会迅速发展，沉降速率较大。由图 3.5-6 可知，从盾构刀盘距断面 8.4m 到 16.8m，发生了 4.3mm 地表沉降，占总沉降的 45%。当盾构刀盘距监测断面 33.6m 时，地表沉降已基本完成，最终沉降为 9.78mm。

以后行隧道为研究对象，如图 3.5-6（b）所示，后行隧道沉降槽成槽过程与先行隧道相似，但受到先行隧道开挖的影响，最大沉降点偏向先行隧道方向。后行隧道开挖造成的地表沉降通常小于先行隧道，最大沉降值仅为先行隧道的 50%。

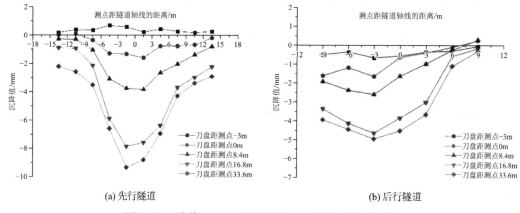

(a) 先行隧道 　　　　　　　　　　　　(b) 后行隧道

图 3.5-6　隧道 DB19272 监测断面地表横断面沉降曲线

（2）DB19230 断面

图 3.5-7 中白留区间的 DB19230 断面，盾构隧道穿越的是粉质黏土和细中砂复合土层，厚度分别为 2.2m、3.8m。DB19230 先行隧道成槽分析结果如下：盾构刀盘未到达监测断面时，由于对开挖面施加压力，导致地表出现少量隆起变形，其最大隆起值不在隧道轴线处而是在隧道两侧。刀盘到达监测断面后，沉降槽开始出现；盾构在穿过监测断面 8.4m 处管片脱出，形成盾尾间隙，沉降快速发展。刀盘穿过断面 33.6m 后，沉降槽基本稳定不再变化。后行 DB19230 监测断面地表横断面沉降曲线如图 3.5-7（b）所示，成槽规律与先行隧道相似，但最大沉降值相比于先行隧道较小。

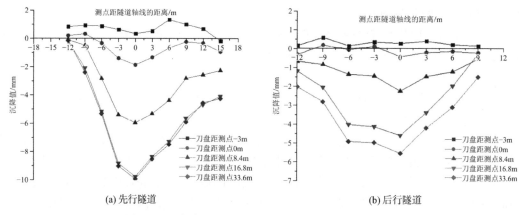

(a) 先行隧道 　　　　　　　　　　　　(b) 后行隧道

图 3.5-7　隧道 DB19230 监测断面地表横断面沉降曲线

（3）DB18649 断面

图 3.5-8 中白留区间的 DB18649 断面，盾构隧道穿越的是细中砂土层。DB18649 先行隧道成槽分析结果如下：盾构刀盘未到达监测断面时，可能由于土舱压力较小，未形成隆起变形。刀盘到达监测断面后，沉降槽开始出现；盾构在穿过监测断面 8.4m 处管片脱出后，形成盾尾间隙，沉降迅速发展。与穿越复合地层相比，盾构穿越砂层时，刀盘从距离监测断面 8.4m 到 16.8m，该阶段沉降值占总沉降的比例更大，达到 68%。刀盘穿过监测断面 33.6m 后，沉降槽基本稳定不再变化。后行隧道 DB18649 监测断面地表横断面沉降曲线

如图 3.5-8（b）所示。成槽规律与先行隧道相似，但最大沉降值远小于先行隧道。

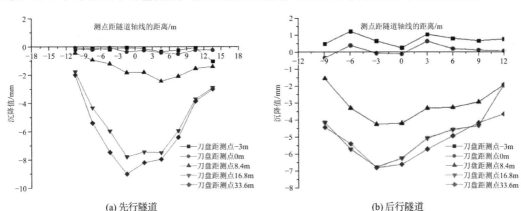

(a) 先行隧道　　　　　　　　　　　　(b) 后行隧道

图 3.5-8　隧道 DB18649 监测断面地表横断面沉降曲线

综合上述 3 个监测断面沉降槽成槽规律，可以得出以下结论：

刀盘到达前，除隧道正上方监测点，其他点发生隆起变形，隧道轴线正上方地表测点相对于其他点表现为沉降，沉降槽成槽规律不明显；盾构机到达监测断面后，沉降槽开始形成。当盾构机盾壳完全穿越监测断面后，管片从盾尾脱出，沉降快速发展。从刀盘距监测断面 8.4m 到 16.8m，该阶段沉降通常占总沉降的 50%。当刀盘距离监测断面 33.6m 时，沉降槽基本稳定。后行隧道沉降槽的成槽规律与先行隧道相似，但最大沉降值通常是先行隧道的 50%左右。

2. 纵向地表沉降实测数据分析

本节对先行隧道和后行隧道纵向地表时程沉降曲线分别研究，根据纵向沉降曲线特征的不同，对纵向地面沉降曲线进行分类，并研究其产生机理。

1）先行隧道地表沉降纵向变化规律

先行隧道的纵向时程沉降曲线，按照变化剧烈程度不同可分为两种模式。

（1）缓变型模式

在石家庄地铁 1 号线白留区间中，当盾构隧道正上方存在较厚的粉质黏土，其地表沉降发展速度整体较为缓慢，沉降增加阶段的沉降值速率基本为 1～2mm/d。其原因是粉质黏土黏聚力较大，减缓变形向上的传导，因此将该模式定义为缓变型沉降模式，如图 3.5-9 所示。典型缓变型沉降模式的实测地表纵向沉降及地质剖面图如图 3.5-10～图 3.5-12 所示。

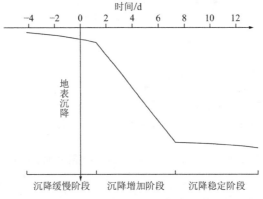

图 3.5-9　隧道开挖引发缓变型地表沉降纵向规律

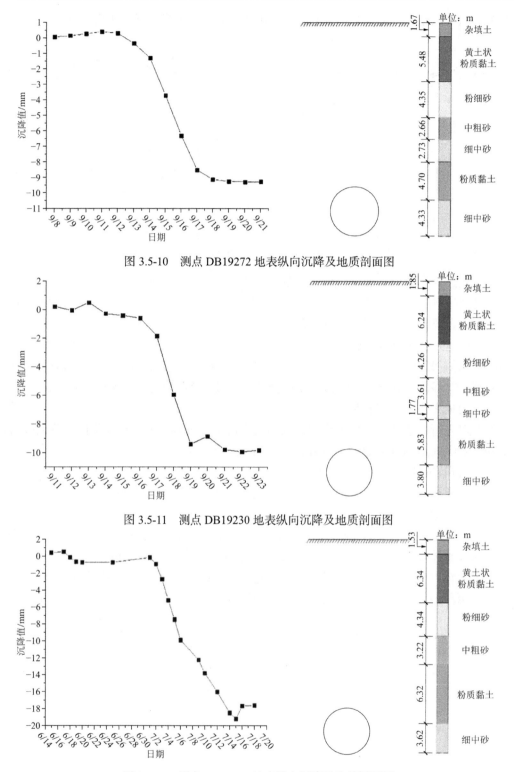

图 3.5-10　测点 DB19272 地表纵向沉降及地质剖面图

图 3.5-11　测点 DB19230 地表纵向沉降及地质剖面图

图 3.5-12　测点 DB19184 地表纵向沉降及地质剖面图

（2）陡降型模式

针对石家庄白留区间的沉降监测数据，发现有很多地表纵向沉降曲线的斜率很大，其主要沉降通常 1～2d 即可完成。根据地表沉降纵向变形曲线特点，将该种模式定义为陡降型模式。陡降型地表沉降曲线进一步划分为沉降缓慢阶段、沉降骤增阶段、沉降稳定阶段，如图 3.5-13 所示。典型陡降型沉降模式的实测地表沉降及地质剖面图如图 3.5-14～图 3.5-16 所示。

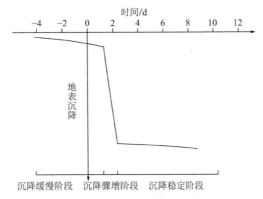

图 3.5-13　隧道开挖引发陡降型地表沉降纵向规律

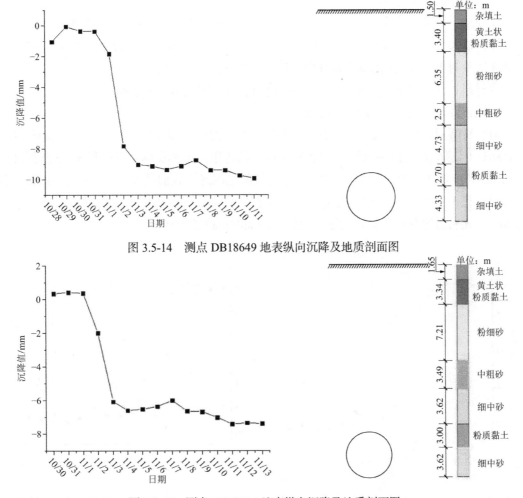

图 3.5-14　测点 DB18649 地表纵向沉降及地质剖面图

图 3.5-15　测点 DB18634 地表纵向沉降及地质剖面图

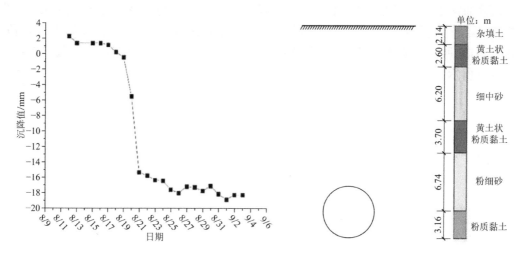

图 3.5-16　测点 DB18697 地表纵向沉降及地质剖面图

通过分析陡降型沉降模式对应的地层组成，以及相应的施工过程。总结出地表陡降型沉降模式产生的主要原因为：

①地层：紧邻隧道上覆土层为砂层，且上覆土层中以砂土为主，黏土较少。

②掘进参数：土压力过小，开挖面失稳，造成土体扰动和出土量过大。注浆压力偏小，导致无法及时抵抗盾尾间隙周围的释放应力，产生较大的土体损失。

③材料：注浆浆液质量问题，初凝时间偏长，凝固后强度不达标。

2）后行隧道地表沉降纵向变化规律

对后行隧道依次通过 DB19272（缓变型）、DB19230（缓变型）、DB18649（陡降型）、DB18634（陡降型）四个断面时，对各断面后行隧道正上方测点的沉降时程曲线进行分析，见图 3.5-17～图 3.5-20。分析结果表明：与先行隧道沉降时程曲线相比，对于同一断面，后行隧道通过时与先行隧道通过时的沉降规律相似，但后行隧道的最大沉降值通常在 5～7mm。与先行隧道相比，后行隧道通过同一断面时沉降值较小。

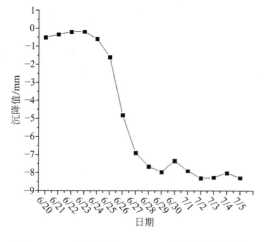

图 3.5-17　后行隧道 DB19272 地表纵向沉降图

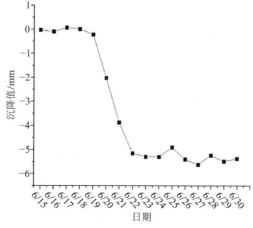

图 3.5-18　后行隧道 DB19230 地表纵向沉降图

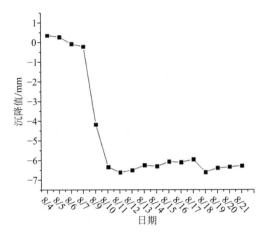

图 3.5-19　后行隧道 DB18649 地表纵向沉降图　　　图 3.5-20　后行隧道 DB1634 地表纵向沉降图

3.5.4　盾构法沉降槽计算方法的适用性

1. 沉降槽常用计算方法

依据土压盾构穿越砂黏复合地层引发的地表横向沉降统计结果，采用多种地表沉降预测公式计算地表沉降槽，对比分析它们与监测值的拟合度，并给出适用于石家庄复合地层的计算参数。

1）Peck 公式

Peck 公式如下：

$$S(x) = S_{\max}e^{-\frac{x^2}{2i^2}} \tag{3.5-1}$$

$$S_{\max} = \frac{V_{\mathrm{loss}}}{i\sqrt{2\pi}} = \frac{\pi R^2 \eta}{i\sqrt{2\pi}} \tag{3.5-2}$$

式中：x——距隧道轴线横向水平距离；

　$S(x)$——x 位置处的地面沉降量；

　　i——地面沉降槽宽度系数；

V_{loss}——单位长度土体体积损失量，$V_{\mathrm{loss}} = \pi R^2 \eta$；

　R——隧道开挖半径；

　η——地层损失率，为地层损失面积与盾构隧道截面面积的比值。

通过统计盾构开挖引发地表沉降数据[69]，发现 i 和 h 存在较好的线性关系，但其线性系数为经验值，不同地区取值不同。

$$i = Kh \tag{3.5-3}$$

综合上述公式，得出预测地表沉降的计算公式：

$$S(x) = \frac{1.252R^2\eta}{i}e^{-\frac{x^2}{2K^2h^2}} \tag{3.5-4}$$

2）Attewell 公式

Attewell 公式[70]是在 Peck 公式的基础上进行的修正，Attewell 也认同沉降槽曲线近似高斯曲线，并重点研究了 Peck 公式中沉降槽宽度系数 i 的计算方法：

$$i = \frac{KD}{2}\left[\frac{h}{D}\right]^n \tag{3.5-5}$$

式中，K、n 是由大量实际工程监测数据统计得出。其中，K 在黏性土中取 1.0，回填土中取 1.7，砂土中取 0.6～0.8；n 在黏性土中取 1.0，回填土中取 0.7，砂土中取 0.35～1.0。

3）Sagaseta 公式

Sagaset 公式[71] 的前提是把土体当成均匀的弹性半无限体，土体具有各向同性且不可压缩性。土体损失对称分布在隧道周围，呈圆环状。Sagaseta 公式表达式如下：

$$\delta(x, y) = \frac{V_{\text{loss}}}{2\pi}\frac{h}{x^2 + h^2}\left[1 - \frac{y}{\sqrt{x^2 + y^2 + h^2}}\right] \tag{3.5-6}$$

式中：$\delta(x, y)$——隧道上方的任意点沉降值；

$\quad\quad V_{\text{loss}}$——单位长度土体体积损失量，$V_{\text{loss}} = \eta A$，$A$ 为隧道断面面积；

$\quad\quad \eta$——地层损失率，通常取 0.2%～1.2%；

$\quad\quad x$——计算点距隧道轴线的水平距离；

$\quad\quad y$——计算点距开挖面的纵向距离。

2. 计算结果对比分析

结合石家庄地区土层参数以及相关系数的经验取值，运用上述各式计算沉降值。将上述各式计算的沉降槽曲线与实测数据进行对比分析，如图 3.5-21～图 3.5-23 所示。通过比较计算值与实测值的残差平方和来判断计算公式的适用性。

1）DB19272 断面。隧道上方土层，粉细砂 3.88m，黄土状粉质黏土 4.56m，素填土 2.52m，埋深 13.96m。$\eta_{\text{先行}} = 0.6\%$，$\eta_{\text{后行}} = 0.4\%$。

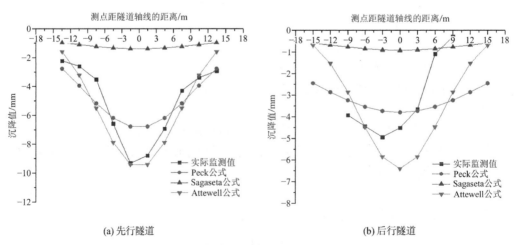

(a) 先行隧道　　　　　　　　　　　　　　(b) 后行隧道

图 3.5-21　DB19272 断面地表沉降槽计算对比图

2）DB19230 断面。隧道上方土层，粉细砂 2.86m，黄土状粉质黏土 5.64m，素填土 3.34m，埋深 14.84m。$\eta_{\text{先行}} = 0.6\%$，$\eta_{\text{后行}} = 0.4\%$。

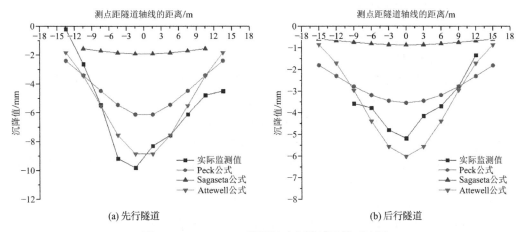

图 3.5-22　DB19230 断面地表沉降槽计算对比图

3）DB18649 断面。隧道上方土层，粉细砂 3.9m，黄土状粉质黏土 2.86m，黄土状粉质黏土 4.06m，素填土 1.48m，埋深 15.3m。$\eta_{先行} = 0.6\%$，$\eta_{后行} = 0.4\%$。

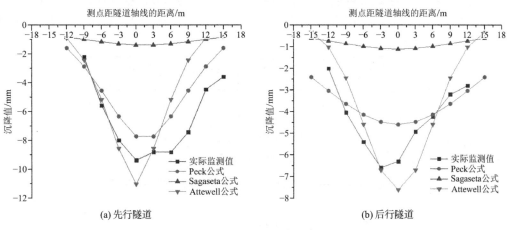

图 3.5-23　DB18649 断面地表沉降槽计算对比图

通过计算残差平方和，对表 3.5-2 进一步分析可以看出：用 Attewell 公式计算的残差平方和均小于 Peck 公式和 Sagaseta 公式，计算结果与实测数据更加吻合。

各计算方法残差平方和　　　　　　　　　　　表 3.5-2

监测断面	Attewell 公式	Peck 公式	Sagaseta 公式
DB19272 先行	11.01	17.32	204.46
DB19230 先行	16.47	52.12	255.07
DB18649 先行	26.90	53.60	290.70
DB19272 后行	13.86	17.94	59.99
DB19230 后行	4.75	7.18	75.27
DB18649 后行	10.64	13.01	123.71

3.5.5 矿山法施工地表沉降规律

1. 依托工程概况及地质条件

1）地铁隧道工程概况

石家庄地铁 1 号线留村站—火炬广场站区间（简称留火区间）由留村站始发沿长江大道向东至火炬广场站。本区间线间距 5.1m，采用双线单洞大断面矿山法施工，区间开挖宽 12m，高度 9.735m。区间起讫里程 K20＋700.95～K21＋760.70，全长 1059.75m。区间线路沿长江大道中间绿化带敷设，线路纵向呈 V 形坡，主要坡度为 0.3%～0.7%，拱顶覆土 8～10.2m，属于浅埋隧道。区间垂直下穿 2 座地下过街通道及多条市政管线，自身风险为 Ⅱ 级，安全风险等级较高。对地面沉降控制要求较高。

2）工程和水文地质条件

根据钻探资料及室内土工试验结果，将本区间工程勘探范围内的土层划分为人工堆积层（Q^{ml}）、新近沉积层（Q_4^{al}）、第四系全新统冲洪积层（Q_4^{al+pl}）、第四系上更新统冲洪积层（Q_3^{al+pl}）四大层。本区间主要穿越地层为④$_1$粉细砂、⑥$_2$中粗砂，拱顶主要土层为④$_1$粉细砂及③$_1$黄土状粉质黏土。隧道顶板埋深约为 10.0～11.5m，结构顶板处围岩主要为④$_1$粉细砂和④$_2$中粗砂。修正后围岩分级均属Ⅵ级围岩，土体自稳能力差，不易形成自然应力拱，施工过程中容易发生塌落，需采用安全、可靠的支护措施，确保施工安全。区间地质剖面图详见图 3.5-24。

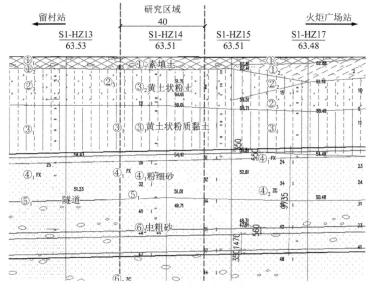

图 3.5-24　区间地质剖面图

根据地质勘察报告，在最大勘察深度 45m 范围内未能实测到地下水位，因此区间隧道工不需要考虑地下水的影响。

3）隧道施工方法及衬砌结构

本区间隧道为单洞双线隧道，隧道断面达到 100m²，按照国际隧道协会制定的隧道断面划分标准，此隧道属于单洞双线大断面隧道，采用双侧壁导坑法（6 导洞法）施工，施工步序如图 3.5-25 所示。区间衬砌类型为复合式衬砌，初支采用喷射混凝土＋格栅钢架措施，二衬采用模筑钢筋混凝土，初

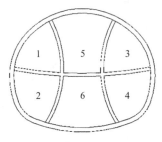

图 3.5-25　双侧壁导坑法施工步序

支和二衬之间设柔性防水层。辅助工程措施采用超前小导管注浆、掌子面喷射混凝土封闭等。

2. 砂土复合地层隧道施工引起地表沉降规律

1) 地表沉降监测方案

在地表里程 K21 + 317.00 典型断面处布置监测点，DB21317 处横向设置 9 个测点，对施工过程中地表的沉降变形进行监测，测线长 36m。地表沉降测点布置见图 3.5-26。其中，导洞 1（2）、5（6）、3（4）对应的拱顶地表测点分别为测点 4、5、6，以细化分析双侧壁导坑法中不同导洞开挖所引起的地面沉降情况，对于分导洞控制地表沉降具有重要的意义。

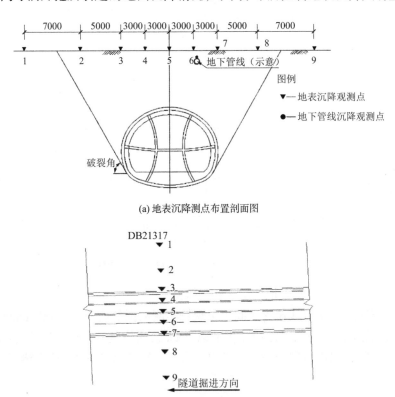

(a) 地表沉降测点布置剖面图

(b) 地表沉降测点平面布置图

图 3.5-26　地表沉降测点布置示意图

2) 地表横向沉降实测数据分析

取 DB21317 地表沉降监测点的 9 个点位进行地表横向沉降分析，并按照 6 个导洞的开挖顺序与模拟值依次进行对比分析，具体结果如图 3.5-27 所示。

通过分析图 3.5-27 可知，可以得出以下结论：

地表沉降值的大小主要取决于隧道开挖土体和紧邻隧道顶部的上覆土层的工程和水文地质特性。对于无水砂土复合地层，其矿山法施工引起的沉降具有其显著特点。由于开挖上部土体和上覆地层均为粉细砂，其自稳能力极差，地层变形和地表沉降变化较快，沉降槽呈现出"窄而陡"的特征，不同于一般的黏土地层。

随着导洞开挖的进行，沉降的中心逐渐向隧道中心移动，地表沉降呈现非线性增大，开挖导洞 1 引起的沉降最大，其次是导洞 3、2 和 4，由于开挖导洞 4 后进行了注浆加固，使得地层发生一定程度的抬升，沉降有所减小，即导洞 5 和导洞 6 开挖引起的沉降比之前要小。

由于导洞 1 早于导洞 3 开挖，因此导洞 3 拱顶地表沉降（测点 6）滞后于导洞 1（测点 4），但其变化趋势基本一致，导洞 3 最后的拱顶地表沉降稍小于导洞 1。

随着开挖的进行，受到两侧导洞开挖的影响，导洞 5 拱顶地表沉降逐渐增大，在导洞 3 开挖后逐渐成为地表沉降最大的点。在对地表进行注浆处理后，地表沉降基本稳定，导洞 6 开挖完成后地表最大沉降量实测值为 −33.69mm。这表明，地表注浆可减弱隧道开挖的影响，对缓解地表沉降过大效果明显。

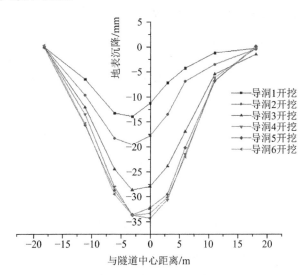

图 3.5-27 各导洞开挖地表横向沉降曲线

3）Peck 公式解析砂土复合地层地表横向沉降

通过对石家庄地铁 1 号线留火区间大量现场实测数据的研究，发现监测断面地表沉降值与隧道中线的距离存在一定的关系，因此以 Peck 公式为基础，通过对留火区间 2 个监测断面地表横向沉降数据进行回归分析，求出适合于石家庄地铁的地表沉降槽宽度系数和地层损失率。

Peck 线性回归公式为：

$$\ln S_{(x)} = \overline{a} + \overline{b} \times \left(-\frac{x^2}{2}\right) \tag{3.5-7}$$

式中：$S_{(x)}$——监测点到隧道中线的距离；

n——基础样本点的个数；

$\overline{a}$——线性回归公式的常数项；

$\overline{b}$——线性回归公式线性系数。

通过上式可得 V_i 及 i，

$$i = \sqrt{\frac{1}{\overline{b}}} \tag{3.5-8}$$

$$V_i = \exp(\overline{a}) \cdot i\sqrt{2\pi} \tag{3.5-9}$$

选取石家庄地铁 1 号线留火区间 DB20860、DB21317 两个监测断面的地表沉降数据进行线性回归分析。

回归分析结果见图 3.5-28、图 3.5-29，其中，

$$\overline{a} = \frac{(3.4790 + 3.4667)}{2} = 3.4729$$

$$\overline{b} = \frac{(0.0203 + 0.0227)}{2} = 0.0215$$

因此，通过式(3.5-8)可得沉降槽宽度系数$i = 6.55$，通过式(3.5-9)可得土体损失率$V_i = 4.81\%$。

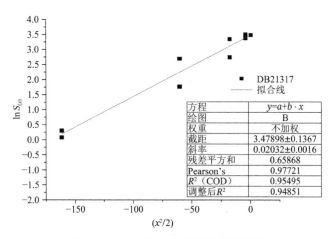

图 3.5-28　DB21317 断面线性回归分析

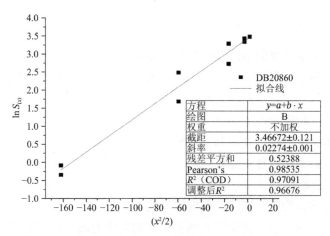

图 3.5-29　DB20860 断面线性回归分析

4）地表纵向沉降实测数据分析

取监测断面测点 4 即隧道左侧导洞拱顶地表实测数据进行分析，其地表纵向沉降曲线如图 3.5-30 所示。

通过观察图 3.5-30 发现，地表纵向沉降可以分为 4 个阶段：

（1）微小沉降阶段：在该监测断面导洞开挖前，先前导洞的开挖已经对监测点沉降产生影响，先行沉降量为 7.60mm，约占到该监测点最终沉降量 33.69mm 的 23%。此阶段沉降缓慢，可称为微小沉降阶段。

（2）沉降迅速增大阶段：当导洞开挖后，地表沉降迅速增加，相邻导洞的开挖也对该

测点地表沉降产生影响，此阶段沉降速率迅速增大，可称为沉降迅速增大阶段。

（3）沉降缓慢增加阶段：在该监测断面中间导洞开挖前实测地表沉降有异常增大的趋势，地表最大沉降增大到37.37mm，进行地表注浆加固后地表沉降回弹5.1mm。此后，地表沉降缓慢增加，故此阶段可称为沉降缓慢增加阶段。

（4）沉降稳定阶段：由于地表注浆的加固作用，中间导洞的开挖并未造成较大的地表沉降，后期地表沉降基本稳定在33mm左右，故此阶段可称为沉降稳定阶段。

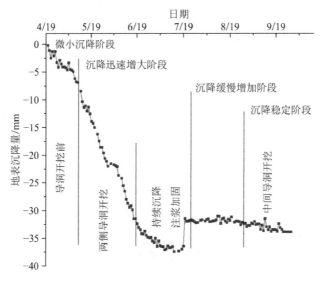

图 3.5-30　地表纵向沉降曲线

无水砂土复合地层的纵向沉降具有其显著特点：由于砂层的稳定性差，导致其沉降开始值比一般的黏土地层沉降值要大，且沉降发展较为迅速，在较短时间内就接近最大值；在后期则沉降发展较慢，并不断趋于稳定，可以缩减为三个阶段，即微小沉降阶段、迅速沉降阶段和沉降基本稳定阶段。因此，无水砂土复合地层要采取地层注浆加固和超前小导管注浆加固等措施，重点控制开始和中间阶段的快速沉降。

3. 双侧壁导坑施工数值仿真分析

1）计算假定及简化

（1）所有材料均为均质、连续、各向同性的。

（2）由于隧道埋深较浅，初始应力场不考虑构造应力场，只考虑自重应力场。

（3）计算模型不考虑地下水的影响。

（4）计算模型将二衬作为安全储备，未考虑其影响。

（5）将土层看作理想的弹塑性材料，忽略围岩时间效应的影响。

（6）开挖步距定为2m，为了模拟实际施工中初期支护滞后的效应，在开挖2步后添加初期支护。

（7）模型中土体采用实体单元模拟，初期支护用板单元模拟，土体采用弹塑性本构模型摩尔-库仑准则，初期支护采用弹性本构关系。将隧道轮廓线外一定区域（即施作超前支护的区域）定义为加固区，加固区范围为1.2m厚的弧形加固区，在计算中采用提高加固圈内的围岩参数来考虑小导管注浆的超前支护作用。

（8）施工模拟开挖步序：先开挖 1 号洞室，施作初期支护；滞后 1 号洞室 10m，开挖 2 号洞室土体，施作初期支护；滞后 2 号洞室 10m，开挖 3 号洞室土体，施作初期支护；滞后 3 号洞室 10m，开挖 4 号洞室土体，施作初期支护；滞后 4 号洞室 40m，开挖 5 号洞室土体，施作初期支护；滞后 5 号洞室 10m，开挖 6 号洞室土体，施作初期支护。

2）三维模型的建立

计算模型取水平面内垂直隧道轴线方向为 X 轴，隧道轴线方向为 Y 轴，竖直向上为 Z 轴。考虑隧道开挖对围岩的影响范围，隧道两侧及下部取洞径 3～4 倍范围，建模时宽度方向（X 方向）计算范围取为 90m，深度方向（Z 方向）向上取至地表，向下取至离拱底 45m，隧道纵向（Y 方向）取 40m，模型共 50660 个单元、54495 个节点，数值计算三维模型见图 3.5-31，双侧壁导坑法支护结构见图 3.5-32。边界条件为位移约束，其中上部边界为自由边界，左右边界固定 X 方向的位移，下部边界固定 Z 方向位移，纵向方向固定 Y 方向位移。依据地质剖面图划分杂填土、粉土、粉质黏土、粉细砂、中粗砂五层土体，隧道埋深为 8.7m，各地层深度见图 3.5-33。

图 3.5-31　数值计算三维模型

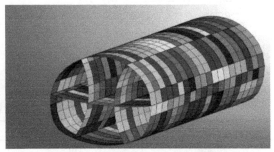

图 3.5-32　双侧壁导坑法支护结构图

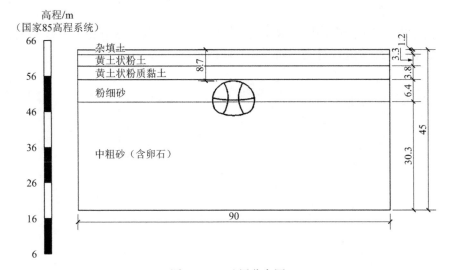

图 3.5-33　地层分布图

3）计算模型参数选取

根据勘察设计报告，各土层计算参数如表 3.5-3 所示。

各土层计算参数表 表 3.5-3

材料	E/MPa	μ	γ/（kN/m³）	c/kPa	φ/°
杂填土	5	0.33	16.5	1	9
粉土	8	0.25	19	18	20
粉质黏土	10	0.2	19.5	23	18
粉细砂	25	0.23	19.5	1	31
中粗砂	35	0.28	20	1	33
注浆加固土层	200	0.3	22	150	50

钢拱架一般与小导管配合施工，但在隧道的数值模拟中，钢拱架不再单独进行考虑，钢拱架的作用采用等效刚度的方法来考虑，即按等效刚度的方法折算到初期支护中[65]。同时结合《公路隧道设计规范》JTG/T D70—2010 确定钢筋参数、模筑混凝土以及喷射混凝土参数。折算后初期支护弹性模量按式(3.5-10)计算：

$$E_c = E_0 + S_g \times E_g / S_c \tag{3.5-10}$$

式中：E_c——折算后初期支护弹性模量；

E_0——原混凝土弹性模量；

S_g——钢拱架截面积；

E_g——钢拱架弹性模量；

S_c——初支截面积。

支护结构参数取值如表 3.5-4 所示。

支护参数表 表 3.5-4

材料	弹性模量E/GPa	重度γ/（kN/m³）	泊松比μ
锁脚锚杆	210	78	0.2
初期支护	32	23	0.25

4）数值模型验证

为了验证数值模拟的准确性，取现场实测的导洞 1 和导洞 3 开挖后引起的地面横向沉降曲线与数值模拟结果进行对比，如图 3.5-34 所示。

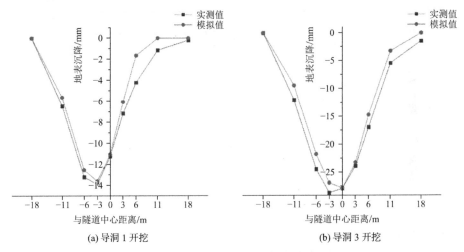

（a）导洞 1 开挖　　　　　　　　（b）导洞 3 开挖

图 3.5-34　地表沉降实测与数值模拟对比

通过对比分析可知,导洞 1 和导洞 3 施工阶段模拟值与实测沉降值变化趋势基本一致,表明该模型符合实际情况,可以进一步分析不同导洞开挖引起的地表及拱顶的沉降规律,得出相应的一些控制措施。

5）地表横向沉降规律分析

为了更加准确地对比分析各导洞开挖对地表沉降的影响,将各导洞开挖后断面地表横向沉降绘制成曲线进行对比分析,如图 3.5-35 所示。

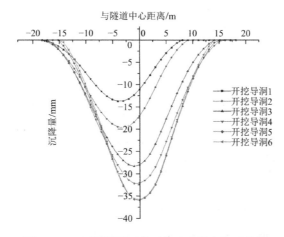

图 3.5-35　不同导洞开挖引起地表横向沉降曲线

从图 3.5-35 可以看出,地表横向沉降曲线呈 V 形。由于导洞 1 最先开挖,因此开挖初期导洞 1 上部地表沉降量大于其他导洞上部地表沉降量。导洞 1 开挖导致地表最大沉降为 13.57mm。随着导洞 2 的开挖,地表最大沉降量增至 19.54mm,增大了 5.97mm。导洞 3 开挖完成后,地表沉降量增大至 27.84mm,约占最终沉降量的 78.3%,地表最大沉降增加量为 9.3mm,且横向影响范围向右侧扩大,因此导洞 3 的开挖对地表沉降造成了较大的影响,在开挖时应加强监测并及时反馈于施工。导洞 4 开挖完成后,地表最大沉降量增加至 31.95mm,仅增加了 4.11mm。此时受两侧导洞开挖的影响,导洞 5 虽然未开挖,但其拱顶对应地表沉降量开始大于其他位置沉降值,这从地表纵向沉降规律曲线（图 3.5-36）中也可以发现,主要是两侧导洞开挖引起的沉降在中间叠加增大引起。两侧导洞已经开挖并完成支护后,其支护结构在一定程度上阻止了周围土体的变形,因此导洞 5 的开挖并未造成较大的地表沉降,地表最大沉降量仅增至 35.74mm。导洞 6 开挖后由于卸荷产生的附加应力使拱底回弹造成地表轻微回弹,最终沉降量为 35.56mm。

通过观察导洞 2、4、6 开挖造成的地表最大沉降增加量可知,与上部导坑开挖相比,下部导坑开挖对地表沉降影响较小。沉降曲线在中轴线两侧基本呈对称分布,地表沉降影响区域在隧道中线两侧 20m 左右。

综合上述分析结果,双侧壁导坑施工过程,要严格控制不同导洞开挖引起沉降,并采取超前小导管和注浆等加固措施,以控制分步沉降,重点控制导洞 1 和导洞 3 开挖过程中的沉降,确保地面的总沉降控制在安全范围内。

6）地表纵向沉降规律分析

为了更加直观具体地分析地表纵向沉降规律,对导洞 1、5、3 拱顶地表即测点 4、5、

6 的位置进行研究,取断面 $Y = 20m$ 处测点 4、5、6 地表纵向沉降曲线进行分析,如图 3.5-36 所示。

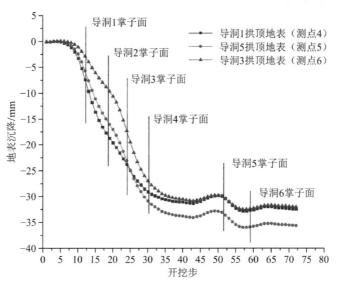

图 3.5-36　不同开挖步引起地表纵向沉降曲线

在开挖到第 5 步时地表已经开始沉降,此时导洞 1 掌子面距离断面 $Y = 20m$ 距离为 12m,因此隧道开挖先行沉降影响范围大致在 1~1.5 倍的隧道跨度;当开挖到第 11 步即导洞 1 掌子面到达断面 $Y = 20m$ 时,地表先行沉降已经达到 7.32mm,已经占到地表总沉降量 35.56mm 的 20.58%。由于导洞 1 最先开挖,因此开挖初期导洞 1 拱顶地表沉降量大于其他导洞上部地表沉降量。导洞 2 开挖后各测点地表沉降继续增大,但是增长速率有所变缓,同时受两侧导洞开挖的影响,导洞 5 拱顶地表沉降速率逐渐增大,其地表沉降值在导洞 3 开挖后超过导洞 1 拱顶地表沉降。随着导洞 4 的开挖,测点 4、6 的数值逐渐接近,测点 5 与 4、6 的差值逐渐增大,各测点沉降速率逐渐减小,下部导洞的开挖对地表沉降的影响较小,这与地表横向沉降规律一致。在开挖第 44~50 步时地表沉降有所回升,回弹量在 1.2mm 左右,这可能是由于在开挖卸荷过程中产生的附加应力使拱底回弹,导致地表沉降有所回升。到开挖第 50 步时,工作面快要到导洞 5 掌子面时,地表沉降开始逐渐增大到 35.74mm,导洞 6 的开挖使地表产生轻微回弹,最终开挖后地表沉降为 35.56mm。当开挖步为第 70 步时,即导洞 6 开挖面超前监测断面 20m 时,地表沉降曲线趋于稳定。这说明,此后隧道的开挖对监测断面位置基本无影响。

7)隧道拱顶沉降规律分析

为了减小边界效应的影响,取隧道纵向开挖方向 $Y = 20m$ 断面的隧道拱顶沉降进行分析,各开挖步下隧道导洞 1、3、5 拱顶沉降曲线如图 3.5-37 所示。

各导洞拱顶沉降与拱顶地表沉降趋势基本一致。当开挖到第 9 步即导洞 1 掌子面距离断面 4m 时,导洞 1 拱顶沉降开始迅速增大,当开挖到第 12 步即导洞 1 掌子面到达断面时,沉降速率达到峰值,当开挖到第 22 步即导洞 1 掌子面超过断面 20m 左右时,沉降速率减小并趋于稳定。此后,在开挖第 44~50 步时,由于卸荷作用致使拱顶沉降有所回升。导洞 3 的拱顶沉降趋势跟导洞 1 类似,开挖完成后拱顶最大沉降量为

34.36mm，略小于控制基准值 35mm。由于两侧导洞开挖会导致中间导洞拱顶沉降增加，因此导洞 5 拱顶沉降也随两侧导洞拱顶沉降的增大而增大。当开挖第 51 步即导洞 5 掌子面距离断面 4m 时，拱顶沉降开始迅速增大，开挖完成后拱顶最大沉降量为 45.42mm，达到停止施工控制值（35～50mm），需要加强监测频率。

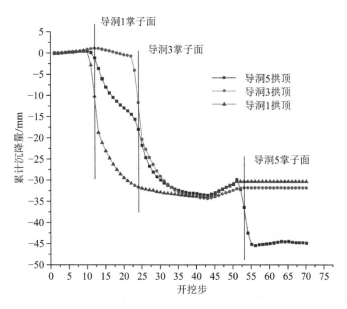

图 3.5-37　导洞 1、3、5 拱顶沉降曲线

4. 矿山法与盾构法施工引起沉降对比分析

（1）从沉降的绝对值来看，盾构法施工引起的沉降要显著低于矿山法施工引起的沉降。盾构法施工引起的沉降最大值约为 19mm，而矿山法引起地表最大沉降量实测值约为 34mm，约为盾构法沉降量的 1.8 倍。

（2）从纵向沉降模式来看，盾构法主要表现为缓变型和陡降型沉降模式，而矿山法主要引起的是缓变型沉降模式，这主要是由于施工方法不同所引起。

（3）从横向沉降规律来看，矿山法引起的沉降槽宽度更大，即开挖所影响的地层沉降范围更大，对地层的变形控制要求更大，一般采用分步控制位移法。

（4）盾构法在砂黏复合地层沉降控制上相比矿山法有更大的优势。

3.5.6　小　结

通过分析盾构穿越砂黏复合地层地表沉降监测数据，得出石家庄砂黏复合盾构施工引起的横向沉降和纵向地表沉降规律。主要结论如下：

（1）本节根据盾构法的施工特点，从监测方案设计原则、监测点的布置、监测断面的选择几个方面提出了较合理的监测方案，并简要介绍盾构法施工引起地层变形的时空效应理论，分析了诱发地层变形的主要因素和沉降发展的时间阶段。

（2）土压盾构穿越砂黏复合地层造成沉降槽的成槽规律为：刀盘到达前，除隧道正上方监测点外，其他点发生隆起变形，隧道轴线正上方地表测点相对于其他点表现为沉降，沉降槽成槽规律不明显；盾构机到达监测断面后，沉降槽开始出现。当盾构机盾壳完全穿越监测断面后，管片从盾尾脱出，沉降快速发展。从刀盘距监测断面 8.4m 到刀盘距监测断面 16.8m，该阶段沉降通常占总沉降的 50%。当刀盘距离监测断面 33.6m 时，沉降槽基本稳定。后行隧道沉降槽的成槽规律与先行隧道相似，但后行隧道的最大沉降值通常是先行隧道的 50% 左右。

（3）盾构隧道掘进引发的纵向时程沉降曲线，按照变化剧烈程度不同可分为缓变型沉降模式和陡降型沉降模式。缓变型沉降模式的发生机理为，盾构隧道正上方存在较厚的粉质黏土，粉质黏土具有较好的黏聚力，对变形的传导起到减缓作用。陡降型沉降模式的发生机理为，①地层原因，紧邻隧道上覆土层为砂层，且上覆土层中以砂土为主，黏土层较少；②掘进参数原因，土压力过小，开挖面失稳，造成土体扰动和出土量过大，注浆压力偏低导致无法及时抵抗盾尾间隙周围释放的应力，产生较大的土体损失；③材料原因，注浆浆液质量问题，初凝时间偏长，凝固后强度不达标。

（4）结合石家庄地区土层参数以及相关系数的经验取值，运用 Peck、Attewell、Sagaset 公式进行计算沉降值。将上述三种公式计算的沉降槽曲线与实测数据进行对比分析，通过比较计算值与实测值的残差平方和发现，Attewell 公式最适用于盾构穿越石家庄砂黏复合地层的地表沉降预测。

（5）矿山法施工引起沉降槽宽度系数 $i = 6.55$，得土体损失率 $V_i = 4.81\%$。盾构法施工引起的沉降要显著低于矿山法施工引起的沉降。从纵向沉降规律来看，盾构法主要有缓变型和陡降型两种沉降模式，而矿山法主要是缓变型沉降模式。从横向沉降规律来看，矿山法引起的沉降槽宽度更大。

3.6 盾构主要掘进参数对地表变形影响

运用 FLAC3D5.0 软件，建立盾构掘进施工的数值模型。通过对比分析数值模拟结果和实测数据，验证数值模型的正确性。通过理论分析发现，土舱压力和注浆压力对地表沉降的影响较大。因此，在数值模型的基础上，研究不同注浆压力、不同土舱压力对盾构隧道施工引起的地表变形的影响规律。

3.6.1 数值模型及其参数选取

1. 模型的基本尺寸

白佛站到留村站区间典型砂黏复合地层区段位于 915～1022 环（该区间黏土层占开挖面的比例为 40%～50%），结构覆土厚度约 18.50～19.64m，典型计算剖面见图 3.6-1。

本节数值模拟选择上述典型复合地层断面作为建模基础。参考白留盾构区间的相关设计文件，隧道埋深约 19m，隧道设计半径为 3m，双线隧道净间距为 8m。根据盾构掘进隧道的影响范围，参考既有的数值计算经验，如图 3.6-2 所示，模型左右边界取隧道直径的 4 倍，模型底部距隧道底部距离取 3 倍隧道直径。最终，模型宽 68m、长 60m、高 33m。

该盾构隧道工程选用 TS6150B 盾构机，开挖直径为 6.17m，盾壳直径为 6.15m，盾壳厚度为 45mm。盾壳长度约为 7 个管片宽度即 8.4m。盾构隧道采用 1.2m 宽的预制衬砌管片，管片外径为 6m、内径为 5.4m、厚度为 0.3m。建模示意图如图 3.6-3 所示。

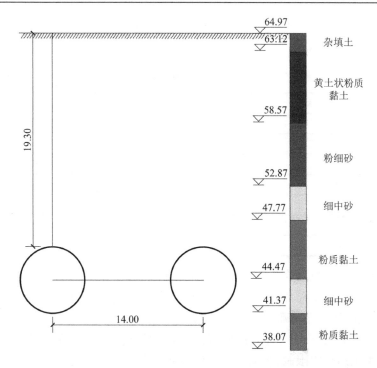

图 3.6-1　复合地层典型计算断面图

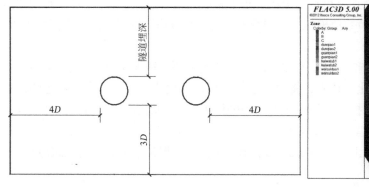

图 3.6-2　盾构建模断面布置图

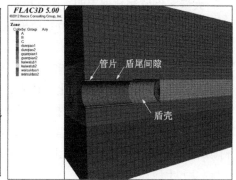

图 3.6-3　盾构隧道建模示意图

2. 模型的材料参数及边界条件

该段上覆土层主要为粉质黏土、细中砂、粉细砂、黄土状粉质黏土、杂填土。各土层的地质参数见表 3.6-1。选取摩尔-库仑屈服准则的弹塑性模型。该模型中有两个重要参数，体积模量 K 和剪切模量 G 计算公式如下：

$$K = \frac{E}{3(1-2\nu)} \tag{3.6-1}$$

$$G = \frac{E}{2(1+\nu)} \tag{3.6-2}$$

$$E = E_s \left[\frac{1-2\nu^2}{3(1-\nu)} \right] \tag{3.6-3}$$

式中：E——弹性模量（MPa）；

ν——泊松比；

E_s——压缩模量（MPa）。

各土层的地质参数
表 3.6-1

土层参数	体积模量K	剪切模量G	摩擦角φ	黏聚力c	密度ρ	厚度h
	MPa	MPa	°	kPa	g/cm³	m
①₁杂填土	2.96	2.22	8	0	1.85	1.5
③₁黄土状粉质黏土	8.33	4.10	20	25	1.90	6.4
④₁粉细砂	16.67	7.69	27	0	1.95	5.7
⑤₁粉质黏土	7.29	3.59	18	25	1.90	4.3
⑥₁细中砂	22.23	10.25	30	0	2.00	3.0
⑤₁粉质黏土	7.29	3.59	18	25	1.90	16.0

本工程选用的盾构机盾壳长度为 8.4m，盾构机盾壳简化为刚体材料，盾构管片为钢筋混凝土结构，材料选用 C50 混凝土，管片的密度为 2500kg/m³，弹性模量为 30GPa，泊松比为 0.2。该模型的建模方向确定为 x 轴，为垂直隧道开挖方向的水平方向，左负右正。y 轴正方向为隧道开挖方向。z 轴为垂直地面方向，向上为正、向下为负。模型左右边界限制 x 方向位移，模型前后边界限制 y 方向位移，模型底部限制 z 向位移。

3. 土压盾构施工过程模拟

大量案例监测数据表明，通常后行隧道沉降小于先行隧道，且后行隧道土体变形规律基本与先行隧道相似，因此，本节数值模拟主要研究对象为先行隧道开挖引起的土体变形规律。

（1）隧道开挖土体模拟

盾构机的开挖掘进过程非常复杂，难以实现每一个施工环节精细模拟，因此，必须对盾构机开挖隧道的过程进行简化。首先，将每环土体的挖掘简化成一次性移去一环土体；然后，将水平应力施加在新的开挖面上模拟土舱压力的作用，并且开挖面后方盾壳长度范围内设置盾壳单元，模拟盾壳的支护作用；最后，在盾尾处的管片四周移除盾壳单元，添加管片衬砌单元，并对管片周围的土体施加注浆压力。依次类推，模拟接下来的盾构掘进过程[72]。

（2）土舱压力的模拟

实际工程中，盾构机土舱压力分为上土压力、下土压力、左土压力、右土压力四部分。但在模拟过程中，细分成四部分土压力对地表变形的研究意义不大。因此，在模拟过程中直接对开挖面施加法向均匀压力来模拟土舱压力。

（3）注浆压力的模拟

盾构施工中的同步注浆作用过程是一个非常复杂的过程，本节模拟通过改变盾尾间隙对隧道周边土体的注浆压力来模拟注浆作用过程[72]。根据已有研究表明，注浆压力在一段时间后会到达稳定值，但注浆压力到达稳定值所需要的时间则与地质情况、浆液材料、施工情况有关[73-75]。

对于注浆压力的稳定值，根据前人研究[76-77]认为浆液渗透压为 0 时，即表示浆体固结完成，浆液渗透压力可表示为：

$$P_j = P_{j0} - P_k \tag{3.6-4}$$

式中：P_j——浆液渗透压力；

P_{j0}——注浆压力；

P_k——超孔隙水压力。

因此，浆体固结完成后注浆压力的大小等于土体超孔隙水压力。超孔隙水压力的产生是由于盾构机掘进过程中对土体造成扰动。超孔隙水压力的计算公式如下：

当$P_0 > P_c$时

$$P_k = P_c - P_0 + c_u\left[1 + 2\ln\left(r/R + a/\sqrt{6}\right)\right] \tag{3.6-5}$$

当$P_0 < P_c$时

$$P_k = P_c - P_0 - c_u\left[1 + 2\ln\left(r/R + a/\sqrt{6}\right)\right] \tag{3.6-6}$$

式中：P_k——隧道上方超孔隙水压力；

$\quad\quad P_c$——盾构机土舱压力；

$\quad\quad P_0$——隧道轴线处静止土压力；

$\quad\quad c_u$——隧道周围土体黏聚力；

$\quad\quad r$——测点距隧道轴线处的距离；

$\quad\quad R$——盾构隧道半径；

$\quad\quad a$——Henkel 系数。

模型中荷载取值分别为，开挖面平均土舱压力取 150kPa，隧道注浆压力 300kPa，盾构机正常 1d 可以掘进 7 环（8.4m），一般来说盾尾注浆 3d 后注浆压力线性衰减为稳定值。因此，设定盾构机刀盘通过断面 8.4m 时，开始进行注浆（注浆压力为 300kPa）。当盾构机刀盘通过断面 33.6m 时，最终线性衰减至注浆压力稳定值 96.5kPa。

3.6.2　数值模型的可靠性验证

通过模拟盾构机开挖施工引起典型断面的地表沉降，与施工现场地表沉降实际监测值进行对比分析，对模型的正确性进行验证。由于建立数值模型时，对模型边界条件进行了限制，因此，取模型开挖至模型的中间位置即开挖至 30m 处的地表变形进行研究，并与实际监测值进行对比分析。盾构隧道施工过程中，开挖单线隧道引起的地表垂直位移云图，如图 3.6-4、图 3.6-5 所示。

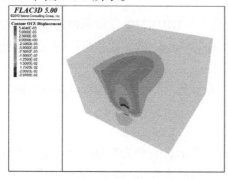 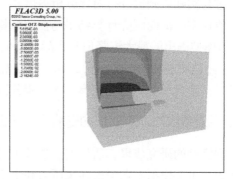

图 3.6-4　开挖至 30m 时的沉降槽图　　　图 3.6-5　开挖至 30m 时的土体垂直位移云图

建模时所采用的典型地层组成断面，与实际监测断面 DB19230 所对应的地层组成相似，因此，我们取模型开挖至 30m 时地表变形与 DB19230 处的现场监测沉降值进行对比，从而验证模型的正确性。

对于模型开挖至 30m 时的隧道开挖引起的横向沉降，分别取盾构机开挖面距监测断面−3m、0m、8.4m、16.8m、33.6m 时的横向沉降（盾构机通过前取负值、盾构机通过后取正值）如图 3.6-6～图 3.6-8 所示。对于模型开挖至 30m 处的纵向沉降，分别取盾构机开挖面距第 20 环断面−3m、0m、8.4m、16.8m、33.6m 时隧道轴线正上方的地表沉降值，绘制纵向地表沉降发展历程图如图 3.6-9 所示。

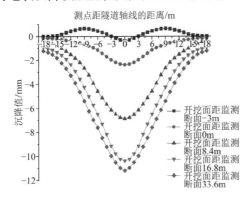

图 3.6-6　数值模型开挖至 30m 处横向沉降

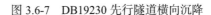

图 3.6-7　DB19230 先行隧道横向沉降

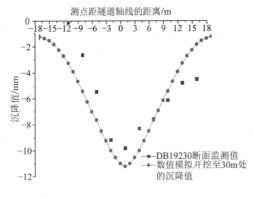

图 3.6-8　数值模拟与工程监测最终沉降对比图

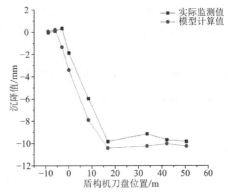

图 3.6-9　纵向地表沉降发展历程

通过与实际监测值进行对比分析得出：

数值模型的横向沉降计算结果与白留盾构区间的 DB19230 监测断面的沉降相似度较高。数值模型得出的最大沉降值与实际监测值相差 1.41mm。数值模拟得出的沉降槽宽度为36m，实际监测断面的沉降槽为 33m，两者相差 3m，误差在控制精度之内。因此，证明数值模型是正确合理的，依托该模型进一步分析掘进参数对地表变形的影响是可行的。

3.6.3　掘进参数对地表变形的影响规律分析

根据已有的研究成果，盾构掘进参数中对地表变形影响最为明显的是土舱压力和盾尾注浆压力。本节模拟重点考虑注浆压力和土舱压力对地表变形的影响规律。

1. 土舱压力

土压平衡盾构掘进施工过程中，盾构土舱压力直接作用在隧道开挖面上。土舱压力过大，开挖面土体受到土舱压力挤压，导致前方土体发生隆起变形。土舱压力偏大会加剧刀盘的磨损，减少盾构机的使用寿命。土舱压力不足时，开挖面失稳，土体向隧道内部移动，土体损失将会大大增加，前方土体会产生较大的沉降，如图 3.6-10 所示。在盾构施工过程中，由于土舱压力设置不合理，造成地表过大沉降及地表坍塌事故多次发生。因此，研究不同土舱压力对地表沉降的影响规律具有重要的施工指导意义。

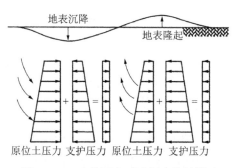

图 3.6-10　支护压力对地层变位的影响

以上文盾构开挖隧道的数值模型为基础，平均土舱压力分别取 50kPa、100kPa、150kPa、200kPa、250kPa，注浆压力取 300kPa。不同土舱压力的沉降曲线如图 3.6-11～图 3.6-16 所示。

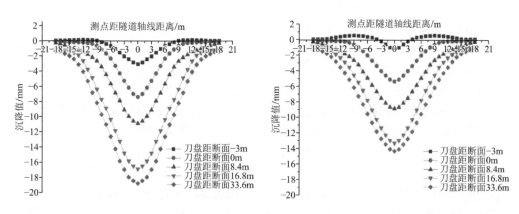

图 3.6-11　土舱压力 50kPa 地表横向沉降　　　　图 3.6-12　土舱压力 100kPa 地表横向沉降

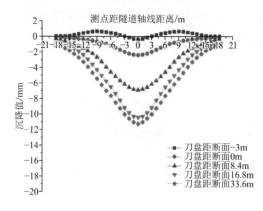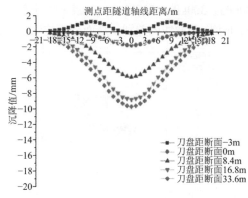

图 3.6-13　土舱压力 150kPa 地表横向沉降　　　　图 3.6-14　土舱压力 200kPa 地表横向沉降

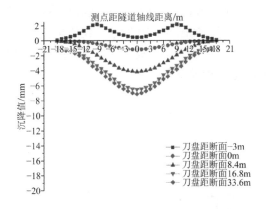

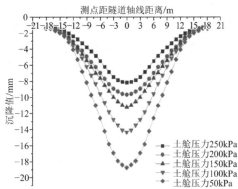

图 3.6-15　土舱压力 250kPa 地表横向沉降　　　图 3.6-16　不同土舱压力最终地表沉降槽

通过对比分析不同土舱压力的沉降曲线（图 3.6-11～图 3.6-16）得出：

（1）土舱压力对于地表沉降的发展有一定的遏制作用。随着土舱压力增加，地表沉降槽的最终沉降值减小。若土舱压力过小，会产生主动式破坏，导致盾构刀盘未到达监测断面时，就已产生较大沉降。例如土舱压力取 50kPa 时，刀盘到达监测断面前，沉降值就已达到 7.36mm。

（2）在其他盾构掘进参数不变的情况下，土舱压力从 50kPa 提升到 200kPa 时，地表最大沉降值减小明显，每提高 50kPa，最大沉降值减小 2～4mm。而土舱压力从 200kPa 提升到 250kPa 时，地表最大沉降值仅减小 1.31mm。因此，当土舱压力提升到一定程度，继续提高土舱压力，无法有效减小地表沉降。而且在实际工程中，当地表沉降控制在 10mm 以内时，如果没有特殊情况不需要进一步减小，而且增大土舱压力会加快盾构设备的磨损。总体来说，本工程穿越砂黏复合地层时，土舱压力设置 150kPa 是比较合理的。

（3）地表隆起最大值通常发生在隧道轴线两侧的 9m 处，且盾构刀盘到达监测断面前 3m 时，地表隆起值到达最大值。随着土舱压力增加，地表最大隆起值增大。当土舱压力取 50kPa 时，无地表隆起变形。因此，盾构机未到达监测断面时引发的地表隆起值主要受土舱压力影响。

2. 注浆压力

盾构机的盾尾同步注浆是为了及时补充管片脱出盾尾时形成的盾尾间隙，减小土体损失。由于浆液凝固需要时间，因此前期注浆，必须保证充足的注浆压力，抵抗隧道周围土体的应力释放。为了研究不同注浆压力对地表沉降的影响，本节通过数值模拟设置不同的注浆压力（400kPa、300kPa、200kPa、100kPa），土舱压力统一取 150kPa。观察其最终沉降槽的变化及纵向地表沉降曲线的差别，从而分析注浆压力的作用机理，如图 3.6-17～图 3.6-22 所示。

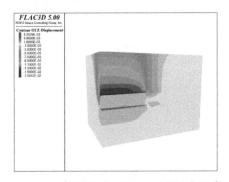

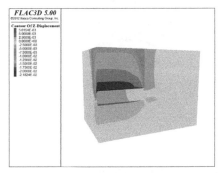

图 3.6-17　注浆压力 400kPa 时的纵向沉降　　图 3.6-18　注浆压力 300kPa 时的纵向沉降

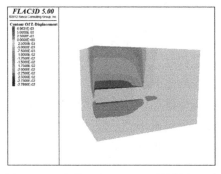
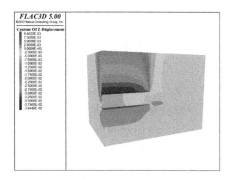

图 3.6-19　注浆压力 200kPa 时的纵向沉降　　图 3.6-20　注浆压力 100kPa 时的纵向沉降

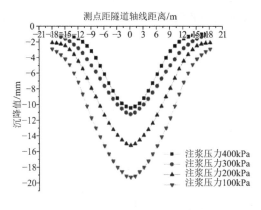
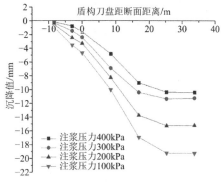

图 3.6-21　不同注浆压力下最终沉降槽对比　　图 3.6-22　不同注浆压力下纵向地表沉降对比

由图 3.6-17～图 3.6-22 可得：

（1）盾尾同步注浆可以有效地控制盾构开挖造成的地表沉降。随着注浆压力提高，监测断面最大沉降值减小。注浆压力的改变不会改变沉降曲线的总体形态（正态分布），但随着注浆压力增加，沉降槽的宽度系数减小。

（2）当注浆压力过小（小于 300kPa）时，无法抵抗盾构间隙导致的隧道围岩应力释放，隧道周边土体迅速向管片移动，浆液无法及时填充，导致产生较大土体损失，引发地表严重沉降变形。

（3）当注浆压力过大（大于 300kPa）时，例如注浆压力为 400kPa 时，与 300kPa 相比，沉降值变化不明显，因此提高注浆压力对控制盾构隧道土体的竖向变形的作用是有限的。在实际工程中，盾构机开挖土体会导致盾构周围土体较为松散，注浆压力过大可能会击穿土体导致浆液进入盾壳周边，增大施工风险。因此，建议本工程注浆压力取 300kPa。

3.6.4　小　结

结合石家庄 1 号线盾构白留盾构区间资料，利用 FLAC3D5.0 软件模拟砂黏复合地层土压盾构施工过程，通过与现场实测数据对比验证模型的正确性，进而依托模型分析不同土舱压力和注浆压力对地表沉降的影响。主要结论如下：

（1）数值模型开挖至 30m 处的横向沉降与白留盾构区间的 DB19230 监测断面的沉降相似度较高。数值模型得出的最大沉降值与实际监测值相差 1.41mm。数值模拟得出的沉降槽宽度为 36m，实际监测断面的沉降槽为 33m，两者相差 3m，误差在控制精度之内。因此，证明本节建立的数值模型是正确、合理的。

（2）土舱压力对于地表沉降的发展有一定的遏制作用。随着土舱压力增加，地表沉降槽的最终沉降值减小。但是当土舱压力提升到一定程度，继续提高土舱压力，无法有效减小地表沉降。地表隆起最大值通常发生在隧道轴线两侧的 9m 处，且盾构刀盘到达监测断面前 3m 时，地表隆起值到达最大值。随着土舱压力增加，地表最大隆起值越大。当土舱压力取 50kPa 时，已无地表隆起变形。因此，证明盾构机未到达监测断面时引发的地表隆起值主要受土舱压力影响。考虑到沉降控制标准和机器磨损，该工程土舱压力采用 150kPa 是比较合理的。

（3）盾尾同步注浆可以有效地控制盾构开挖造成的地表沉降。随着注浆压力提高，监测断面最大沉降值减小。注浆压力的改变不会改变沉降曲线的总体形态（正态分布），注浆压力增加，沉降槽的宽度系数减小。但注浆压力从 300kPa 提升到 400kPa，最大沉降值已差别不大。因此，本工程注浆压力取 300kPa 是比较合理的。

第 4 章

富水砂卵石地层中盾构隧道开挖引起的
地层变形和稳定性研究

4.1 引 言

洛阳市城市轨道交通 2 号线一期工程盾构穿越地层属于典型的富水砂卵石地层，盾构开挖主要采用土压平衡盾构机施工。其工程地质环境较为复杂，第四系覆盖，由粉质黏土、粉土及砂层和卵石土层组成，呈多层结构。本章以洛阳市城市轨道交通 2 号线一期工程为背景，研究富水砂卵石地层中盾构隧道开挖引起的地层变形和稳定性研究。

研究内容及方法：

（1）通过现场取得的砂卵石土样进行复杂应力路径下的力学特性试验，对砂卵石进行不同围压下的剪切试验，确定合适的砂卵石本构模型，并根据试验结果求出模型参数。

（2）利用现场测试和理论分析手段，围绕砂卵石地层盾构隧道掘进的开挖面稳定性分析、同步注浆过程影响效应、隧道施工步序以及施工参数影响等几个关键问题开展研究，希望得到盾构隧道施工穿越过程中地层的变形规律、应力状态变化特征与同步注浆对应力和变形状态的影响效应，提出开挖面的破坏模式，最终保证整个工程的安全施工。

（3）通过有限元数值模拟分析软件 FLAC3D 进行建模分析，配合现场测试结果，给出地表下地层的位移场演化规律，分析隧道开挖面的稳定性及应力状态的演变过程。

（4）结合砂卵石地层的变形特点和物理力学特征，建立预测砂卵石地层盾构隧道开挖引起的地表沉降的数学模型和开挖面稳定或破坏的理论模型。

4.2 现场工程地质条件和地基土的物理力学性质

4.2.1 现场测试场地的工程地质条件

地铁车站施工的现场测试选在洛阳市城市轨道交通 2 号线一期工程的隋唐城站。

1. 地形地貌

洛阳市地处第二阶梯的东部边缘和黄土高原东南部边缘，是中国东西构造区和南北地质分野的重要分界。洛阳位于河南省西部，地处豫西盆地，南部及西北部为构造剥蚀形成的丘陵和低山，中部及东部为冲积平原，总的地势是西高东低，南北高中间低，地形较开阔。区内地貌单元主要有冲积平原（黄河支流阶地）和黄土丘陵，主要堆积物为冲积泥砂、黄土状土、卵石及新近系洛阳组的泥岩（砾岩、砂岩等）。

根据《河南省主要城市环境地质调查评价报告（洛阳市）》，本标段隋唐城站附近地貌单元为伊洛河Ⅰ级阶地。

伊洛河Ⅰ级阶地地形较为平坦，自然地面高程在140～141m之间。主线沿线为城市建成区，有道路、各种工业民用建筑、公共设施等。

隋唐城站位于王城大道东侧隋唐城遗址植物园地块内，沿规划王城大道南北向布置。车站南侧设有停车线。站位西侧为在建王城大道隧道，东侧为隋唐城遗址植物园西门。王城大道西侧有大片居住小区，仅设有一处地下过街通道连通王城大道东西两侧。车站整体在地块内，周边规划以绿化公园用地为主。

2. 区域地质环境

洛阳地区大地构造上属于中朝准地台，二级构造单元为华熊台缘坳陷，三级构造单元为洛阳盆地。地质构造总体上以宽缓的向背斜为特征，断裂活动强度和幅度不大，主要构造线走向呈北西、北西西-近东西向构造。工程线路位于黄淮海坳陷南部。

深部构造方面，本区位于华北克拉通内部主要的太行山东麓，地壳厚度梯级带附近，莫霍面深度30～34km。上地壳构造以清晰的滑脱构造活动为特征，物探揭示的滑脱构造影响深度约5～6km。深部构造控制下上层地壳的滑脱变形和分异，是近场区地质构造活动的基本程式。

近场区地壳构成除古老的结晶基底外，上地壳主要由元古代和古生代巨厚海相碳酸岩地层组成，新生代时期为一套陆相碎屑岩堆积。近场区仅在西南角有前古近系基岩出露，其余地区为新生界。坳陷内堆积巨厚的新生代陆相地层，除古新统外，从始新统至全新统发育齐全，成因类型复杂。近场区岩浆活动不发育。

洛阳市区第四系、新近系发育，区内多被第四系覆盖，下部为新近系。据《河南省区域地质志》，第四系（Q）底板埋藏较深，沉积较完整，主要发育在洛阳盆地内河流阶地，由卵石及土组成，呈二元结构；洛阳北部邙山黄土丘陵及南部龙门丘陵区，第四系（Q）底板埋藏较浅，主要为坡洪积地层。根据收集资料，本标段地层由新至老简述如下：

（1）第四系全新统冲洪积（Q_4）：褐黄色，岩性主要黄土状粉质黏土及黄土状黏质粉土，下部为圆砾、卵石。广泛分布于洛河一二级阶地地层上部，厚度10～30m。

（2）第四系上更新统冲洪积（Q_3）：分布在洛河、伊河一二级阶地，多具二元结构，上部为粉质黏土及粉土，下部为40～50m厚的卵石或卵石夹砂、粉质黏土薄层。

（3）新近系洛阳组（N_l）：根据区域地质资料，为一套多旋回的棕红色、浅黄色及杂色砂质泥岩、钙质泥岩、泥灰岩、泥质砂（岩）、中细砂（岩），多未胶结或半胶结。本套地层变化较大，厚度200～300m。

3. 岩土分层

地层划分是根据现场钻探、原位测试及室内土工试验资料，根据各土层的沉积时代、岩性及地基土的物理力学性质，根据《洛阳市轨道交通2号线一期工程（初勘阶段）岩土工程勘察工作大纲》并参考可研勘察报告进行地层划分。本标段标准地层简表见表4.2-1。

标准地层简表　　　　　　　　　　　　　　　　　表 4.2-1

时代成因	地层代号	岩土层名称	颜色	状态	备注
Q_4^{ml}	①₁	杂填土	褐黄色、杂色	稍密	
	①₂	素填土	褐黄色、黄褐色	稍密	
Q_4^{al+pl}	②₁	淤泥	褐灰色	流塑—软塑	洛河河床
	②₂₋₂	黄土状粉质黏土	褐黄色	可塑	
	②₂₋₃	黄土状粉质黏土	褐黄色	硬塑	
	②₃₋₁	黄土状黏质粉土	黄褐色	稍密	
	②₃₋₂	黄土状黏质粉土	黄褐色	中密	
	②₅₋₂	细砂	黄褐色	稍密	
	②₅₋₃	细砂	黄褐色	中密	
	②₆₋₂	卵石	杂色	稍密	
	②₆₋₃	卵石	杂色	中密	
	②₆₋₄	卵石	杂色	密实	
Q_3^{al+pl}	③₂₋₂	粉质黏土	棕红色、棕黄色	可塑	
	③₂₋₃	粉质黏土	棕红色、棕黄色	硬塑	
	③₉₋₃	卵石	杂色	中密	
	③₉₋₄	卵石	杂色	密实	
N	⑦₁	泥岩	棕红色	全风化	全风化
	⑦₂	泥岩	棕红色	中风化	强风化

4. 场地地层岩性特征

隋唐城站地层主要有第四系全新统人工堆积层（Q_4^{ml}）杂填土，第四系全新统冲洪积层（Q_4^{al+pl}）黄土状粉质黏土、黄土状黏质粉土、细砂、卵石，第四系上更新统冲洪积物（Q_3^{al+pl}）卵石。地层现从新到老详细分述如下：

①₁层杂填土（Q_4^{ml}）：褐黄色，稍密。堆填时间大于 5 年，物质成分以黏性土为主，含少量建筑垃圾及三七灰土垫层，偶见卵石及小砾石。回填经碾压，中密状，均匀性一般。主要为路基填土，顶部为厚 10～40cm（沥青）混凝土地面。层底标高 136.77～140.29m，层底埋深 1.20～4.50m，层厚 1.00～4.50m，平均厚度 1.67m。

②₂₋₂层黄土状粉质黏土（Q_4^{al+pl}）：褐黄色、褐灰色，可塑—硬塑状。孔隙较发育，含零星钙质结核，含钙质细丝，偶见植物根系及蜗壳碎片，局部夹黄土状粉土薄层。压缩系数 $a_{1-2}=0.10\sim0.58\text{MPa}^{-1}$，平均值为 0.26MPa^{-1}，属中压缩性土，局部中偏高压缩性。层底标高 134.93～137.66m，层底埋深 3.80～6.50m，层厚 1.50～3.60m，平均厚度 2.68m。

②$_{3-1}$层黄土状黏质粉土（Q$_4^{al+pl}$）：黄褐色，稍湿，稍密，含锈黄色斑点及灰黑色锰质斑点，局部含植物根系，孔隙较发育。该层粉土摇振反应中等，干强度低，韧性低，无光泽。压缩系数a_{1-2} = 0.14～0.49MPa^{-1}，平均值为 0.28MPa^{-1}，属中压缩性土。层底标高133.98～138.22m，层底埋深 3.20～7.40m，层厚 1.60～5.90m，平均厚度 4.19m。

②$_{5-2}$层细砂（Q$_4^{al+pl}$）：黄褐色，稍湿，稍密，成分以石英、长石为主，含云母碎片，见少量圆砾；颗粒级配不良，分选性一般，砂质不纯，含有黏粒较多。本层主要以夹层和透镜体的形式分布于②$_{2-2}$层底部，揭露最大厚度 2.8m，层底标高 133.93～136.14m，层底埋深 5.00～7.50m，层厚 0.70～2.70m，平均厚度 1.37m。

②$_{6-3}$层卵石（Q$_4^{al+pl}$）：杂色，中密，稍湿—饱和，级配一般，粒径以 2～10cm 为主，最大粒径可达 40cm，多呈亚圆形，磨圆度中等，分选性差，卵石成分主要为砂岩、石英岩、安山岩、玄武岩等，一般为微风化，少量为强风化—中风化，卵石含量约为 50%～60%，填隙物以砂、砾砂为主，次为黏性土，局部夹有粉质黏土薄层。层底标高 110.94～114.1m，层底埋深 27.20～30.20m，层厚 20.5～25.3m，平均厚度 22.51m。

线路初勘调查了沿线王城大道与古城路施工工地，发现基坑内最大漂石长度约43cm。在基坑中采取②$_{6-3}$层漂石和卵石样分别进行漂石的饱和抗压强度试验和卵石的点荷载试验。现场基坑深度约 11m，经现场估算，坑内漂石（$d \geqslant 20cm$）含量约为 8%～10%。

③$_{9-4}$层卵石（Q$_3^{al+pl}$）：杂色，密实，饱和，级配一般，粒径以 2～10cm 为主，最大粒径可达 40cm，多呈亚圆形，磨圆度中等，分选性差，卵石成分主要为砂岩、石英岩、安山岩、玄武岩等，一般为微风化，少量为强风化—中风化，卵石含量约为 50%～60%，填隙物以砂、砾砂为主，次为黏性土，局部夹有粉质黏土薄层。层底标高 95.11～109.6m，层底埋深 32.00～46.00m，层厚 2.5～18.0m，平均厚度 8.1m。

4.2.2 室内试验砂卵石土料的基本物理性质

1. 取样地点的工程地质条件

取样地点位于河南省洛阳市洛龙区牡丹大道站地铁车站施工现场，与现场测试地点地质条件非常接近。根据《洛阳市轨道交通 2 号线一期工程（详勘阶段）岩土工程勘察工作大纲》并参考初步勘察报告，该地段标准地层见表 4.2-2。

根据以上分层依据，本标段牡丹大道站地层主要有①$_1$层杂填土，②$_{2-2}$层黄土状粉质黏土、②$_{3-1}$层黄土状黏质粉土、②$_{5-2}$层细砂、②$_{6-3}$层卵石，③$_{9-4}$层卵石。

洛阳市轨道交通 2 号线一期工程地层简表   表 4.2-2

时代成因	地层代号	岩土层名称	颜色	状态	备注
Q$_4^{ml}$	①$_1$	杂填土	褐黄色、杂色	稍密	
Q^{ml}	①$_2$	素填土	褐黄色、黄褐色	稍密	
Q$_4^{al+pl}$	②$_1$	淤泥	褐灰色	流塑—软塑	伊洛渠河床
Q^{al+pl}	②$_{2-2}$	黄土状粉质黏土	褐黄色	可塑	

续表

时代成因	地层代号	岩土层名称	颜色	状态	备注
Q^{al+pl}	②$_{3-1}$	黄土状黏质粉土	黄褐色	稍密	
Q^{al+pl}	②$_{5-2}$	细砂	黄褐色	稍密	
Q^{al+pl}	②$_{6-3}$	卵石	杂色	中密	
Q^{al+pl}	③$_{2-3}$	粉质黏土	棕红色、棕黄色	硬塑	
Q^{al+pl}	③$_{9-4}$	卵石	杂色	密实	

①$_1$ 层杂填土（Q_4^{ml}）：褐黄色，稍密。以黏性土为主，含少量建筑垃圾及三七灰土垫层，偶见卵石及小砾石。回填经碾压，中密状，均匀性一般。主要为路基填土，顶部为厚 10～40cm（沥青）混凝土地面。层底标高 139.40～142.45m，层底埋深 2.70～5.00m，层厚 2.70～5.00m，平均厚度 3.66m。

②$_{2-2}$ 层黄土状粉质黏土（Q_4^{al+pl}）：褐黄色、褐灰色，可塑—硬塑状。孔隙较发育，含零星钙质结核，含钙质细丝，偶见植物根系及蜗壳碎片，局部夹黄土状粉土薄层。压缩系数 $a_{1-2}=0.18～0.29MPa^{-1}$，平均值为 $0.29MPa^{-1}$，属中压缩性土，局部中偏高压缩性。层底标高 137.87～140.45m，层底埋深 4.70～7.50m，层厚 0.40～3.80m，平均厚度 2.32m。

②$_{3-1}$ 层黄土状黏质粉土（Q_4^{al+pl}）：黄褐色，稍湿，稍密，含锈黄色斑点及灰黑色锰质斑点，局部含植物根系，孔隙较发育。该层粉土摇振反应中等，干强度低，韧性低，无光泽，压缩系数 $a_{1-2}=0.14～0.49MPa^{-1}$，平均值为 $0.28MPa^{-1}$，属中压缩性土。层底标高 138.28～140.60m，层底埋深 3.20～7.40m，层厚 1.80～5.90m，平均厚度 4.31m。

②$_{5-2}$ 层细砂（Q_4^{al+pl}）：黄褐色，稍湿，稍密，成分以石英、长石为主，含云母碎片，见少量圆砾；颗粒级配不良，分选性一般，砂质不纯，含有黏粒较多。本层主要以夹层和透镜体的形式分布于②$_{2-2}$ 层底部，最大揭露厚度 1m，层底标高 137.30～139.04m，层底埋深 2.80～4.70m，层厚 0.70～1.00m，平均厚度 0.87m。

②$_{6-3}$ 层卵石（Q_4^{al+pl}）：杂色，中密，稍湿—饱和，级配一般，粒径以 2～10cm 为主，最大粒径可达 40cm，多呈亚圆形，磨圆度中等，分选性差，卵石成分主要为砂岩、石英岩、安山岩、玄武岩等，一般为微风化，少量为强风化—中风化，卵石含量约为 50%～60%，填隙物以砂、砾砂为主，次为黏性土，局部夹有粉质黏土薄层。层底标高 115.54～117.90m，层底埋深 27.10～28.50m，层厚 19.40～24.4m，平均厚度 22.11m。

在线路沿线附近施工工地，发现基坑内最大漂石长约 43cm。在基坑中采取②$_{6-3}$ 层漂石和卵石样分别进行漂石饱和抗压强度试验和卵石的点荷载试验。现场基坑深度约 11m，经现场估算，坑内漂石（$d\geqslant20cm$）含量约为 8%～10%。

③$_{9-4}$ 层卵石（Q_3^{al+pl}）：杂色，密实，饱和，级配一般，粒径以 2～10cm 为主，最大粒径可达 40cm，多呈亚圆形，磨圆度中等，分选性差，卵石成分主要为砂岩、石英岩、安山岩、玄武岩等，一般为微风化，少量为强风化—中风化，卵石含量约为 50%～60%，填隙物以砂、砾砂为主，次为黏性土，局部夹有粉质黏土薄层。层底标高 94.07～110.7m，层底埋深 35.00～50.00m，层厚 7.00～15.27m，平均厚度 15.27m。

2. 地层土料取样和级配试验

现场取得不同地层的土样，进行不同地层土料的基本物理性质试验，特别是颗粒级配试验，取得砂卵石土料级配特征值（不均匀系数、曲率系数），为数值计算和理论模型分析提供依据。为便于取得原状土样，在一个现场基坑开挖处取大块试样进行室内大型三轴剪切试验。

（1）采样地点和深度

牡丹大道站位于牡丹大道与兴洛西街交叉口，沿兴洛西街南北敷设，车站东北象限是泉舜财富购物中心，西北象限为泉舜沁泉苑居民小区，西南象限为泉舜锦泉苑居民小区，车站东南侧是人工兴洛湖。

工程区内均为第四系覆盖，由粉质黏土、粉土及砂层和卵石土层组成，呈多层结构，取样部位为卵石土层。取样部位距离地面 6m（图 4.2-1）。

(a) 地层　　　　　　　　　　(b) 取样局部区域

图 4.2-1　砂卵石土层照片

（2）取样方式

事先准备厚度 2.5mm，直径 32cm，长 85cm 钢管 8 根，先用保鲜膜和编织袋密封底部（保鲜膜防止土样在运输过程中水分蒸发），用胶带缠绕牢固，然后由挖掘机铲去基坑底部表层土壤，用铲斗挖掘并将土倒进事先准备好的钢管中；最后用同样的方法封口，并由挖掘机利用铲斗运至地面（图 4.2-2）。

(a) 装土的容器（钢管）　　　　　　　　　　(b) 现场挖土

(c) 装满土的容器　　　　　　　　(d) 包装好的钢管

图 4.2-2　现场取样方式照片

4.2.3　复杂应力路径下大尺寸砂卵石土料的室内试验

1. 砂卵石土样大型三轴试验

（1）试验方案

选取现场砂卵石土样，进行大型三轴试验。考察两种典型的应力状态变化过程，即应力增大或卸荷的应力路径试验，测定砂卵石地层试样的应力-应变关系特征、体积应变-轴向应变关系特征，进行强度特征分析，得到加载和卸载模量。进行固结排水（CD）三轴剪切试验确定相关参数。

目前，关于砂卵石试样的大型三轴试验结果很少，本项目的工作，将为后面数值计算提供依据，也为类似砂卵石地层的设计和施工提供参考。

盾构隧道掘进过程中，周围地层的应力和变形状态变化过程十分复杂。本项目模拟两种极限的应力路径变化过程，即开挖面主动破坏和被动破坏两种状态。共进行两组室内试验，试验方案见表 4.2-3。试样尺寸为 $\phi = 30\text{cm}$，$h = 70\text{cm}$。将现场测试结果与室内试验结果进行比较分析，可为隧道掘进受力状态和破坏模式的确定提供佐证。根据现场实际应力状态确定试验围压值。

大尺寸试样三轴试验方案　　　　　　　　　　　　表 4.2-3

试验组	加载路径	加载说明	围压/kPa	土样数量
1	σ_3不变，σ_1增大	压缩试验	200，400，600，800	4
2	σ_1不变，σ_3减小	模拟卸荷过程	200，400，600，800	4

（2）现场取样和基本物理参数

由地表的杂填土层和砂卵石层组成。因此根据工程实际情况，在地层深度 10m 处取样，干密度为 2.27g/cm³。

根据颗粒分析试验结果，试验的砂卵石土料的最大粒径为 80mm，其特征粒径见表 4.2-4和图 4.2-3。土料的不均匀系数大于 10，曲率系数在 1～5 之间，属于级配良好的粗粒土。

砂卵石地层试样颗粒级配情况　　　　　　　　　　表 4.2-4

粒径/mm	80	60	40	20	10	5	2	1	0.5	0.25	0.1
累积百分比/%	100	96.88	81.96	58.90	42.91	34.47	31.92	30.5	29.07	16.85	0

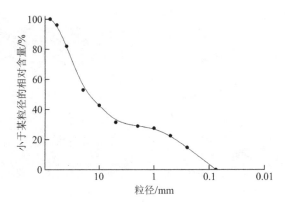

图 4.2-3　砂卵石试验级配曲线

（3）试验设备及试样

砂卵石的粒径较大,因此需要采用试样尺寸较大的设备方能获得接近实际情况的结果。试验设备采用中国水利水电科学研究院的 SJ70 大型高压三轴剪切仪（图 4.2-4）,轴向最大压力为 250t,最大周围压力为 7MPa。试样直径为 300mm,高度为 700mm。而根据取样筛分情况以及地质勘察报告,超出仪器粒径限制 60mm 的卵石仅占 5%左右,因此采用 40～60mm 的粒径替代。试样使用对开模分 5 层进行土样制备,制样方法采用振动器进行振实,振动器底板静压力 14kPa,振动频率为 40Hz,按要求的试样干密度控制振动时间。试验仪器以及试验照片见图 4.2-4。

根据实际工程条件及砂卵石的强透水性,确定本次试验采用固结排水剪（CD）试验。试样使用对开模分 5 层制备,制样方法采用振动器进行振实,振动器底板静压力为 14kPa,振动频率为 40Hz,根据试样要求的试样干密度控制振动时间。试样饱和方法采用抽气饱和法。

图 4.2-4　试验仪器及试样照片

2. 试验结果和分析

图 4.2-5～图 4.2-8 为两组砂卵石的三轴排水剪切试验结果。砂卵石在低应力下呈现出微弱的软化趋势,高围压下则出现硬化趋势,两组砂卵石的偏应力-应变曲线形状相似。当

土体的应力、应变达到一定值时，呈现出了很强的非线性关系。而从体积应变曲线来看，两组砂卵石的体积应变曲线均是先剪缩，后有剪胀趋势，低围压下最终有体积膨胀出现，而高围压下则一直为剪缩状态。

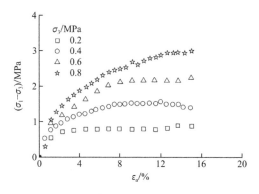

图 4.2-5　加载条件下砂卵石轴向应力-轴向
　　　　　应变关系曲线

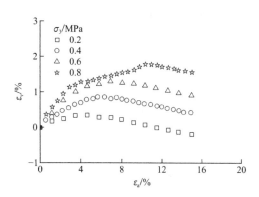

图 4.2-6　加载条件下砂卵石体应变-轴向
　　　　　应变关系曲线

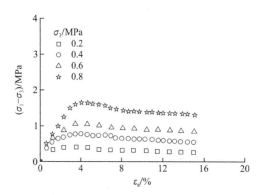

图 4.2-7　卸载条件下砂卵石轴向应力-轴向
　　　　　应变关系曲线

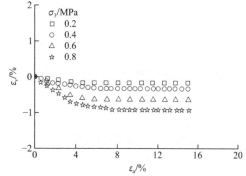

图 4.2-8　卸载条件下砂卵石体应变-轴向
　　　　　应变关系曲线

4.2.4　考虑卸荷过程的砂卵石土料的本构模型

1. 基于邓肯-张模型的基本思想及参数

Konder（1963）根据大量土的三轴试验的应力-应变曲线，提出可用双曲线拟合出土的一般三轴试验的 $(\sigma_1 - \sigma_3)$-ε_1 曲线，即

$$(\sigma_1 - \sigma_3) = \frac{\varepsilon_a}{a + b\varepsilon_a} \tag{4.2-1}$$

式中：a、b——试验常数。

对于常规三轴剪切试验，有 $\varepsilon_a = \varepsilon_1$ 之后，邓肯等在此基础上提出了目前广泛应用的非线弹性模型，即邓肯-张模型。根据这一基本思想，现在给出加载和卸载两种条件下应力-应变曲线的描述方法。

（1）常规三轴加载试验

先确定切线弹性模量 E_t，在常规三轴加载试验条件下，式(4.2-1)可写为

$$\frac{\varepsilon_1}{(\sigma_1 - \sigma_3)} = a + b\varepsilon_1 \tag{4.2-2}$$

将常规三轴压缩试验的结果按$\varepsilon_1/(\sigma_1 - \sigma_3)$-$\varepsilon_1$的关系进行整理（图4.2-9），则可以发现该两者之间近似呈线性关系。其中，a为直线的截距；b为直线的斜率。

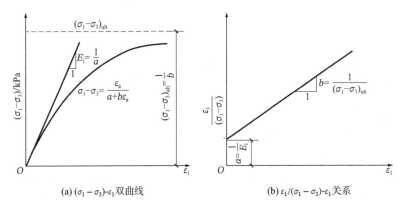

(a) $(\sigma_1 - \sigma_3)$-ε_1双曲线 　　　　　 (b) $\varepsilon_1/(\sigma_1 - \sigma_3)$-$\varepsilon_1$关系

图4.2-9　土的应力-应变双曲线关系

在常规三轴剪切试验中，切线弹性模量可表达为

$$E_t = \frac{d(\sigma_1 - \sigma_3)}{d\varepsilon_1} = \frac{a}{(a + b\varepsilon_1)^2} \tag{4.2-3}$$

由图4.2-9可以看出，当$\varepsilon_1 = 0$时，$E_t = E_i$，结合式(4.2-3)有

$$E_i = \frac{1}{a} \tag{4.2-4}$$

当$\varepsilon_1 \to \infty$时，由式(4.2-1)可得

$$(\sigma_1 - \sigma_3)_{ult} = \frac{1}{b} \tag{4.2-5}$$

式(4.2-4)和式(4.2-5)中，a代表初始弹性模量E_i的倒数，b代表双曲线的渐近线所对应的极限偏应力$(\sigma_1 - \sigma_3)_{ult}$的倒数。

在土的常规三轴试验中，不可能使ε_1无限大，因此如果将应力-应变曲线近似看作双曲线，则一般根据一定的应变值（比如$\varepsilon_1 = 15\%$）对应的应力值来确定土的剪切强度$(\sigma_1 - \sigma_3)_f$；对于有峰值点的应力-应变曲线，则一般取峰值强度，即$(\sigma_1 - \sigma_3)_f = (\sigma_1 - \sigma_3)_{ult}$。

如此，可定义破坏比R_f为

$$R_f = \frac{(\sigma_1 - \sigma_3)_f}{(\sigma_1 - \sigma_3)_{ult}} \tag{4.2-6}$$

结合式(4.2-5)可得

$$b = \frac{1}{(\sigma_1 - \sigma_3)_{ult}} = \frac{R_f}{(\sigma_1 - \sigma_3)_f} \tag{4.2-7}$$

为便于应用，一般将E_t表示为应力的函数形式，由式(4.2-2)变换可得到

$$\varepsilon_1 = \frac{a(\sigma_1 - \sigma_3)}{1 - b(\sigma_1 - \sigma_3)} \tag{4.2-8}$$

将式(4.2-8)代入式(4.2-3)得

$$E_t = \cfrac{1}{a\left[\cfrac{1}{1-b(\sigma_1-\sigma_3)}\right]^2} \tag{4.2-9}$$

将式(4.2-4)和式(4.2-7)代入式(4.2-9)可得

$$E_t = E_i\left[1 - R_f\frac{(\sigma_1-\sigma_3)}{(\sigma_1-\sigma_3)_f}\right]^2 \tag{4.2-10}$$

根据摩尔-库仑强度准则，有

$$(\sigma_1-\sigma_3)_f = \frac{2c\cos\varphi + 2\sigma_3\sin\varphi}{1-\sin\varphi} \tag{4.2-11}$$

可以看出，从试验结果绘制的 $\lg(E_i/p_a)$-$\lg(\sigma_3/p_a)$ 关系近似呈直线关系，于是可得

$$E_i = Kp_a\left(\frac{\sigma_3}{p_a}\right)^n \tag{4.2-12}$$

式中：p_a——大气压力（$p_a = 101.40\text{kPa}$）；

K、n——试验常数，分别代表 $\lg(E_i/p_a)$-$\lg(\sigma_3/p_a)$ 直线的截距和斜率。

将式(4.2-11)和式(4.2-12)代入式(4.2-10)可得

$$E_t = Kp_a\left(\frac{\sigma_3}{p_a}\right)^n\left[1 - R_f\frac{(\sigma_1-\sigma_3)(1-\sin\varphi)}{2c\cos\varphi + 2\sigma_3\sin\varphi}\right]^2 \tag{4.2-13}$$

由以上推导可以看出，切线弹性模量 E_t 的表达式中共包含 5 个材料常数，即 K、n、c、φ、R_f。

然后，即进一步可确定切线泊松比 ν_t 的大小。邓肯等根据土的常规三轴加载试验资料，假定轴向应变 ε_1 与侧限应变 $-\varepsilon_3$ 之间也存在双曲线关系（图 4.2-10）。

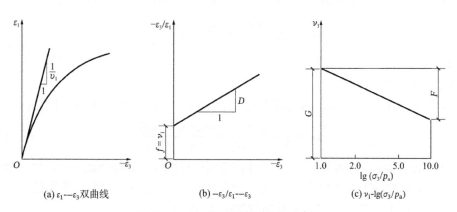

(a) ε_1-$-\varepsilon_3$双曲线　　　(b) $-\varepsilon_3/\varepsilon_1$-$-\varepsilon_3$　　　(c) ν_t-$\lg(\sigma_3/p_a)$

图 4.2-10　确定切线泊松比有关参数

如图 4.2-10（a）所示的双曲线方程也可写为

$$\varepsilon_1 = \frac{-\varepsilon_3}{f + D(-\varepsilon_3)} \tag{4.2-14}$$

图 4.2-10（b）中的直线方程可写为

$$-\varepsilon_3/\varepsilon_1 = f + D(-\varepsilon_3) = f - D(\varepsilon_3) \tag{4.2-15}$$

采用试验数据进行拟合，并结合式(4.2-15)可得截距 f 和斜率 D。

当 $-\varepsilon_3 = 0$ 时，$(-\varepsilon_3/\varepsilon_1) = f = \nu_i$，即初始泊松比；当 $-\varepsilon_3 \to \infty$ 时，$D = 1/(\varepsilon_1)_{\text{ult}}$。

三轴剪切试验表明，土的初始泊松比与围压有关。如图 4.2-10（c）所示，假设二者在单对数坐标中是一条直线，则有

$$\nu_i = f = G - F \lg(\sigma_3/p_a) \tag{4.2-16}$$

式中：G、F——试验常数。

对式(4.2-14)微分得

$$\nu_t = \frac{-\mathrm{d}\varepsilon_3}{\varepsilon_1} = \frac{\nu_i}{(1 - D\varepsilon_1)^2} \tag{4.2-17}$$

将式(4.2-8)和式(4.2-16)代入式(4.2-17)得

$$\nu_t = \frac{G - F \lg(\sigma_3/p_a)}{\left\{1 - \dfrac{D(\sigma_1 - \sigma_3)}{Kp_a\left(\dfrac{\sigma_3}{p_a}\right)^n \left[1 - R_f \dfrac{(\sigma_1 - \sigma_3)(1 - \sin\varphi)}{2c\cos\varphi + 2\sigma_3\sin\varphi}\right]}\right\}^2} \tag{4.2-18}$$

式中：G、F、D——与切线泊松比有关的试验常数。

（2）常规三轴卸载试验

三轴卸载试验是指土样等向固结后轴向压力保持不变，侧向压力减小。与加载试验的推导思路一样，假设土体是各向同性介质。那么，根据广义虎克定律，应力-应变有如下关系：

$$\begin{cases} \varepsilon_1 = \dfrac{1}{E_t}[\sigma_1 - \nu_t(\sigma_2 + \sigma_3)] \\[2mm] \varepsilon_2 = \dfrac{1}{E_t}[\sigma_2 - \nu_t(\sigma_1 + \sigma_3)] \\[2mm] \varepsilon_3 = \dfrac{1}{E_t}[\sigma_3 - \nu_t(\sigma_1 + \sigma_2)] \end{cases} \tag{4.2-19}$$

常规三轴试验中，已知$\sigma_2 = \sigma_3$和$\varepsilon_2 = \varepsilon_3$，式(4.2-19)消去泊松比后写成

$$E_t = \frac{\Delta\sigma_a(\Delta\sigma_a + \Delta\sigma_r) - 2\Delta\sigma_r^2}{\Delta\varepsilon_a(\Delta\sigma_a + \Delta\sigma_r) - 2\Delta\varepsilon_r\Delta\sigma_r} \tag{4.2-20}$$

式中，$\Delta\sigma_a = \Delta\sigma_1$为轴向应力增量；$\Delta\sigma_r = \Delta\sigma_3$为侧向应力增量；$\Delta\varepsilon_a = \Delta\varepsilon_1$为轴向应变增量；$\Delta\varepsilon_r = \Delta\varepsilon_3$为侧向应变增量。

当轴向应力增量$\Delta\sigma_a = 0$，侧向应力增量$\Delta\sigma_r \neq 0$时，切线弹性模量E_t可写为

$$E_t = \frac{-2\Delta\sigma_r}{\Delta\varepsilon_a - 2\Delta\varepsilon_r} = \frac{\partial[2(\sigma_a - \sigma_r)]}{\partial(\varepsilon_a - 2\varepsilon_r)} \tag{4.2-21}$$

参照三轴加载试验的推导过程，假设侧向卸载条件下，土体的$2(\sigma_{rc} - \sigma_r)$-$(\varepsilon_a - 2\varepsilon_r)$关系曲线仍然可用双曲线关系来拟合，即$(\varepsilon_a - 2\varepsilon_r)/2(\sigma_{rc} - \sigma_r)$-$(\varepsilon_a - 2\varepsilon_r)$关系曲线是直线，其中$\sigma_{rc}$为侧向固结压力。那么，它的关系曲线如图 4.2-11 所示。

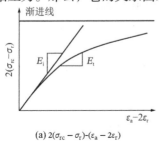

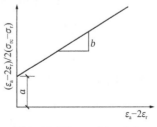

（a）$2(\sigma_{rc} - \sigma_r)$-$(\varepsilon_a - 2\varepsilon_r)$　　　　　　（b）$(\varepsilon_a - 2\varepsilon_r)/2(\sigma_{rc} - \sigma_r)$-$(\varepsilon_a - 2\varepsilon_r)$

图 4.2-11　三轴卸载试验应力-应变曲线

与三轴加载试验类似，同样假设初始切线弹性模量E_i [图 4.2-11 (a) 原点处的斜率] 随轴向固结压力σ_{ac}而变化，且在双对数坐标上点绘$\lg(E_i/p_a)$和$\lg(\sigma_{ac}/p_a)$直线的截距为k、斜率为n，则有

$$E_i = Kp_a\left(\frac{\sigma_{ac}}{p_a}\right)^n \tag{4.2-22}$$

大量三轴试验结果表明，不同应力路径下土的强度准则仍然符合摩尔-库仑强度准则。所以，在侧向卸载时，由摩尔应力圆可推出破坏偏应力为

$$(\sigma_a - \sigma_r)_f = \frac{2c\cos\varphi + 2\sigma_{ac}\sin\varphi}{1 + \sin\varphi} \tag{4.2-23}$$

又因为在侧向卸载时$\sigma_a = \sigma_{ac}$为常数，式(4.2-21)经过推导可以变为

$$E_t = Kp_a\left(\frac{\sigma_{ac}}{p_a}\right)^n\left\{1 - R_f\frac{(\sigma_{rc} - \sigma_r)(1 + \sin\varphi)}{2c\cos\varphi + 2\sigma_{ac}\sin\varphi - (\sigma_{ac} - \sigma_{rc})(1 + \sin\varphi)}\right\} \tag{4.2-24}$$

由式(4.2-24)可以看出，三轴卸载试验的切线弹性模量E_t的计算公式中仍然包含 5 个材料常数K、n、c、φ和R_f。

现在来确定卸载条件下的切线泊松比ν_t的大小。已知泊松比代表的是侧向应变和轴向应变比值的绝对值，即

$$\nu = \frac{-\varepsilon_3}{\varepsilon_1} \tag{4.2-25}$$

对比卸载和加载路径，可知二者的轴向应变ε_1均增大，ε_3均减小，对试验产生的效果是一样的。从这个角度来看，加载和卸载试验的泊松比的计算公式推导过程是一致的。因此，卸载试验中切线泊松比的最终表达式为

$$\nu_t = \frac{G - F\lg(\sigma_3/p_a)}{\left\{1 - \dfrac{D(\sigma_1 - \sigma_3)}{Kp_a\left(\dfrac{\sigma_3}{p_a}\right)^n\left[1 - R_f\dfrac{(\sigma_1 - \sigma_3)(1 - \sin\varphi)}{2c\cos\varphi + 2\sigma_3\sin\varphi}\right]}\right\}^2} \tag{4.2-26}$$

式中，各个参数意义同加载试验一致。

2. 洛阳砂卵石试样加载和卸载参数的确定

（1）三轴加载试验的参数确定

先确定黏聚力c和内摩擦角φ。根据图 4.2-5(a)所示砂卵石试样三轴加载试验的应力-应变关系，取得三组围压σ_3及对应的破坏应力$(\sigma_1 - \sigma_3)_f$，如表 4.2-5 所示。相应的摩尔应力圆如图 4.2-12 所示。

破坏应力取值　　　　　　　　　　　　　　　　表 4.2-5

σ_3/kPa	$(\sigma_1 - \sigma_3)_f/\text{kPa}$	$(\sigma_1)_f/\text{kPa}$
200	800	1000
400	1529	1929
600	2238	2838

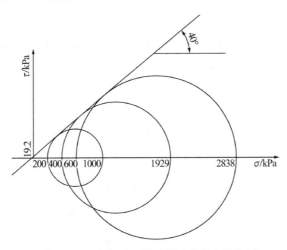

图 4.2-12　砂卵石三轴加载试验应力摩尔圆

从图 4.2-12 可以得到该组试样加载试验的黏聚力 $c = 19.2\text{kPa}$，内摩擦角 $\varphi = 40°$。

然后确定破坏比 R_f。根据三轴加载试验结果，在 ε_1 和 $\varepsilon_1/(\sigma_1 - \sigma_3)$ 坐标中，二者近似呈线性关系（图 4.2-13）。

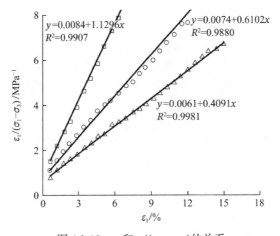

图 4.2-13　ε_1 和 $\varepsilon_1/(\sigma_1 - \sigma_3)$ 的关系

a、b 为图 4.2-13 中的拟合直线得到的截距和斜率，结合式(4.2-4)和式(4.2-7)可得出对应 E_i 和 R_f 的值如表 4.2-6 所示。

砂卵石三轴加载试验模型参数 E_i 和 R_f 的取值（单位 MPa）　　　表 4.2-6

σ_3	a	b	相关系数	E_i	$(\sigma_1 - \sigma_3)_{ult}$	$(\sigma_1 - \sigma_3)_f$	R_f
0.2	0.0084	1.1296	0.9908	119.05	0.88	0.8	0.91
0.4	0.0074	0.6102	0.9880	135.14	1.64	1.53	0.93
0.6	0.0061	0.4091	0.9981	163.93	2.44	2.24	0.92

由表 4.2-6 可以得到 R_f 的平均值，这里可得 $R_f = 0.92$。

给出材料常数 K、n 的确定方法。对式(4.2-12)两边同时取对数有

$$\lg\left(\frac{E_i}{p_a}\right) = \lg K + n\lg\left(\frac{\sigma_3}{p_a}\right) \tag{4.2-27}$$

可以看出，$\lg(E_i/p_a)$和$\lg(\sigma_3/p_a)$呈直线关系，其中K代表截距，n代表斜率。由表 4.2-6 中的结果可得到三组E_i和σ_3的值，绘制出相应的$\lg(E_i/p_a)$和$\lg(\sigma_3/p_a)$的关系如图 4.2-14 所示。

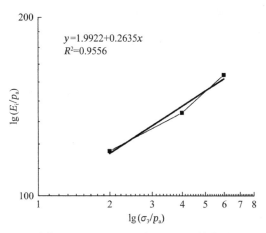

图 4.2-14　$\lg(E_i/p_a)$和$\lg(\sigma_3/p_a)$的关系

根据拟合结果，拟合直线的表达式为

$$\lg\left(\frac{E_i}{p_a}\right) = 1.985 + 0.275\lg\left(\frac{\sigma_3}{p_a}\right) \tag{4.2-28}$$

对比式(4.2-27)和式(4.2-28)，可以得出截距$K = 10 \times e^{1.985} = 97$，斜率$n = 0.538$。

最后，确定切线泊松比有关的参数G、F、D。根据试验得到砂卵石轴向应变与体应变的关系（图 4.2-8），可画出$-\varepsilon_3/\varepsilon_1$和$-\varepsilon_3$的关系如图 4.2-15 所示，进行直线拟合，得到斜率D的平均值为 0.07。

如前所述，图 4.2-15 中拟合直线的截距为初始泊松比ν_i，根据三组ν_i和σ_3的值，绘制出ν_i和$\lg(\sigma_3/p_a)$的关系，如图 4.2-16 所示。

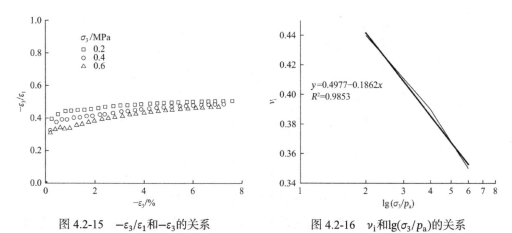

图 4.2-15　$-\varepsilon_3/\varepsilon_1$和$-\varepsilon_3$的关系　　　　图 4.2-16　ν_i和$\lg(\sigma_3/p_a)$的关系

已知

$$\nu_i = G - F\lg\left(\frac{\sigma_3}{p_a}\right)$$

图 4.2-16 中拟合直线的方程为

$$\nu_i = 0.49 - 0.186 \lg\left(\frac{\sigma_3}{p_a}\right)$$

对比二者可得参数 $G = 0.49$，$F = 0.186$。

（2）三轴卸载试验的参数确定

将图 4.2-7、图 4.2-8 转换为 $2(\sigma_{rc} - \sigma_r)\text{-}(\varepsilon_a - 2\varepsilon_r)$ 关系，如图 4.2-17 所示。

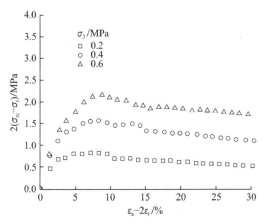

图 4.2-17　砂卵石三轴卸载试验 $2(\sigma_{rc} - \sigma_r)\text{-}(\varepsilon_a - 2\varepsilon_r)$ 关系图

先确定黏聚力 c 和内摩擦角 φ：根据大量研究成果，可认为卸载试验的黏聚力 c 和内摩擦角 φ 与加载试验相等，即黏聚力 c 为 19.2kPa，内摩擦角 φ 为 40°。

然后确定破坏比 R_f：卸载试验的破坏比 R_f 与式(4.2-6)表达一致。在 $(\varepsilon_1 - 2\varepsilon_3)/2(\sigma_1 - \sigma_3)\text{-}(\varepsilon_1 - 2\varepsilon_3)$ 坐标中（图 4.2-18），其线性拟合结果较差。这是因为应力水平偏高或者偏低都会发生试验点偏离直线的情况。

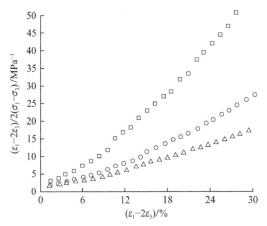

图 4.2-18　$(\varepsilon_1 - 2\varepsilon_3)/2(\sigma_1 - \sigma_3)\text{-}(\varepsilon_1 - 2\varepsilon_3)$ 关系图

根据邓肯-张模型中关于计算直线的截距以及斜率的计算方法，分别计算当应力水平为70%、90%时，土样在不同围压下对应的 $(\varepsilon_1 - 2\varepsilon_3)$ 和 $(\varepsilon_1 - 2\varepsilon_3)/2(\sigma_1 - \sigma_3)$ 的值，然后绘制线性关系曲线，从而求得拟合直线的截距和斜率。按照此方法得到的相关数值如表 4.2-7 所示，拟合的直线关系见图 4.2-19。

确定卸载试验破坏比 R_f 的相关取值　　　　　　　　　　表 4.2-7

σ_1	$(\sigma_1 - \sigma_3)_{70\%/90\%}$	$(\varepsilon_1 - 2\varepsilon_3)_{70\%/90\%}$	$(\varepsilon_1 - 2\varepsilon_3)/2(\sigma_1 - \sigma_3)_{70\%/90\%}$
0.2	0.29/0.37	1.9/3.8	3.3/5.2
0.4	0.55/0.7	2.48/5.2	2.2/3.7
0.6	0.75/0.97	3.4/6.2	2.0/3.14

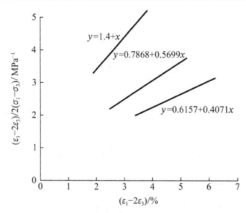

图 4.2-19　$(\varepsilon_1 - 2\varepsilon_3)/2(\sigma_1 - \sigma_3)$-$(\varepsilon_1 - 2\varepsilon_3)$ 线性拟合图

结合卸载试验的应力路径及邓肯-张模型参数的表达式，有

$$E_i = \frac{1}{a} \tag{4.2-29a}$$

$$2(\sigma_1 - \sigma_3)_{ult} = \frac{1}{b} \tag{4.2-29b}$$

式中：a，b——图 4.2-19 拟合得到的截距和斜率。

结合图 4.2-19 中的结果，可得卸载试验与 E_i 和 R_f 的相关参数（表 4.2-8）。

与 E_i 和 R_f 有关的参数取值（单位：MPa）　　　　　　表 4.2-8

σ_1	a	b	E_i	$2(\sigma_1 - \sigma_3)_{ult}$	$2(\sigma_1 - \sigma_3)_f$	R_f
0.2	0.014	1	71.43	1	0.42	0.42
0.4	0.0078	0.56	128.21	1.74	0.78	0.43
0.6	0.0062	0.41	162.60	2.46	1.08	0.43

最后，可由表 4.2-8 求得的砂卵石卸载试验 R_f 的平均值，$R_f = 0.43$。

确定材料常数 K、n，已知

$$E_i = K p_a \left(\frac{\sigma_1}{p_a}\right)^n \tag{4.2-30}$$

两边同时取对数有

$$\lg\left(\frac{E_i}{p_a}\right) = \lg K + n \lg\left(\frac{\sigma_1}{p_a}\right) \tag{4.2-31}$$

式中：K——截距；

n——斜率。

可以看出，$\lg(E_i/p_a)$和$\lg(\sigma_1/p_a)$呈直线关系。根据表 4.2-8 的数据可得三组E_i和σ_1的值，绘制出$\lg(E_i/p_a)$和$\lg(\sigma_1/p_a)$的关系如图 4.2-20 所示。

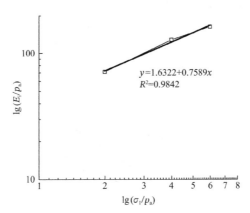

图 4.2-20　$\lg(E_i/p_a)$和$\lg(\sigma_1/p_a)$的关系

图 4.2-20 中拟合直线的表达式为

$$\lg\left(\frac{E_i}{p_a}\right) = 1.6322 + 0.759\lg\left(\frac{\sigma_1}{p_a}\right) \tag{4.2-32}$$

对比式(4.2-31)和式(4.2-32)可以得出，截距$K = 10e^{1.632} = 43$，斜率$n = 0.759$。

最后，确定切线泊松比有关的参数G、F、D，由轴向应变和体应变关系图（图 4.2-5），可得出$-\varepsilon_3/\varepsilon_1$和$-\varepsilon_3$的关系如图 4.2-21 所示，拟合直线斜率$D$的平均值为$-0.015$。

图 4.2-21 中拟合直线的截距为初始泊松比ν_i，由此可得三组ν_i和σ_3的值，绘制出ν_i和$\lg(\sigma_3/p_a)$的相应关系如图 4.2-22 所示。

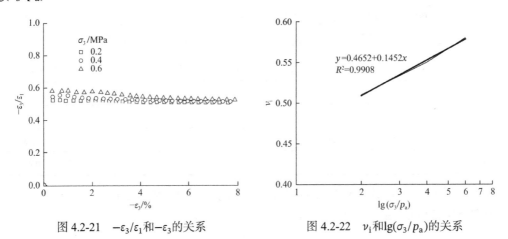

图 4.2-21　$-\varepsilon_3/\varepsilon_1$和$-\varepsilon_3$的关系　　　图 4.2-22　ν_i和$\lg(\sigma_3/p_a)$的关系

已知

$$\nu_i = G - F\lg\left(\frac{\sigma_3}{p_a}\right) \tag{4.2-33}$$

和图 4.2-22 中拟合直线的方程为

$$\nu_i = 0.47 + 0.145\lg\left(\frac{\sigma_3}{p_a}\right) \tag{4.2-34}$$

对比式(4.2-33)和式(4.2-34)可以得出，$G = 0.47$，$F = -0.145$。

（3）三轴加卸载试验砂卵石邓肯-张模型参数

于是，可以得到砂卵石土料邓肯-张模型参数的基本关系式。

对于三轴加载试验，根据已确定的相关参数，可得砂卵石三轴加载时的切线弹性模量 E_t 和切线泊松比 ν_t 分别为

$$E_t = 97 p_a \left(\frac{\sigma_3}{p_a}\right)^{0.538} \left[1 - 0.92 \frac{(\sigma_1 - \sigma_3)(1 - \sin\varphi)}{38.4\cos 40° + 2\sigma_3\sin 40°}\right]^2 \tag{4.2-35}$$

$$\nu_t = \frac{0.49 - 0.186\lg(\sigma_3/p_a)}{\left\{1 - \dfrac{0.07(\sigma_1 - \sigma_3)}{97 p_a\left(\dfrac{\sigma_3}{p_a}\right)^{0.538}\left[1 - 0.92\dfrac{(\sigma_1 - \sigma_3)(1 - \sin\varphi)}{38.4\cos 40° + 2\sigma_3\sin 40°}\right]}\right\}^2} \tag{4.2-36}$$

对于三轴卸载试验，卸载试验时的切线弹性模量 E_t 和泊松比 ν_t 分别为

$$E_t = 43 p_a \left(\frac{\sigma_3}{p_a}\right)^{0.759} \left[1 - 0.43 \frac{(\sigma_1 - \sigma_3)(1 - \sin\varphi)}{38.4\cos 40° + 2\sigma_3\sin 40°}\right]^2 \tag{4.2-37}$$

$$\nu_t = \frac{0.47 + 0.145\lg(\sigma_3/p_a)}{\left\{1 - \dfrac{-0.015(\sigma_1 - \sigma_3)}{43 p_a\left(\dfrac{\sigma_3}{p_a}\right)^{0.759}\left[1 - 0.43\dfrac{(\sigma_1 - \sigma_3)(1 - \sin\varphi)}{38.4\cos 40° + 2\sigma_3\sin 40°}\right]}\right\}^2} \tag{4.2-38}$$

4.2.5　小　结

根据工程实际受力状态，基于邓肯-张模型的基本思想，研究了适合于洛阳地铁隧道砂卵石地层的本构模型形式及其参数确定方法，可为后续工程设计和应用提供依据。

（1）采用大型高压三轴剪切仪，获得了洛阳地铁砂卵石地层土料的应力-应变关系曲线和体积应变曲线。三轴剪切试验包括轴向加载试验和侧向卸载试验两种方式。

（2）大型三轴剪切试验的成果表明，洛阳地铁砂卵石地层的应力-应变关系符合邓肯-张模型中的双曲线关系假定。进而，根据试验成果采用了直接拟合极限应力与围压的关系，改进了切线模量的计算方式。研究表明，所建立的本构模型能够很好反映砂卵石土的加荷过程和卸载过程，也用于盾构隧道开挖过程中土层卸载过程的数值计算。

（3）研究表明，侧向变形和轴向变形之间的关系远非邓肯-张模型假设的双曲线关系，通过试算拟合，发现可以用指数函数的形式进行拟合。为此，根据邓肯-张模型计算切线泊松比的思路，结合本次试验成果，改进了切线泊松比的计算。最终，确定了计算模型的所有参数。

4.3　现场测试结果和分析

4.3.1　现场测试方案和实施

在盾构隧道掘进的正前方和上方，选取 3 个典型断面进行测试。测试断面宽度包括上

行（左线）、下行（右线）盾构隧道掘进的整个宽度范围并向两侧延伸至影响范围之外。测试项目和传感器布置包括地表沉降、地层分层沉降、地层的水平方向应力、孔隙水压力。如图 4.3-1～图 4.3-4 所示。

图 4.3-1　安装试验装置　　　　　　图 4.3-2　分层沉降测试仪

图 4.3-3　水准仪　　　　　　　　图 4.3-4　夜间测试

用土压力计测试隧道掘进过程中正对掘进方向的土体中的应力，为揭示开挖面土体在掘进过程中的应力状态、土压力计算模式和可能破坏形态提供依据。此外，利用孔隙水压力计测定整个掘进过程中地层内部的孔隙水压力变化，配合土体内的应力状态分析，为掘进过程中土体强度预测和演化提供依据，为地层的沉降或隆起判断提供依据。土压力计和孔隙水压力计的测点布设的地表面水平位置见图 4.3-5，横断面见图 4.3-6。地表沉降、分层沉降测点布设的地表水平位置见图 4.3-7，横断面见图 4.3-8、图 4.3-9。对于隧道中心线正前方处的传感器，隧道到达后，传感器失效，便不再进行监测。

除了埋置在地层中的导线外，还将导线引出 20m，便于隧道施工过程以及施工完成后较长一段时间内进行测量，最终评价工程的长期稳定性。

（1）分层沉降管

采用 ABS 沉降管（ϕ53mm），用钻孔法进行埋设。将分层沉降管放置预定深度后（根据实际隧道设计深度而定），将中砂或现场粉土充满在管周围的空隙，保证沉降管与周围土层紧密贴合。对于位于隧道开挖顶部的沉降管，沉降管本身的标高可能会随隧道的开挖过程而有所变化。为此，分层沉降测试仪（图 4.3-2）测量沉降磁环深度变化的同时，并用水准仪量测沉降管的管口沉降或隆起变化，来对测试结果进行不断校正。

（2）土压力计和孔隙水压力计

先在埋设位置处钻直径稍大于传感器直径的孔。然后，将传感器固定在专门设计的支架上，通过导杆将传感器放置在设定的深度处。最后，用中粗砂（或现场粉质黏土）将传感器埋入土中，并依次进行下一个传感器的埋设。

为此，对水压力、土压力各测点进行测试。垂直于隧道掘进方向共设置 3 个断面，每个断面布置 4 个测孔，分别位于上行和下行隧道中轴线、两隧道距离中心线，以及隧道边线。由地表向深度方向，分别布设 6 个土压力计，3 个水压力计，共计 72 个土压力计，36 个水压力计。对于隧道中心线正前方处的传感器，隧道到达后，传感器失效，便不再进行监测，如图 4.3-6、图 4.3-7 所示。

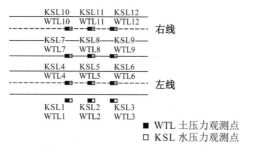

图 4.3-5　水土压力计平面布置图

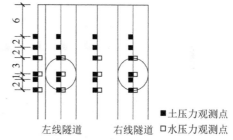

图 4.3-6　水土压力横断面布置图（单位：m）

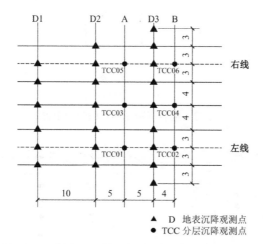

图 4.3-7　分层、地表沉降平面布置图（单位：m）

地表沉降：3 个测试断面（图 4.3-8）主要用来测试盾构隧道上方地表的沉降，利用高精度水准仪（图 4.3-3、图 4.3-4）测试整个隧道掘进到达以及离开该区域时的沉降量及随时间的变化过程。

分层沉降观测点横断面布置图见图 4.3-9，共有 2 个断面（断面 A，断面 B）。上行或下行隧道中心线顶部设置 3 个沉降磁环，上行与下行隧道中心线之间位置处设置 8 个沉降磁环。

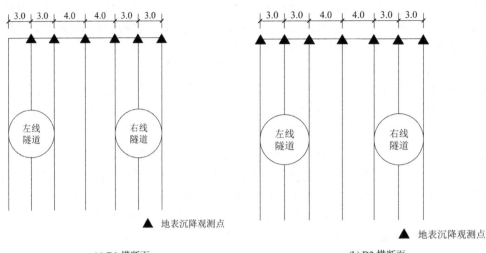

(a) D1 横断面   (b) D2 横断面

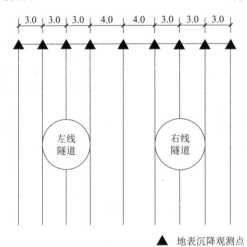

(c) D3 横断面

图 4.3-8　地表沉降观测点横断面布置图

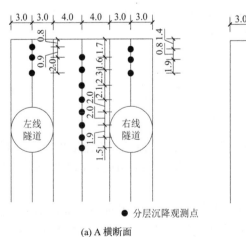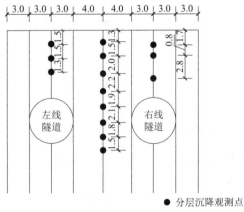

(a) A 横断面   (b) B 横断面

图 4.3-9　分层沉降观测点横断面布置图（单位：m）

4.3.2　施工参数与分析

为方便，可将 2019 年 11 月 29 日 18:00 时刻定为 0 时，之前数据以统计其标准值作为初始值，时间与环数对应，如表 4.3-1 所示。

盾构机线路时间

表 4.3-1

时间	环数	盾构机线路	时间	环数	盾构机线路
0	691	左	65	704	左
4	691	左	67	704	左
8	691	左	69	706	左
12	691	左	74	707	左
14	691	左	80	709	左
16	692	左	94	712	左
18	692	左	106		未进入测区
20	693	左	118		未进入测区
22	694	左	142		未进入测区
24	694	左	166		未进入测区
26	695	左	190		未进入测区
28	695	左	214		未进入测区
30	695	左	238		未进入测区
32	696	左	341		未进入测区
34	697	左	343	701	右
38	699	左	345	703	右
40	699	左	347	704	右
42	699	左	349	705	右
44	701	左	351	707	右
46	701	左	353	708	右
48	701	左	355	710	右
52	701	左	359	711	右
56	701	左	363	712	右
59	701	左	367	713	右
61	702	左	372	715	
63	703	左			

图 4.3-10～图 4.3-15 为盾构机通过测区时前后的主要掘进参数，其中包括盾构机推力、刀盘扭矩、掘进速度、土仓压力、注浆压力、注浆量。692 环进入测点布控范围，对于左线盾构机通过地质条件为砂卵石土层，而右线盾构机通过部分为冻土，故左线盾构机推力、刀盘扭矩、注浆量均大于右线盾构机，而左线盾构机掘进速度大多小于右线盾构机。左、右线盾构机土仓压力基本相同，基本均在 1.1bar。左线盾构机注浆压力约为 2.0bar，右线盾构机注浆压力在冻土层约为 2.3bar。左线盾构机注浆量最低为 7.0m³，而右线盾构机注浆量最大为 6.8m³。

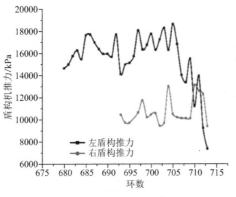

图 4.3-10　盾构机推力

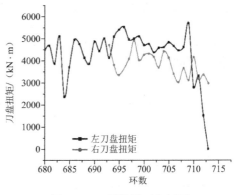

图 4.3-11　盾构机刀盘扭矩

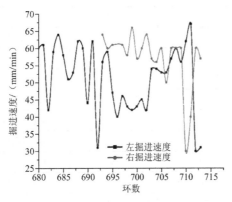

图 4.3-12　盾构机掘进速度

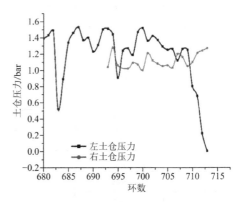

图 4.3-13　盾构机土仓压力

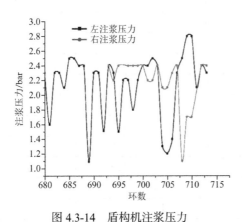

图 4.3-14　盾构机注浆压力

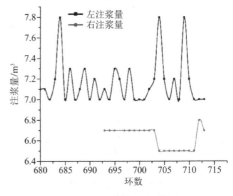

图 4.3-15　盾构机注浆量

4.3.3　盾构推进引起的水压力

1. 施工方向分析

从盾构施工方向看，对于位于隧道两侧的测点，当盾构机施工时，盾构隧道受到盾构施工的扰动，形成了超孔隙水压力，大部分测点的超孔隙水压力值不超过 2.5kPa；当左隧道盾构施工停止或者右隧道盾构施工停止时，超孔隙水压力随着时间而逐渐消散，大部分测点的孔隙水压力均会恢复到初始值。在图 4.3-18、图 4.3-19、图 4.3-20、图 4.3-22、

图 4.3-24、图 4.3-26 中，左右隧道掘进的过程中 16m、13m、10m 均有体现。

对于位于隧道上部的测点，同位于隧道两端的测点相同，在受到盾构施工的扰动后，形成超孔隙水压力，当盾构机掘进到测点时，超孔隙水压力达到峰值，在图 4.3-17、图 4.3-21 中可以观察，KSL5 号 16m 超孔隙水压力为 28kPa，KSL5 号 13m 最大孔隙水压力约为 11kPa。

盾构机推进过程对孔隙水压力影响比较明显，在图 4.3-16、图 4.3-23、图 4.3-25、图 4.3-27 中可以观察到，随着盾构机的推进、注浆压力的存在，孔隙水压力并不会立刻消失，而在注浆浆体达到一定强度后开始消散并趋于稳定。

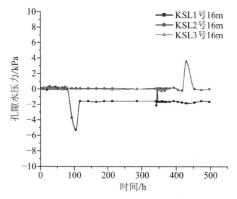

图 4.3-16　KSL1、2、3 号 16m 孔隙水压力

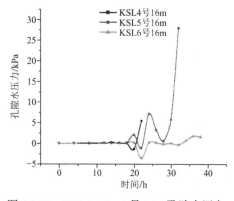

图 4.3-17　KSL4、5、6 号 16m 孔隙水压力

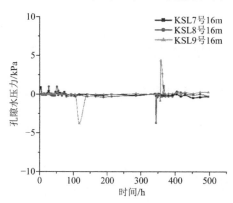

图 4.3-18　KSL7、8、9 号 16m 孔隙水压力

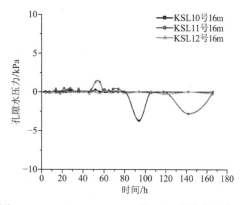

图 4.3-19　KSL10、11、12 号 16m 孔隙水压力

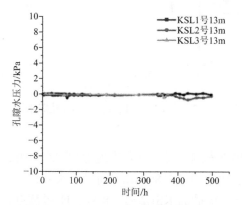

图 4.3-20　KSL1、2、3 号 13m 孔隙水压力

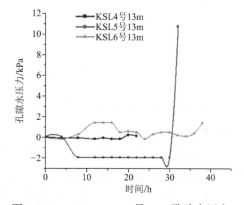

图 4.3-21　KSL4、5、6 号 13m 孔隙水压力

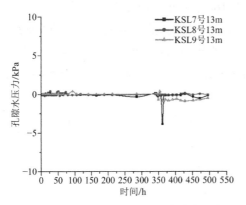

图 4.3-22　KSL7、8、9 号 13m 孔隙水压力

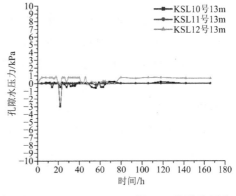

图 4.3-23　KSL10、11、12 号 13m 孔隙水压力

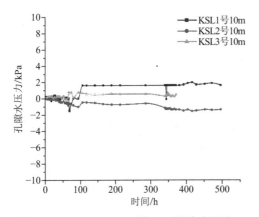

图 4.3-24　KSL1、2、3 号 10m 孔隙水压力

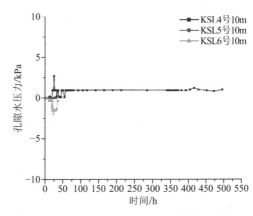

图 4.3-25　KSL4、5、6 号 10m 孔隙水压力

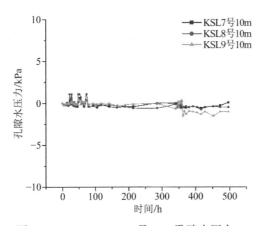

图 4.3-26　KSL7、8、9 号 10m 孔隙水压力

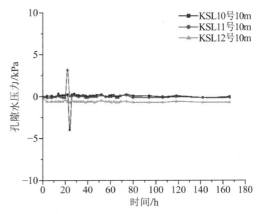

图 4.3-27　KSL10、11、12 号 10m 孔隙水压力

2. 横截面方向分析

如图 4.3-28～图 4.3-30 所示,当盾构机即将进入测点时,首要表现为孔隙水压力,从 KSL5 号 16m 孔隙水压力在 18h 时开始增大,变化率为 0.978kPa/h,而对于 KSL5 号 10m 的水压力变化不大。与此同时,与该测点位于同一横截面 KSL2 号、8 号、11 号测点,当盾构机开始工作时,对于 KSL5 号测点 18—20 时,变化率为 0.044kPa/h,对于 KSL8 号测

点,在 18—20h 时无变化,对于 KSL11 号测点,变化率为 0.047kPa/h。

当盾构机掘进离开测孔区域,由于该测点的设备损坏,只能观察相同深度的施工方向同一纵线方向 KSL4 号 10m 孔隙水压力变化,如图 4.3-30 所示。当盾构机继续掘进,离开测点时,此时 KSL4 号的测点 10m 处的孔隙水压力变化率为 0kPa/h,而在 26h 时达到峰值,达 2.72kPa,变化率为 0.891kPa/h。

对于同一测点不同深度处,当盾构机到达 696 环时,16m、13m、10m 土压力分别为 27.996kPa、10.22kPa、0kPa。

通过上述分析以及图 4.3-17 可知,相同截面的孔隙水压力表明,由于盾构机的前方推力挤压以及侧向推力加压作用,近盾处的孔隙水压力明显大于远盾处。

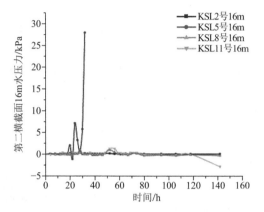

图 4.3-28 KSL2、5、8、11 号 16m 孔隙水压力

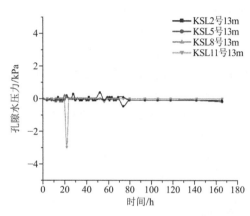

图 4.3-29 KSL2、5、8、11 号 13m 孔隙水压力

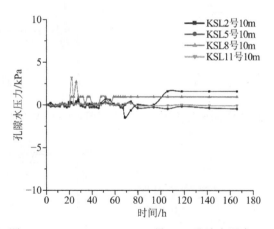

图 4.3-30 KSL2、5、8、11 号 10m 孔隙水压力

3. 孔隙水压力分析

通过以上对横截面、纵截面的孔隙水压力分析,可以得知对于隧道前方的土体,盾构机的掘进测点前后对孔隙水压力影响较大,孔隙水压力随着盾构机与监测点的距离的减小而增大,当盾构机推过测点,由于注浆压力的存在,超孔隙水压力并不会完全消散,在注浆体达到一定强度后消失,并最终趋于稳定。

对于隧道两侧的土体,盾构掘进前后对孔隙水压力的影响明显小于盾构机前方,盾构机掘进,受到土体的侧向挤压,导致超孔隙水压力的增加,当盾构机通过后,超孔隙水压力消失，孔隙水压力趋于稳定。

对于隧道掘进时的孔隙水压力的变化，由于受到同步注浆、二次注浆的影响，监测曲线出现驼峰，其表现为孔隙水压力的突增。

4.3.4 盾构推进引起的土压力及分布特征

1. 施工方向分析

（1）隧道上方

对于隧道上方各位置 10m 测点（图 4.3-31～图 4.3-34），当盾构机于 18h 到达 692 环，WTL4、5、6 号土压力变化率为 7.165kPa/h、5.17kPa/h、0kPa/h，其土压力值为 21.829kPa、10.346kPa、−0.492kPa。

当盾构机于 32h 到达 696 环，WTL4、5、6 号土压力变化率为 −5.53kPa/h、19.95kPa/h、0kPa/h，其土压力值为 21.829kPa、10.346kPa、−0.492kPa。当盾构机于 42h 到达 700 环，WTL4、5、6 号土压力变化率为 −2.28kPa/h、−0.455kPa/h、8.85kPa/h、0kPa/h，其土压力值为 −3.09kPa、0.58kPa、14.89kPa。

三处土压力峰值所对应的时间为 24h、34h、46h。

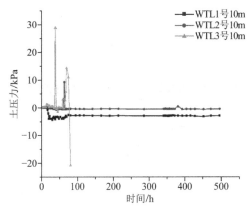

图 4.3-31　WTL1、2、3 号 10m 土压力

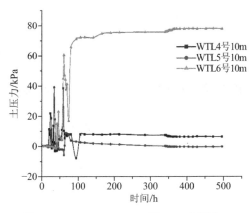

图 4.3-32　WTL4、5、6 号 10m 土压力

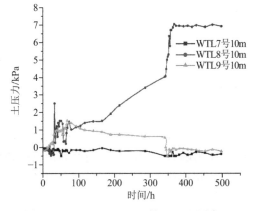

图 4.3-33　WTL7、8、9 号 10m 土压力

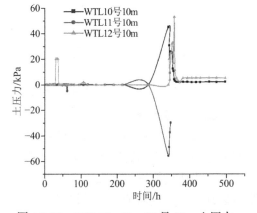

图 4.3-34　WTL10、11、12 号 10m 土压力

分析由 WTL4、5、6 号组成的 8m、6m 的土压力变化趋势（图 4.3-35、图 4.3-36）：

对于 8m 处测点，盾构机到达 692 环，WTL5、6 号土压力无明显变化；WTL4 号土压力在 20h 增大，变化率为 4.97kPa/h，土压力值为 9.94kPa；在 26h，盾构机到达 694 环，土压力变化率为 8.00kPa/h，土压力值为 24.20kPa，对于 WTL5、6 号无明显变化；在 32h，盾构机到达 696 环，5 号土压力变化率为 4.8kPa/h，土压力值为 7.16kPa；WTL4 号土压力变化率为 −0.5kPa/h，土压力值为 12.915kPa；WTL6 号无明显变化；在盾构机到达 700 环时，WTL4 号土压力值为 0，且无明显变化；对于 WTL5 号土压力，其变化率为 4.32kPa/h，值为 7.13kPa；WTL6 号土压力值无明显变化，当盾构机到达 695 环，即 46h，变化率为 5.49kPa/h，其值为 13kPa。3 处土压力对应峰值时间 26h、42h、46h。

对于 6m 处测点，在 20h 时，盾构机到达 692 环，此刻 WTL4 号 6m 土压力，其变化率为 1.16kPa/h，其值为 −2.895kPa；WTL5、6 号 10m 土压力无明显变化。当盾构机到达 696 环时，WTL4 号土压力变化率为 2.2kPa/h，土压力值为 3.87kPa；在 40h 到达 700 环，WTL4 号土压力变化率为 −0.45kPa/h，其值为 5.56kPa；WTL5 号土压力变化率为 0.5856kPa/h，其值为 −3.31kPa；WTL6 号土压力变化率为 0.316kPa/h，其值为 1.47kPa。其 3 处土压力依次对应峰值时间为 36h、46h、未观察到。

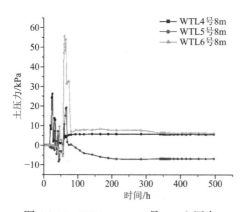

图 4.3-35　WTL4、5、6 号 8m 土压力

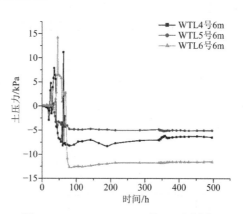

图 4.3-36　WTL4、5、6 号 6m 土压力

（2）对于左隧道两侧纵线

进一步验证土压力的纵线变化趋势，分析由 WTL7、8、9 号测点 10m 处组成的土压力变化，如图 4.3-33 所示，当盾构机到达 692 环时，其中 WTL7、8、9 号土压力变化率为 −0.03kPa/h、−0.085kPa/h、0.05kPa/h；其土压力值为 0.14kPa、−3.73kPa、0kPa。当盾构机到达 696 环时，其中 WTL7、8、9 号土压力变化率为 −0.03kPa/h、0kPa/h、0.05kPa/h；其土压力值为 −0.11kPa、−0.43kPa、0.71kPa。当盾构机到达 700 环时，其变化趋势不明显。

位于左隧道右侧 WTL7、8、9 号测点，如图 4.3-37 所示，当盾构机到达 692 环时，此时，7 号 16m 土压力的变化率为 0kPa/h，值为 −0.37kPa，当盾构机到达 696 环时，WTL8 号 16m 土压力变化值为 −0.21kPa/h，值为 −0.536kPa；当盾构机推到 700 环时，WTL9 号 16m 土压力的变化率为 −0.13kPa/h，值为 −0.09kPa；当右线盾构机推进，由于右线盾构机挤压前方土体后侧向挤压，导致土压力上升，对 WTL9 号 16m 土压力最大为 1.5kPa，当盾构机推进后，其值低于初始值。

通过观察 WTL7 号 14m 数据变化，如图 4.3-38 所示，可以发现，当盾构机到达 692 环时，其值为 0.124kPa；但其峰值在 20h 出现，其值为 1.55kPa；对于 WTL7、8、9 号 14m

土压力，当右线盾构机掘进后，土压力值均有增大。

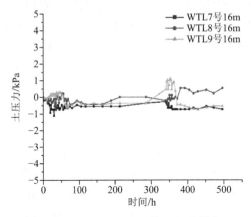

图 4.3-37　WTL7、8、9 号 16m 土压力

图 4.3-38　WTL7、8、9 号 14m 土压力

对于左隧道左侧的 WTL1、2、3 号测点的部分土压力（图 4.3-39～图 4.3-41），当左线盾构掘进时，同左隧道右侧的 WTL7、8、9 号测点变化趋势相同，由于其部分测点在盾构掘进被损坏，在横截面方向给出具体分析。

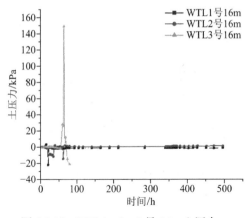
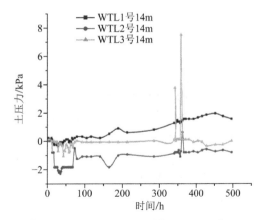

图 4.3-39　WTL1、2、3 号 16m 土压力

图 4.3-40　WTL1、2、3 号 14m 土压力

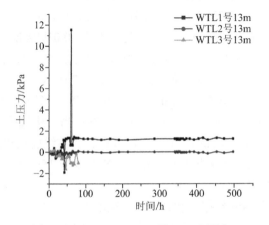

图 4.3-41　WTL1、2、3 号 13m 土压力

2. 横截面方向分析

如图 4.3-42～图 4.3-49 所示,以 WTL5 号土压力 10m 为参考,当左线盾构机未到达测点时,24h 到达 695 环,土体由于受到挤压,土压力增大,变化率为 5kPa/h,其值为 10.35kPa;当 34h 到达 696 环,盾构机掘进,通过测点,土压力显著增加,变化率为 19.6kPa/h,其值为 39.04kPa;当 38h 时,到达 699 环,盾构机继续推进,由于二次喷浆,土压力增大,在 WTL5 号 10m 土压力未观察到数据的变化值,但 WTL5 号 8m 土压力观测到数据的变化,其变化率为 5.75kPa/h,其值为 7.13kPa。随着浆体的凝固,土压力开始下降,当右线盾构机掘进时,观察数据未发现明显变化。

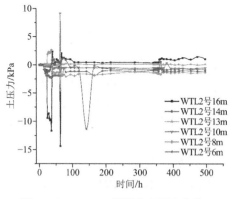

图 4.3-42　WTL2 号测点土压力变化

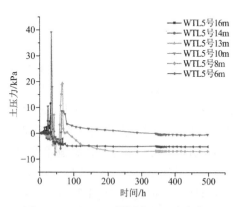

图 4.3-43　WTL5 号测点土压力变化

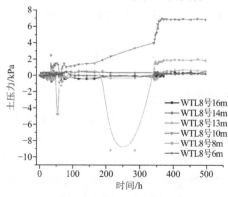

图 4.3-44　WTL8 号测点土压力变化

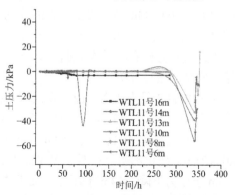

图 4.3-45　WTL11 号测点土压力变化

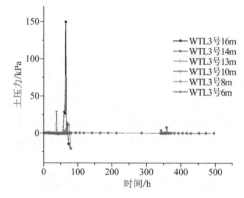

图 4.3-46　WTL3 号测点土压力变化

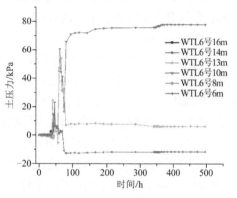

图 4.3-47　WTL6 号测点土压力变化

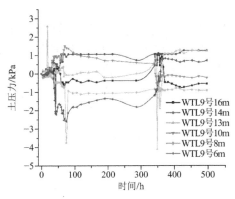

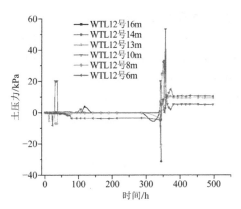

图 4.3-48　WTL9 号测点土压力变化　　　　图 4.3-49　WTL12 号测点土压力变化

对于隧道两侧土压力，可以发现当最大峰值土压力小于隧道正上方土压力，以 WTL2 号土压力为例，34h 到达 696 环，WTL2 号 10m 处变化率为 0.307kPa/h，其值为−0.223kPa；以 WTL8 号土压力为例，在到达 696 环时，WTL8 号 10m 土压力变化率为 1.24kPa/h，为 2.48kPa。当右线隧道掘进时，对于 WTL2、8 号各位置土压力，其最大变化不超过 2kPa。对于 WTL11 号处土压力，其影响不明显。

当左线盾构机到达 701 环时，对于 WTL2 号 16m 处，其土压力值为 0.98kPa，可以看出右线盾构机的掘进对 WTL2 号处各点土压力影响不大；对于 WTL5 号土压力影响不明显，对于 WTL8 号土压力，当右线盾构机掘进后，其表现为各测点土压力的增大，16m、14m、13m、10m、8m、6m 的土压力值分别为 0.21kPa、0.34kPa、0.68kPa、6.86kPa、1.95kPa、0.14kPa。可以发现，由于隧道开挖产生的卸载效应使得隧道下方土压力值下降。

为进一步分析右线盾构机掘进对左线已完成隧道的影响，取 WTL3、6、9、12 号构成的第三横截面进行分析。

对于 WTL3 号土压力，由于左线隧道掘进导致元件损坏，在右线隧道掘进时，只进行此横截面 WTL5、9、12 号土压力分析。当盾构机到达 701 环，处于 343h，对于 WTL6 号，通过观察发现对于 WTL6 号 10m、8m、6m 土压力变化率分别为 0kPa/h，0.04kPa/h，−0.03kPa/h，变化不明显；对于 WTL9 号测点，当盾构机到达 701 环时，可以发现 WTL9 号 16m 土压力下降，14m 土压力增加不明显，13m 处土压力增大。对于 WTL12 号测点的土压力，当盾构机推进通过测点后，其表现为 WTL12 号各测点土压力均高于初始土压力，在图 4.3-49 中，可以看出盾构机通过后，10m、8m、6m 处土压力分别为 5.2kPa、9kPa、10kPa，注浆压力对土压力的影响较大。

3. 土压力分析

通过以上对横截面、纵截面的土压力分析，可以得知对于隧道上方的土体，盾构机的掘进导致前方土压力的增加，盾构机通过后注浆对土压力的影响比较明显，有明显的上升；盾构机随着浆体的凝结而趋于稳定。隧道上方的土压力由于隧道开挖存在的卸载效应，使得土压力值下降。对于隧道前方的土体，可以发现盾构机在推进过程中，由于挤压前方土体而导致土压力的增大，通过数据分析可以发现，其最大影响范围是盾构机的前方 4 环即 6m。

对于左线隧道左侧的土体，盾构掘进前后对其土压力的影响明显小于盾构机前方，盾构机掘进，受到土体的侧向挤压，导致土压力的增加；当盾构机通过后，随着浆体的凝结并趋于稳定。右线盾构机推进过程中，土压力影响不明显。

对于隧道右侧的土体,由于受到左右两线盾构施工的影响,对于地下 14m 以上的土体,其最终表现为土压力的增大,其影响效应随着深度的减小而减弱。对于 14m 以下的土压力,由于盾构开挖扰动产生了应力的重新分布,使得 14m 以下的土压力减小。

在盾构机掘进中,同步注浆期间,土压力达到最大;当同步注浆完成后,土压力跌到极小值。在下一管片的拼装中,土压力重复急剧"冲高—回落",但其土压力值较前一过程值略小。

4.3.5　现场实测沉降分析

1.横断面地表沉降规律分析

1)左线隧道(上行)

盾构隧道掘进不仅会引起隧道正上方地表的沉降,还会导致轴线两侧一定范围内的土体沉降变形,研究隧道轴线两侧土体的沉降变形规律和影响范围,可为确定隧道安全区和盾构施工影响范围内的风险控制提供科学的依据。

本节整理了区间内左线 3 个断面横向地表沉降数据,分析其变形规律,为方便表示,同时规定以断面地表测点为原点,盾构机刀盘接近测点为负,盾构机刀盘远离测点为正。盾构隧道掘进过程中监测断面的沉降历程曲线如图 4.3-50～图 4.3-52 所示。可以看出,盾构距监测断面 5 个位置时的沉降曲线大致相似,最大沉降量均发生在隧道中心轴线处,由于隧道直径两倍范围内的地表均发生了明显沉降,具体分析曲线如下:

(1)D1 断面地表沉降分析(图 4.3-50)

①当盾构穿越监测断面,盾构刀盘距断面 2m 时,地表发生较小沉降,隧道中心轴线处发生最大沉降量 2.08mm,约占最终沉降量的 14.3%;

②盾构刀盘距断面 30m 时,地表发生明显沉降,中心线最大沉降量为 14.27mm,占最终沉降量的 98.2%,隧道中心线 10m 范围内产生了较大的明显沉降,10m 外沉降量呈较小趋势;

③当盾构刀盘距断面 40m 时,此时地表区域稳定,最大沉降量也达到极值,中心线处地表最大沉降量为 14.53mm。

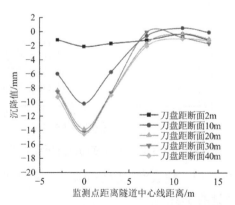

图 4.3-50　D1 断面地表横向沉降历程曲线

(2)D2 断面地表沉降分析(图 4.3-51)

①盾构刀盘距断面−10m 时,盾构前方土体受到挤压,向前向上移动,引起地表微量的隆起。中心线处发生最大隆起量 1.11mm;

②当盾构穿越监测断面时,地表发生较小沉降,隧道中心轴线一侧发生最大沉降量

1.74mm，约占最终沉降量的 27%；隧道中心轴线处发生沉降 0.85mm，约占最终沉降量的 9%；

③盾构刀盘距断面 10m 时，地表发生明显沉降，中心线处发生最大沉降，最大沉降量为 7.63mm，占最终沉降量的 83.2%，隧道中心线 10m 范围内产生了较大的明显沉降，10m 外沉降量呈较小趋势；

④当盾构刀盘距断面 20m 时，此时地表趋于稳定，最大沉降量趋于稳定，中心线处地表最大沉降量为 8.5mm，约占最终沉降量的 92.6%；

⑤当盾构刀盘距断面 30m 时，地表沉降已经稳定，中心线处地表最大沉降量为 9.17mm。

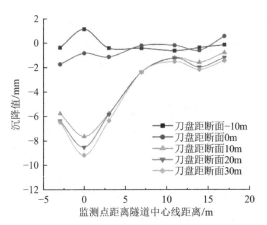

图 4.3-51　D2 断面地表横向沉降历程曲线

（3）D3 断面地表沉降分析（图 4.3-52）

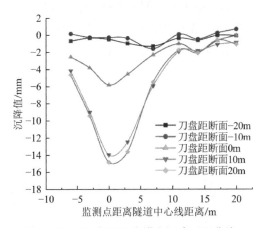

图 4.3-52　D3 断面地表横向沉降历程曲线

①盾构刀盘距断面 −20m 时，地表发生较小沉降，中心线处发生最大沉降，最大沉降量为 0.46mm，占最终沉降量的 3%；

②盾构刀盘距断面 −10m 时，由于盾构前方土体受到挤压，向前向上移动，引起地表微量的隆起，导致沉降量减少至 0.24mm，约占最终沉降量的 1.6%；约占盾构刀盘距断面 −20m 时沉降量的 50%；

③盾构刀盘穿越断面时，地表发生明显沉降，中心线处发生最大沉降，最大沉降量为 5.79mm，占最终沉降量的 39.0%，隧道中心线 10m 范围内产生了较大的明显沉降，10m 外

沉降量呈较小趋势;

④当盾构刀盘穿越断面,距断面 10m 时,地表发生明显沉降,最大沉降量为 13.97mm,约占最终沉降量的 94.1%;

⑤当盾构刀盘距断面 30m 处时,地表沉降已经稳定,中心线处地表最大沉降量为 14.84mm。

2）右线隧道（下行）

左线隧道开始监测时,盾构已经穿越 D1 和 D2 断面,在此仅分析数据完整的 D3 断面。盾构隧道掘进过程中监测断面的沉降历程曲线如图 4.3-53 所示。

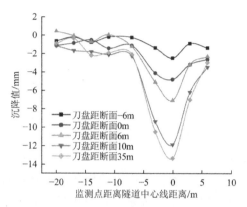

图 4.3-53　D3 断面地表横向沉降历程曲线

D3 断面地表沉降分析如下:

（1）盾构刀盘距断面−6m 时,地表发生较小沉降,中心线处发生最大沉降,最大沉降量为 2.45mm,占最终沉降量的 18.3%;

（2）盾构刀盘穿越断面时,地表发生明显沉降,中心线处发生最大沉降,最大沉降量为 4.77mm,占最终沉降量的 35.7%,隧道中心线 10m 范围内产生了较大的明显沉降,10m 外沉降量呈较小趋势;

（3）当盾构刀盘穿越断面,距断面 6m 时,地表发生明显沉降,最大沉降量为 7.06mm,约占最终沉降量的 52.8%;

（4）当盾构刀盘穿越断面,距断面 10m 时,地表发生明显沉降,最大沉降量为 11.87mm,约占最终沉降量的 88.9%;

（5）当盾构刀盘距断面 35m 时,地表沉降已经稳定,中心线处地表最大沉降量为 13.35mm。

3）横断面沉降槽规律分析

由于 D1 横断面测点过少,导致沉降槽显示不完整,故予以剔除,以下分析 D2 和 D3 断面沉降槽特征。右线隧道开挖后,双线隧道地表沉降曲线如图 4.3-54、图 4.3-55 所示。

从图 4.3-54 可以看出,左线隧道开挖完成后,左线隧道上面地表沉降曲线呈"V"形,右线隧道开挖完成后,两隧道上面地表沉降曲线呈"W"形,左线隧道中心线上方最大沉降量由 9.17mm 增大至 9.63mm,左线隧道沉降曲线右侧受左线隧道施工影响较大,影响范围内沉降量整体增大,表明右线施工范围在左线隧道施工影响区域内。右线隧道的地表中心线最大沉降量为 12.79mm。

从图 4.3-55 可以看出,左线隧道开挖完成后,左线隧道上面地表沉降曲线呈"V"形,右线隧道开挖完成后,两隧道上面地表沉降曲线呈"W"形,左线隧道中心线上方最大沉降量由 14.84mm 增大至 16.73mm，左线隧道沉降曲线右侧受左线隧道施工影响较大，影响范围内沉降量整体增大，表明右线施工范围在左线隧道施工影响区域内。右线隧道的地表中心线最大沉降量为 13.95mm。

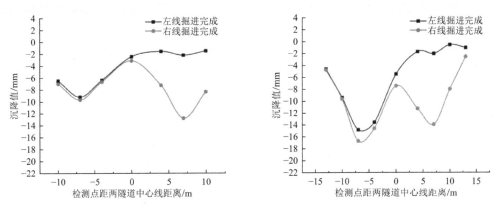

图 4.3-54　左线开挖后 D2 断面地表横向沉降曲线　图 4.3-55　左线开挖后 D3 断面地表横向沉降曲线

2. 纵断面地表沉降规律分析

通常盾构前方土体受到挤压时有向前向上的移动，从而使地表有微量的隆起，这与土仓压力设定、推进速度和推力设定都有关系；而当开挖面土体因支护力不足而向盾构内移动时，则盾构前方土体发生向下，向后的移动，从而使地面沉降。盾构体脱出后沉降略有增长，并随着壁后注浆的情况有所回弹，最后趋于稳定。

左线隧道轴线上方地表测点历时沉降如图 4.3-56 所示，五个观测点沉降曲线趋势大致相同，表明沉降规律大致相同。其中，最小沉降量为 8.30mm，最大沉降量为 17.05mm。

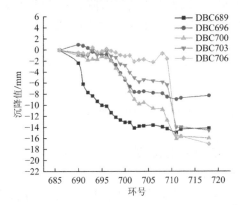

图 4.3-56　左线隧道轴线上方地表测点历时沉降

3. 单测点地表沉降随开挖变化规律

单测点地表沉降随开挖变化曲线如图 4.3-57～图 4.3-59 所示。

如图 4.3-57 所示，盾构刀盘到达作业面前，地表有微量的隆起，作用范围 15m 左右，盾构体脱出前后地表沉降变化最大，占总沉降量的 70% 左右，可见同步注浆效果较差，未起到充分控制地层变形的效果；盾构脱出后沉降缓慢增长，并随着壁后注浆的情况有所回弹，最后趋于稳定。

如图 4.3-58 所示，盾构刀盘到达作业面前，未发现土体的隆起，盾构体脱出前后地表沉降变化最大，占总沉降量的 60%左右，可见同步注浆效果较差，未起到充分控制地层变形的效果；盾构体脱出后沉降逐步增长，并随着壁后注浆的情况有所回弹，最后趋于稳定。

如图 4.3-59 所示，盾构刀盘到达作业面前约 25m，发生轻微沉降；盾构刀盘到达作业面前约 15m，发生轻微隆起，作用范围 10m 左右。盾构体脱出前后地表沉降占累积沉降的 40%左右，可见同步注浆效果较好，起到了控制地层变形的效果。盾构体脱出后沉降逐步增长，盾构体脱出 10m 左右，发生显著沉降，约占总沉降量 40%，最后趋于稳定。

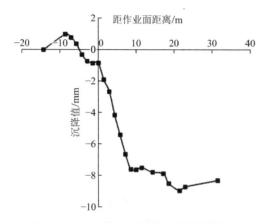

图 4.3-57　左线 696 环测点盾构隧道纵向
地表沉降变化曲线

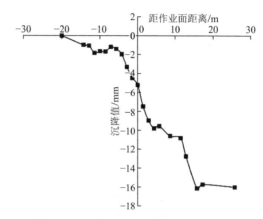

图 4.3-58　左线 700 环测点盾构隧道纵向
地表沉降变化曲线

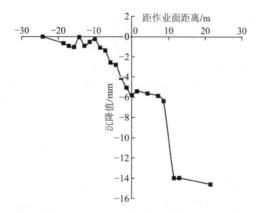

图 4.3-59　左线 703 环测点盾构隧道纵向地表沉降变化曲线

4.地层土体分层沉降变化曲线

1）左线隧道（上行）

图 4.3-60 为左线隧道 A 监测断面地层土体分层沉降变化曲线，测点分别为 a11～a13，磁环到孔口的距离依次为 0.8m、1.7m、3.6m。监测结果表明：当盾构刀盘未到达监测断面，距离隧道拱顶最近的 a13 测点与其他测点相比，分层沉降最为明显。从 a13 测点分层沉降的产生过程可以看出：刀盘到达测点前 20～10m 分层沉降开始发生；刀盘到达测点前 10～0m，土体受到挤压时向前向上移动，从而使地表有微量的隆起；盾构体通过阶段分层沉降明显增大，刀盘通过测点 15m 后分层沉降逐渐趋于稳定，稳定后沉降量为−16.97mm，相对地表沉降量为 0.99mm（地表沉降−15.98mm）。

图 4.3-61 为左线隧道 B 监测断面地层土体分层沉降变化曲线，测点分别为 b21～b23，

磁环到孔口的距离依次为 1.5m、3.0m、4.3m。与 A 监测断面相比，B 监测断面的分层沉降更大，该组测点中三个测点发生较大的分层沉降且三个测点分层沉降差距明显。

对比左线隧道 A、B 两个监测断面地层土体分层沉降时程变化可知，距隧道轴线一定横向水平距离的地层土体测点沉降与轴线正上方测点沉降相比，数值偏小，但变化规律基本一致。

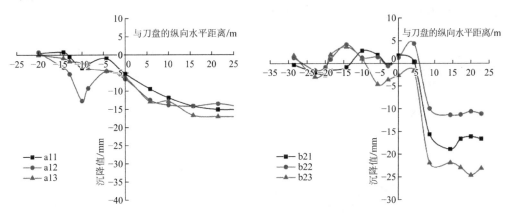

图 4.3-60 左线隧道 A 监测断面地层土体分层 沉降变化曲线　　图 4.3-61 左线隧道 B 监测断面地层土体分层 沉降变化曲线

由此可得：盾构下穿 A、B 两个监测断面后，分层沉降最明显的位置为隧道拱顶最近的土层。

2）隧道中线外 7m 处深层土体（两隧道中心处）

图 4.3-62 为左线隧道中线外 7m 处分层沉降变化曲线，测点分别为 a31～a37，磁环到孔口的距离依次为 1.7m、3.3m、5.6m、7.7m、9.7m、11.7m、13.6m。7 个测点监测结果表明：a31、a32、a34、a35 发生沉降，a36 和 a37 发生轻微隆起，a33 最接近隧道顶部，也发生隆起。

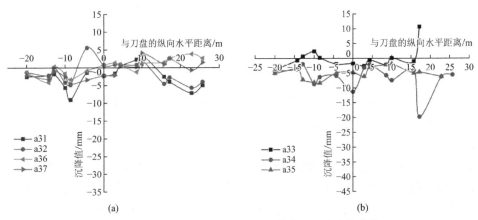

图 4.3-62 隧道中线外 7m 处深层土体分层沉降变化曲线

3）右线隧道（下行）

图 4.3-63 为右线隧道 A 监测断面地层土体分层沉降变化曲线，测点分别为 a51、a52、a53，磁环到孔口的距离依次为 1.4m、2.26m、4.1m。监测结果表明：a53 测点与其他测点相比，分层沉降较为明显，分层沉降发生于刀盘到达测点前 4m，盾构体通过阶段分层沉降

缓慢增大，盾尾脱出后分层沉降发生一定的波动，刀盘通过测点 20m 后测点分层沉降逐渐趋于稳定，稳定后相对地表沉降量为 1mm；a53 测点距离地面 1.4m，在盾构体通过测点 12m 后，沉降开始反弹，沉降规律与 a52、a51 不同。

图 4.3-64 为右线隧道 B 监测断面地层土体分层沉降变化曲线，测点分别为 b61~b63，磁环到孔口的距离依次为 1.7m、2.5m、5.1m。监测结果表明：三个测点分层沉降规律相似，沉降量相近。刀盘到达测点前 15m 处，b61 和 b62 测点发生轻微隆起，分层沉降发生于刀盘到达测点前 8m，盾构体通过阶段分层沉降缓慢增大，盾尾脱出后分层沉降发生一定的波动，刀盘通过测点 10m 后，测点分层沉降逐渐趋于稳定。

对比分析右线隧道 A、B 两个监测断面地层土体分层沉降变化曲线，与左线隧道相同。

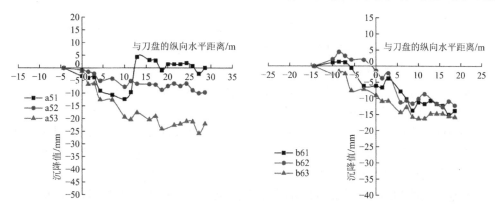

图 4.3-63　右线隧道 A 监测断面地层土体分层　　图 4.3-64　右线隧道 B 监测断面地层土体分层
　　　　　　　沉降变化曲线　　　　　　　　　　　　　　　　　　沉降变化曲线

4.3.6　小　结

（1）左线隧道开挖完成后，左线隧道上面地表沉降曲线呈 V 形，右线隧道开挖完成后，两隧道上面地表沉降曲线呈 W 形。

（2）当盾构机掘进未进入测区范围时，由于盾构机前方土体受到挤压，地表隆起；当盾构机进入测区断面时，地表发生较小沉降；当盾构机推过去大约 4~6 环时，隧道中心线地表发生明显沉降，且该沉降量占最终沉降量的比例较大；对于隧道中心线 10m 以外的测区，沉降不明显；当盾构机距离较远，盾构施工对其影响不大。

（3）盾构刀盘到达作业面前，对隧道前方土体而言，水压力、土压力增大，当盾构机掘进通过作业面时，水压力、土压力急剧增大，达到最大值，最大值分别为 28kPa、120kPa；当同步注浆结束后，管片安装阶段进入下一个略微小的峰值，当盾构掘进通过工作面后，由于土体开挖后的卸荷，其土压力小于初始土压力。

（4）对于隧道开挖前方以及两侧的土体，可以发现其土压力、水压力值明显小于隧道中心一侧，且其土压力、水压力峰值所对应时刻晚于盾构机通过工作面的时刻。

（5）对于隧道上方土体，当盾构机到达工作面前，土体受到挤压，土压力增加，土压力的增大导致土体的隆起；当盾构机到达工作面时，土压力达到最大，地表发生明显沉降；盾构机通过工作面后，此刻土体的受力为土体的自重应力，土压力降低，故其发生进一步沉降；最终，随着注浆浆体的凝固，沉降趋于稳定。

（6）对于地层的分层沉降，分层沉降变化明显，刀盘到达工作面前 10 环，已发生隆起，到达测点前 4～5 环已发生沉降，盾构机通过工作面时，分层沉降急剧增加；盾尾脱出后，分层沉降有一定波动，盾构机通过后，分层沉降趋于稳定。

（7）左线盾构机，由于其地质条件为砂卵石土层，故左线盾构推力，刀盘扭矩、注浆量均大于右线盾构机；而左线盾构机掘进速度小于右线盾构机。由于左线隧道注浆量大于右线隧道，其地表沉降小于右线隧道。

4.4 土压平衡盾构开挖面稳定性数值模拟

4.4.1 有限差分软件及本构模型选取

在问题求解过程中，将微分方程采用差分方程进行求解的方法叫作差分法。差分法已经存在了很长时间，但是其需要对高阶导数方程进行求解，所以当计算机出现以后，这种方法才得以应用和发展。FLAC3D 是三维有限差分软件，在对岩土工程问题的求解过程中，其必须满足平衡方程、边界方程、本构方程和几何方程，这几个方程一般为微分方程，但在 FLAC3D 中以差分方程的形式存在。

FLAC3D 的优点为：（1）采用"混合离散法"，使模型更接近实际情况，因此结果更加准确；（2）整个过程采用动态方程，使模拟更准确；（3）采用显示解，花费时间少；（4）没有刚度矩阵存储，节省内存。

有限差分软件 FLAC3D 可以对不同的材料（土、岩石或其他材料）进行模拟分析。不同的材料是由各个单元组成的，在模拟的过程中，为了符合实际的材料结构，可以调整三维网格中的多面体单元。

在 FLAC3D 中有很多本构计算模型，在实际工程的应用中，摩尔-库仑本构模型经受住了考验。摩尔-库仑屈服准则是一种常见的强度破坏准则，其一般由摩尔-库仑破坏准则（图 4.4-1）和张拉破坏准则相结合。

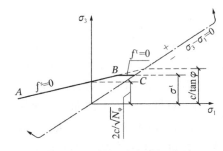

图 4.4-1　摩尔-库仑破坏准则

如图 4.4-1 所示，AB 为摩尔-库仑破坏准则，破坏包络线为：

$$f^s = \sigma_1 - \sigma_3 N_\varphi + 2c\sqrt{N_\varphi} = 0 \tag{4.4-1}$$

$$N_\varphi = \frac{1 + \sin\varphi}{1 - \sin\varphi} \tag{4.4-2}$$

BC 为张拉破坏准则，破坏包络线为：

$$f^t = \sigma^t - \sigma_3 = 0 \tag{4.4-3}$$

式中：φ——内摩擦角；

　　c——黏聚力；

　　σ^t——抗拉强度。

当张拉强度小于σ_3时，应力的最大值由以下公式进行确定：

$$\sigma_{max}^t = \frac{c}{\tan\varphi} \tag{4.4-4}$$

在这里定义剪切塑性流动的函数为g^s，张拉塑性流动函数为g^t。函数g^s形式如下：

$$g^s = \sigma_1 - \sigma_3 N_\psi \tag{4.4-5}$$

其中，ψ为剪胀角，

$$N_\psi = \frac{1+\sin\psi}{1-\sin\psi}$$

FLAC3D 中的模型除了少数以外，一般都采用与泊松比ν和弹性模量E有关的体积模量K和剪切模量G：

$$K = \frac{E}{3(1-2\nu)} \tag{4.4-6}$$

$$G = \frac{E}{2(1+\nu)} \tag{4.4-7}$$

4.4.2　数值模型及计算方法

1. 计算工况及参数

采用有限差分数值模拟软件 FLAC3D，对松散颗粒土地层盾构隧道的开挖面稳定性进行分析，其中包括主动情况下的开挖面稳定性分析和被动情况下开挖面稳定性分析。选取隧道直径$D = 6\text{m}$，对 4 种埋深比（$H/D = 0.5$，1.0，1.5，2）和 4 种内摩擦角（$\varphi = 25°$，30°，35°，40°）的松散颗粒土地层进行了模拟，一共包括 16 种工况，如表 4.4-1 所示。

数值模拟工况　　表 4.4-1

工况编号	埋深比H/D	内摩擦角$\varphi/°$	工况编号	埋深比H/D	内摩擦角$\varphi/°$
1	0.5	25	9	1.5	25
2	0.5	30	10	1.5	30
3	0.5	35	11	1.5	35
4	0.5	40	12	1.5	40
5	1	25	13	2	25
6	1	30	14	2	30
7	1	35	15	2	35
8	1	40	16	2	40

在数值模拟计算中，模型的管片采用的是 C50 弹性钢筋混凝土材料，厚度是 35cm。松散颗粒土地层采用上述中的摩尔-库仑本构模型，管片和混凝土接触面的单元采用的是 shell 单元，松散颗粒土材料和管片材料的有关参数如表 4.4-2 所示。

材料力学参数　　表 4.4-2

材料	弹性模量	泊松比	重度	黏聚力	抗拉强度
	MPa	—	kg/m³	kPa	kPa
松散颗粒土	20	0.35	18	1	1
管片	30000	0.25	—	—	—

2. 计算模型与方法

1）计算模型

采用盾构进行隧道的开挖是一个逐渐的过程，因为本节的重点研究内容是开挖到某一位置随支护力改变的主动和被动的破坏模式，以及在某一位置处支护力的改变与土体位移之间的关系。因此，本节对隧道一次性开挖到一定距离（18m），建立如图 4.4-2 所示的模型。

（1）采用摩尔-库仑理想弹塑性本构模型，由于模型具有对称性，选取一半进行分析；

（2）模型的尺寸为 20m × 30m × 24m，土层设置半径为 3m 的隧道；

（3）对于埋深比 $H/D = 1$ 的隧道模型，共有 66871 个单元，66920 个节点；

（4）计算模型的约束条件是：四周为固定约束，底部固定约束，上表面为自由边界。

管片模型如图 4.4-3 所示。

图 4.4-2　计算模型　　　　　　　　　图 4.4-3　管片模型

2）计算方法

模拟的主要目的是开挖面支护力增大或者是减小过程中，土体的破坏发展过程与破坏模式，其中计算不考虑水的作用，即不考虑静水压力和超静孔隙水压力。

施加在开挖面上的支护力在理论上应该是在盾构直径范围内沿竖向的梯形分布，并且与初始的静止土压力相等。但是为了计算简便，在本节中统一采用盾构开挖面中心的土压力来代表开挖面的支护力，而最开始的盾构开挖面支护力就与开挖面中心的初始静止土压力是相等的。

在开挖到一定距离后，开挖面中心的初始支护力采用开挖面中心土体的初始静止土压力，其计算为：

$$\sigma_0 = K_0 \gamma (H + D/2) \tag{4.4-8}$$

式中：D——隧道的直径；

　　　σ_0——开挖面中心初始静止土压力；

　　　K_0——静止土压力系数，$K_0 = 1 - \sin\varphi$；

　　　H——埋深；

　　　γ——土体的重度。

在这里定义支护应力比为：

$$\kappa = \frac{\sigma_s}{\sigma_0} \tag{4.4-9}$$

式中：σ_s——开挖面中心的支护力。

开挖面破坏的模拟过程为：

（1）根据所列参数建立原始的松散颗粒土地层，并且施加边界条件；

（2）按照隧道本节中隧道开挖的距离一次性开挖隧道 18m，设置支护结构。在开挖面上施加和初始静止侧向土压力相等的梯形支护力，迭代计算使模型达到平衡稳定状态；

（3）开挖面上的支护力以比较慢的速度成倍数增大或减小，追踪并保存每一个分析步上土体的变形和位移。

（4）当开挖面支护力增大或减小到一定值时，开挖面中心位移急剧发展，终止计算，此时土体已经达到了极限状态。

4.4.3　开挖面主动支护力计算结果分析

1. 主动破坏模式

采用开挖面破坏的模拟过程，对不同埋深比（$H/D = 0.5$，1.0，1.5，2.0）下的盾构开挖隧道的主动破坏模式进行了模拟，结果发现当埋深比小于 1 时，最终破坏会发展到地面，当埋深比大于 1 时，破坏发展不到地面。本节选取两种埋深比（$H/D = 1.0$，2.0）的竖向位移云图进行分析。

埋深比为 1 的松散颗粒土破坏竖向位移云图如图 4.4-4 所示，埋深比为 2 的松散颗粒土的破坏竖向位移云图如图 4.4-5 所示。从图中可以看出，开挖面正前方的土体首先出现向下的滑动，然后滑动逐渐向上发展，直至最后破坏，而在盾构底部土体发生了一定的隆起。

本节中，松散颗粒土的破坏模式和三维楔形体模型基本是一致的。开挖面正前方破坏土体为楔形体，楔形体上方破坏土体为棱柱体。在松散颗粒土土体产生滑动到破坏的整个过程中，由于松散颗粒土土体具有土拱效应，这样就使得土体的向下移动受到了一定限制。也就是说，当埋深较小时，土体的破坏容易发展到地面，但是随着埋深的逐渐增大，土体的破坏越不容易发展到地面。

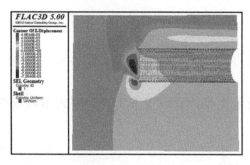
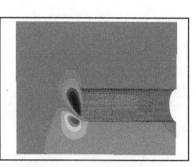

图 4.4-4　埋深比$H/D = 1$的竖向位移云图　　　图 4.4-5　埋深比$H/D = 2$的竖向位移云图

2. 开挖面主动极限支护力影响因素分析

1）土体内摩擦角的影响

将不同工况下的开挖面的主动支护应力比和位移提取出来，利用画图软件进行支护应力比和位移的关系曲线绘制，曲线如图 4.4-6～图 4.4-9 所示。确定主动极限支护力的方法有几种，本节采用双切线来确定极限支护力，也就是产生大的位移的点和上一个点的切线的交点为极限支护力。

埋深比$H/D = 0.5$，不同内摩擦角的支护应力比与开挖面中心的水平位移关系曲线如

城市地铁盾构隧道开挖对环境的影响研究

图 4.4-6 所示。

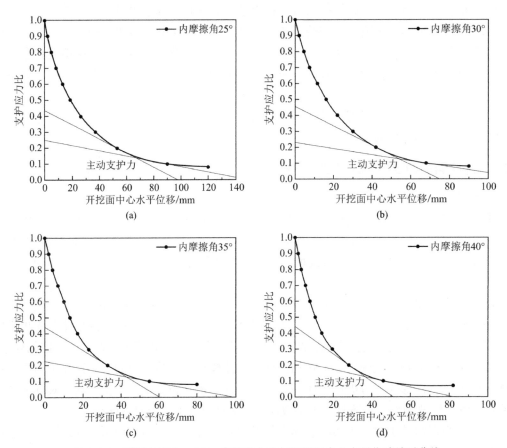

(a)

(b)

(c)

(d)

图 4.4-6 埋深比$H/D = 0.5$，支护应力比与开挖面中心水平位移关系曲线

　　埋深比$H/D = 1.0$，不同内摩擦角的支护应力比与开挖面中心水平位移关系曲线如图 4.4-7 所示。

　　埋深比$H/D = 1.5$，不同内摩擦角支护应力比与开挖面中心水平位移关系曲线如图 4.4-8 所示。

　　埋深比$H/D = 2.0$，不同内摩擦角支护应力比与开挖面中心水平位移关系曲线如图 4.4-9 所示。

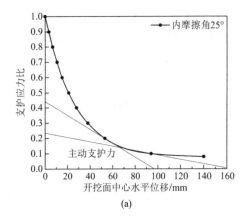

(a)

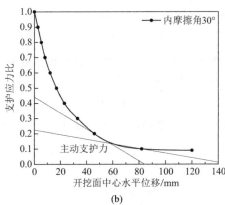

(b)

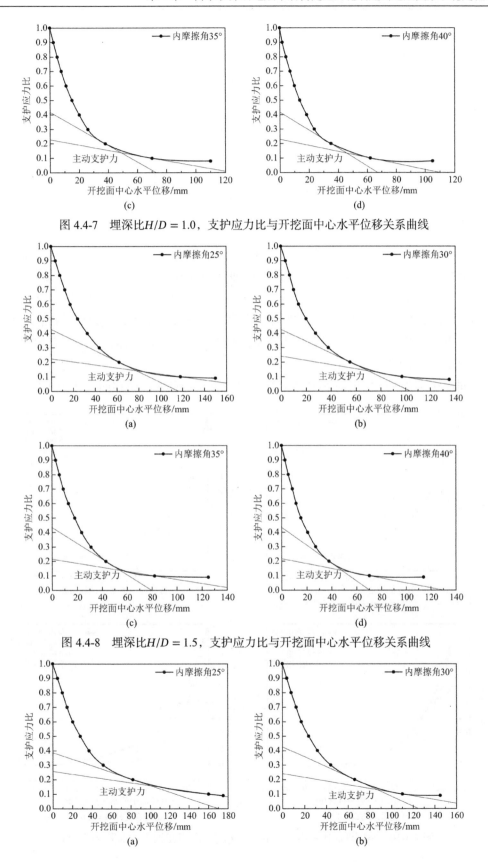

图 4.4-7　埋深比 $H/D = 1.0$，支护应力比与开挖面中心水平位移关系曲线

图 4.4-8　埋深比 $H/D = 1.5$，支护应力比与开挖面中心水平位移关系曲线

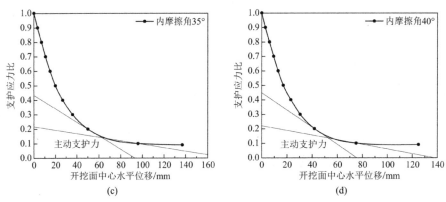

图 4.4-9　埋深比$H/D = 2.0$，支护应力比与开挖面中心水平位移关系曲线

由图 4.4-6～图 4.4-9 可以得到，在不同工况下，开挖面支护应力比和位移关系曲线呈现出了同样的规律。第一阶段中，曲线随开挖面支护应力比的逐渐减小，呈近似直线下降，也就是土体发生微小的位移，支护力就会很快地减小；第二阶段中，曲线随着支护力的减小呈缓慢下降，也就是随着支护力的减小，位移的变化逐渐增大，直到临界状态；第三阶段中，当支护力减小到临界值以后，当减小同样大的支护力，土体也会发生大的位移，变形将无限增大，此时认为土体已经发生了破坏。

不同埋深比和内摩擦角的支护力应力比-开挖面中心的水平位移曲线如图 4.4-10 所示。

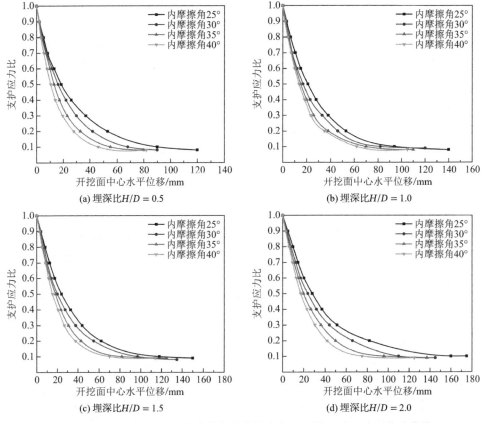

图 4.4-10　不同埋深比和内摩擦角的支护应力比-开挖面中心水平位移曲线

由图 4.4-10 可以得到：在同一个埋深比下，开挖面支护应力比和位移关系曲线随着内摩擦角呈现出相似规律。在所有工况中，不同埋深比和不同内摩擦角的主动极限支护应力比多在 10%～20%；当内摩擦角逐渐减小时，曲线越来越远离坐标轴，曲线变得越来越平缓；并且土体达到破坏也就是极限状态时所需要的位移也随着内摩擦角增大逐渐减小；随着内摩擦角的增大，曲线越来越靠近坐标轴，达到极限状态时所需要的位移越小。

将主动极限支护力总结出来，列于表 4.4-3。

主动极限支护力　　　　　　　　　　　　　表 4.4-3

埋深比 H/D	内摩擦角 $\varphi/°$	主动极限支护力 /kPa	埋深比 H/D	内摩擦角 $\varphi/°$	主动极限支护力 /kPa
0.5	25	13.11	1	25	14.14
0.5	30	9.75	1	30	10.5
0.5	35	8.32	1	35	9.4
0.5	40	5	1	40	5.1
1.5	25	20.06	2	25	25.2
1.5	30	13.1	2	30	18.2
1.5	35	11.3	2	35	14.34
1.5	40	6.1	2	40	10.6

内摩擦角对主动极限支护力的影响，如图 4.4-11 所示。

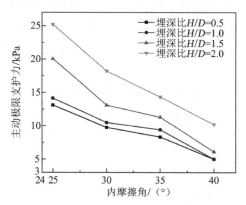

图 4.4-11　内摩擦角对主动极限支护力的影响

由表 4.4-3 和图 4.4-11 可以得到，在同一个埋深比下，当内摩擦角逐渐增大，主动极限支护力也逐渐减小，内摩擦角越小的土体，盾构开挖的开挖面支护力越大；在不同埋深比下，随内摩擦角变化的折线斜率随内摩擦角增大先减小后增大。

2）埋深比的影响

将相同内摩擦角下，不同埋深比的支护应力比和开挖面中心水平位移关系曲线如图 4.4-12 所示。

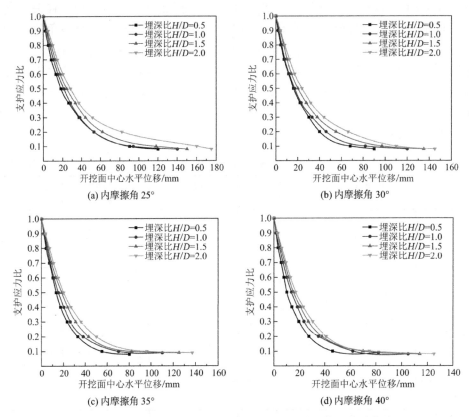

(a) 内摩擦角 25°　　　　　　　　　　　(b) 内摩擦角 30°

(c) 内摩擦角 35°　　　　　　　　　　　(d) 内摩擦角 40°

图 4.4-12　不同埋深比的支护应力比-开挖面中心水平位移曲线

由图 4.4-12 可以得到，在不同内摩擦角下，随着埋深比的变化，支护力应力比和位移关系曲线呈现同样的规律。随着埋深比的逐渐增大，开挖面支护应力比和水平位移的关系曲线越来越远离坐标轴，曲线越来越平缓，并且土体达到极限状态所需要的位移也越来越大，土体越不容易发生破坏；随着埋深比的减小，曲线越来越不平缓，达到极限状态需要的位移越小。

主动极限支护力和埋深比之间的关系如图 4.4-13 所示。

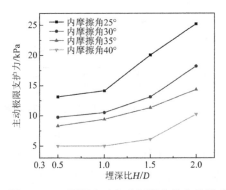

图 4.4-13　埋深比对主动极限支护力的影响

由图 4.4-13 可以得到，折线呈现同样的规律：在隧道直径一定的情况下，埋深比逐渐增大，主动极限支护力也逐渐增大，埋深比越大，土体越不容易发生破坏；当埋深比大于

1.5 的时候，折线的变化率变大。

4.4.4　被动支护力计算结果分析

1. 开挖面被动破坏模式

采用开挖面支护力逐渐增大的模拟过程，对不同埋深比下（$H/D=0.5$，1.0，1.5，2.0）盾构开挖隧道的开挖面被动破坏情况进行模拟，提取出埋深比为 1 和 1.5 开挖面破坏的竖向位移云图，如图 4.4-14 和图 4.4-15 所示，随着支护力的增大，盾构前方的土体向斜上方移动，而盾构底部的土体出现了一定的沉降，直到最后破坏。

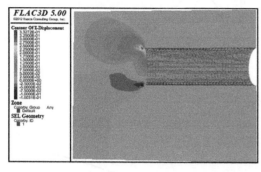

图 4.4-14　埋深比 $H/D=1.0$ 的竖向位移云图

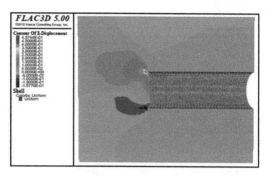

图 4.4-15　埋深比 $H/D=1.5$ 的竖向位移云图

松散颗粒土的被动破坏模式可以看作是修改后的三维楔形体模型。与主动破坏模式类似，土体破坏可以分为两部分，开挖面正前方依旧为楔形体，楔形体上方的土体可以看作是倒棱锥体。随着埋深的增大，被动破坏和主动破坏有同样的规律，土体的破坏逐渐发展不到地面。

2. 开挖面被动极限支护力影响因素分析

1）内摩擦角的影响

不同埋深比下（$H/D=0.5$，1.0，1.5，2.0）被动支护力和开挖面中心水平位移关系曲线如图 4.4-16～图 4.4-19 所示。支护力增大过程中，土体达到极限状态时位移很大，被动极限支护力确定参照 Lee 等人[90]双切线法。

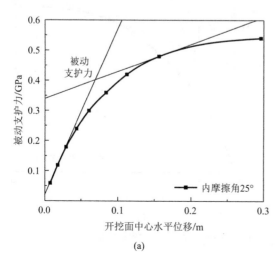

(a)

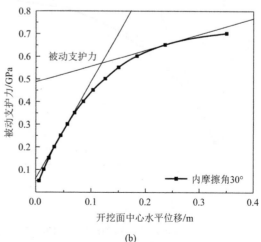

(b)

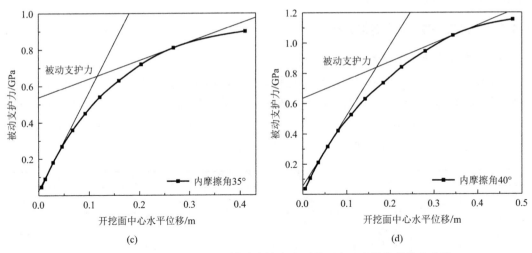

图 4.4-16 埋深比$H/D = 0.5$，被动支护力和开挖面中心水平位移关系曲线

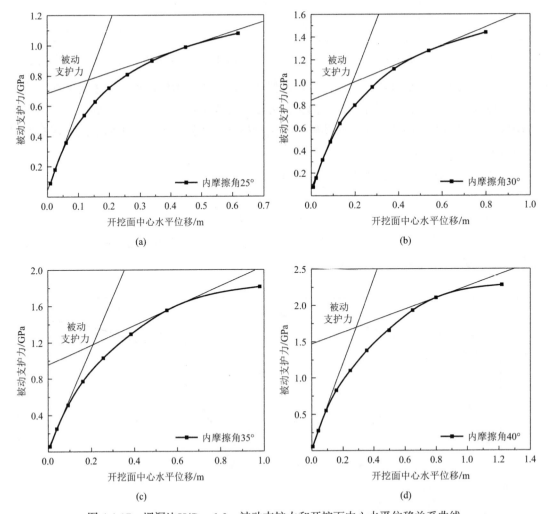

图 4.4-17 埋深比$H/D = 1.0$，被动支护力和开挖面中心水平位移关系曲线

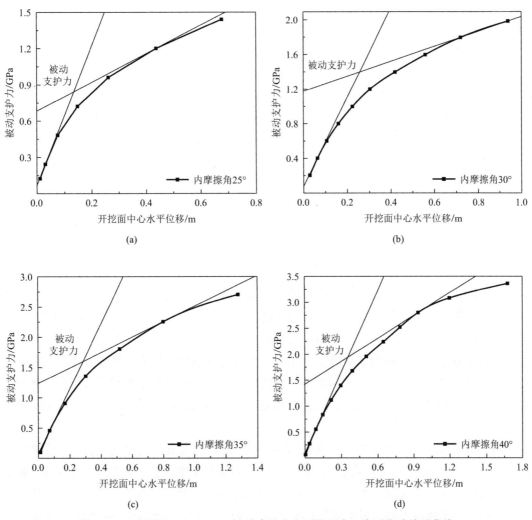

图 4.4-18　埋深比$H/D = 1.5$，被动支护力和开挖面中心水平位移关系曲线

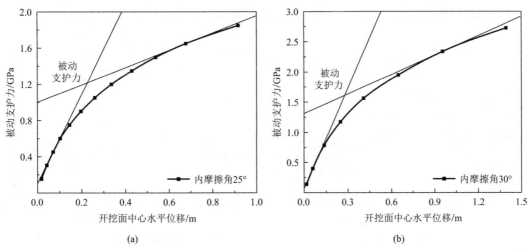

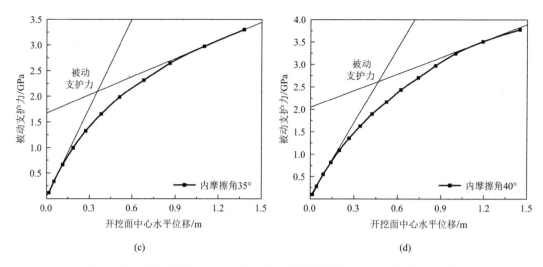

(c)
(d)

图 4.4-19 埋深比$H/D = 2.0$，被动支护力和开挖面中心水平位移关系曲线

　　在不同工况条件下，即埋深和内摩擦角不同，开挖面中心土体水平位移随支护应力增大而增大。曲线变化过程可以由三个阶段组成：第一阶段中，曲线随着被动支护力的增大，呈近似直线上升，也就是位移发生微小的变化支护力出现大的增长；第二阶段中，随着被动支护力的逐渐增大，曲线呈缓慢上升状态，也就是位移随支护力的增大呈比较缓慢的状态增加；第三阶段中，当支护力增加到一定值的时候，支护力微小地增大，也会产生很大的位移，土体的变形将无限增大，也就是说此时的土体已经发生了破坏，土体达到了极限状态。

　　同一埋深比下的不同内摩擦角的开挖面被动支护力和中心水平位移关系曲线如图 4.4-20 所示。在不同的埋深比下，曲线变化趋势随内摩擦角变化呈现同样的规律：随着内摩擦角的增大，曲线越来越靠近y坐标轴，曲线越来越不平缓，土体达到极限状态所需要的位移越大，土体越不容易发生破坏；随着内摩擦角的减小，曲线越来越靠近x坐标轴，曲线越来越平缓，土体达到极限状态所需要的位移越大。

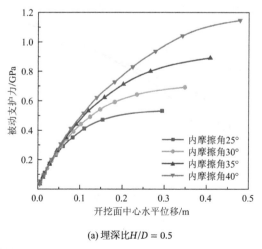

(a) 埋深比$H/D = 0.5$

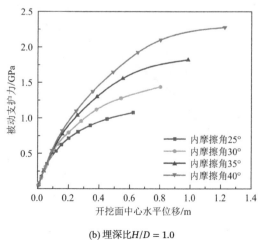

(b) 埋深比$H/D = 1.0$

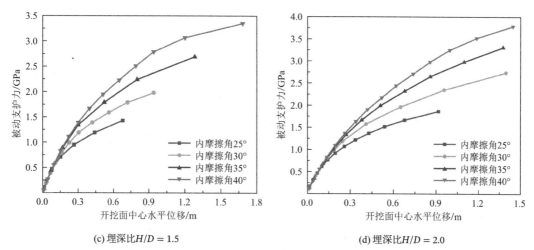

(c) 埋深比 $H/D = 1.5$　　　　　　　　　　(d) 埋深比 $H/D = 2.0$

图 4.4-20　不同埋深比和内摩擦角的开挖面被动支护力与中心水平位移关系曲线

将不同工况下的被动极限支护力总结，列于表 4.4-4。

<table>
<tr><td colspan="6" align="center">被动极限支护力　　　　　　　　　　　　　　表 4.4-4</td></tr>
<tr><td>埋深比
H/D</td><td>内摩擦角
$\varphi/°$</td><td>被动极限支护力
/GPa</td><td>埋深比
H/D</td><td>内摩擦角
$\varphi/°$</td><td>被动极限支护力
/GPa</td></tr>
<tr><td>0.5</td><td>25</td><td>0.5</td><td>1</td><td>25</td><td>0.8</td></tr>
<tr><td>0.5</td><td>30</td><td>0.61</td><td>1</td><td>30</td><td>1.05</td></tr>
<tr><td>0.5</td><td>35</td><td>0.76</td><td>1</td><td>35</td><td>1.5</td></tr>
<tr><td>0.5</td><td>40</td><td>0.98</td><td>1</td><td>40</td><td>2.1</td></tr>
<tr><td>1.5</td><td>25</td><td>0.95</td><td>2</td><td>25</td><td>1.25</td></tr>
<tr><td>1.5</td><td>30</td><td>1.4</td><td>2</td><td>30</td><td>1.7</td></tr>
<tr><td>1.5</td><td>35</td><td>2</td><td>2</td><td>35</td><td>2.2</td></tr>
<tr><td>1.5</td><td>40</td><td>2.3</td><td>2</td><td>40</td><td>2.6</td></tr>
</table>

不同埋深比下被动极限支护力与内摩擦角之间的关系，如图 4.4-21 所示。

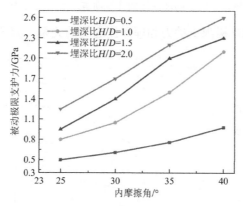

图 4.4-21　不同埋深比下被动极限支护力与内摩擦角关系

由表 4.4-4 和图 4.4-21 可以得到，被动极限支护力随着土体内摩擦角的逐渐增大而逐渐增大，且增长率大致可以认为逐渐增大，因为随着内摩擦角的增大，土体内的内摩擦力逐渐增大，则土体越不容易达到极限状态。

2）埋深比的影响

同一内摩擦角下的不同埋深比的开挖面被动支护力和中心水平位移关系曲线，如图 4.4-22、图 4.4-23 所示。从图中可以得到：随着埋深比的增大，曲线越靠近竖向坐标轴，曲线越不平缓，曲线斜率越大，土体达到极限支护力所需要的位移越大，因为内摩擦角越大，土体摩擦力越大，土体越不容易发生破坏。

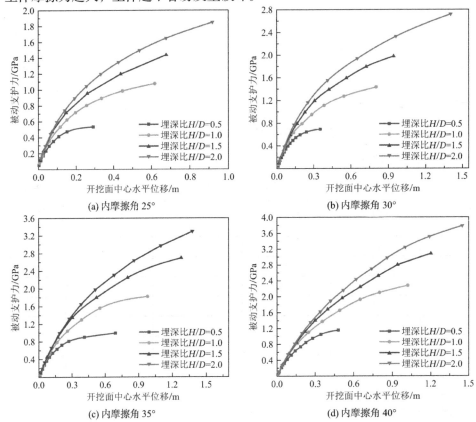

图 4.4-22 同一内摩擦角下的不同埋深比的开挖面被动支护力和中心水平位移关系曲线

不同内摩擦角下的被动极限支护力和埋深比之间的关系，如图 4.4-23 所示。

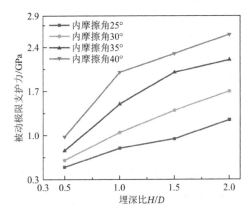

图 4.4-23 埋深比对被动极限支护力的影响

从图 4.4-23 可得，随着埋深比的逐渐增大，被动极限支护逐渐增大，也就是土体越不容易发生破坏。

4.4.5　小　结

本节采用数值模拟的方法，对盾构隧道的开挖面稳定性进行了模拟分析，模拟了在松散颗粒土中支护力从初始地应力逐渐增大和逐渐减小的过程中土体的破坏模式。通过对模拟结果的对比和分析，得出以下结论：

（1）在开挖面支护力逐步减小的过程中，可以得到松散颗粒土破坏的发展过程。松散颗粒土的破坏发展过程为开挖面前方土体逐渐向上发展，直至最后发生破坏，并且盾构的底部出现了一定的隆起。本节得到松散颗粒土的主动破坏模式和三维楔形体模型基本是一致的，开挖面正前方土体破坏可以看作是楔形体，楔形体上方土体破坏看作是棱柱体。由于土拱效应的存在，松散颗粒土的破坏是逐渐发生的，并且当埋深比达到一定值时，埋深增大，使破坏逐渐发展不到地面；埋深越小，越容易发展到地面。

（2）在开挖面支护力逐步增大的过程中，可以得到松散颗粒土的被动破坏发展过程。被动破坏过程和主动破坏过程类似，开挖前方土体发生了竖向位移，逐渐向上直至最后破坏。松散颗粒土的被动破坏模式和三维楔形体模型类似，开挖面正前方土体破坏仍旧为楔形体，而楔形体上方的破坏不再是棱柱状，可以看作是不规则的倒棱柱状。当埋深比达到一定值时，埋深增大，使土体的破坏逐渐发展不到地面。

（3）在支护力一步步减小的过程中，开挖面的主动支护力和水平位移关系曲线大概可以分为三个部分。第一阶段，随着支护力的逐渐减小，曲线呈近似直线下降，位移变化很小；第二阶段，随着支护力的减小，曲线呈缓慢下降，直到临界状态，位移变化逐渐增大；第三阶段，当支护力减小到临界值的时候，曲线变化成近似水平直线状，这时支护力微小地减小，位移变化也非常大，开挖面变形将无限增大，这时认为土体已经达到了极限状态。

（4）在支护力逐渐增大的过程中，开挖面被动支护力与水平位移曲线和支护力逐渐减小的过程中曲线有类似的结论，大致可以分为三个部分。第一阶段，随着支护力的增大，曲线呈近似直线上升；第二阶段，随着支护力的逐渐增大，曲线呈缓慢上升状态；第三阶段，当支护力增加到一定值的时候，支护力微小地增大，也会产生很大的位移，土体的变形将无限增大，也就是说此时的土体已经发生了破坏。

（5）内摩擦角的逐渐增大使得达到主动极限状态的位移和主动极限支护力逐渐减小，而使得被动极限状态的位移和被动极限支护力逐渐增大；达到主被动极限状态的位移和主被动极限支护力随着埋深比的增大而增大，土体越不容易发生破坏。

4.5　盾构隧道施工过程理论分析

4.5.1　开挖面前方的土体的受力状态和基本假定

开挖面一般有三种受力状态：主动极限支护力 P_a、静止支护力 P_0 和被动极限支护力 P_p。

（1）当支护力 $P \leqslant P_a$，开挖面就会失稳，土体就会局部发生坍塌，当隧道埋深较浅的时候，会造成地面的很大沉降；

（2）当 $P_a < P < P_p$ 时，土体处于一种比较理想的受力状态，这时就会根据施工过程的

地面沉降、掘进量以及土量的变化情况来相应地调整土仓压力；

（3）当$P \geqslant P_p$，土体就会发生隆起。

开挖面的支护力过大或过小都会引起地表的破坏，由第 4.4 节的数值模拟结果可以看出，主动情况下的破坏模式和被动情况下的破坏模式都和三维楔形体模式有关，被动破坏模式将三维楔形体模型进行改造。本节以三维楔形体模型为基础，如图 4.5-1 所示，根据位移土压力理论，进行支护力和位移关系公式推导。

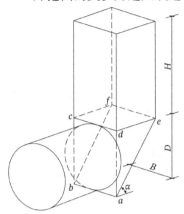

图 4.5-1　三维楔形体模型

根据第 4.3 节的数值模拟结果，松散颗粒土主动破坏模式可以看作由开挖面前方的楔形状和烟囱状组成，所以计算中采用三维楔形体模型。被动破坏模式是开挖面前方楔形体和不规则倒棱柱组成，在计算中采用修改的三维楔形体模型，并且可以得到主、被动情况下土体从初始静止到极限状态的破坏过程。土体是从开挖面前方楔形状土体破坏逐渐发展到楔形状上方，最后直至极限破坏状态。在土体破坏的发展过程中，由于土拱效应的存在，土体破坏不能立刻发展到地面，而且随着埋深的不同，破坏的高度也不同。为了计算简单方便，做出以下的假定：

（1）支护力在减小或增大过程，开挖面中心发生小的位移变化时，土体已经发生楔形体滑动并且发展到盾构上方，由于土拱效应的存在，土体滑动是逐渐向上发展的；

（2）松散颗粒土是均匀各向同性理想刚塑性材料，滑动面上服从摩尔-库仑准则；

（3）在计算的过程中，开挖面前方形状为矩形，矩形的面积和开挖面面积相等，矩形的高和隧道直径D相等；

（4）不考虑土层中的渗流问题，也不考虑静水压力的影响。

4.5.2　开挖面主动支护力公式推导

本节以两部分组成的三维楔形体模型为基础，根据位移土压力理论对支护力进行公式推导，楔形体受力分析如图 4.5-2 所示。

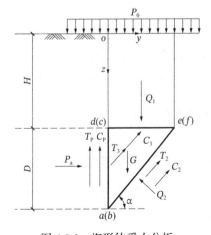

图 4.5-2　楔形体受力分析

注：G—楔形体$abcddef$的自重，不考虑楔形体土块内部的应力重分布；

Q_1—楔形体$abcddef$上方的棱柱体对楔形体的作用力，方向竖直向下；

Q_2—楔形体前方土体对楔形体斜面$abef$的支持力，方向垂直斜面$abef$向上；

T_2—楔形体斜面$abef$和前方土之间滑动摩擦力，沿ae方向向上；

C_2—楔形体斜面$abef$和土体之间的黏聚摩擦力，方向和T_2方向一致；

Q_3—楔形体侧面受到的土体的作用力，方向分别垂直于楔形体两侧面并朝楔形体向里；

T_3—楔形体侧面ade和bcf受到的滑动摩擦力，沿ae方向向上；

C_3—楔形体侧面受到的土体的黏聚摩擦力，方向和T_3方向一致；

P_a—盾构对开挖面的支护力，作用在开挖面的中心位置，方向沿水平向右；

T_P—盾构刀盘受到的土体的滑动摩擦力，方向沿竖直方向向上；

C_P—盾构刀盘受到的土体的黏聚摩擦力，方向同上；

φ_m—在随位移变化过程中的土体的内摩擦角；

δ_m—在随位移变化过程中的土体和盾构刀盘之间的外摩擦角；

H—隧道的埋深；

D—隧道的直径；

α—楔形体和水平面的夹角；

P_0—地表荷载，假设为 0。

首先，确定楔形体$abcddef$的计算长宽高。根据基本假定可得，楔形体中面$abcd$的面积和圆形开挖面面积相等，高ad和隧道直径D相等，设矩形$abcd$的宽ab为B，则有：

$$BD = \frac{\pi D^2}{4} \quad 即：B = \frac{\pi D}{4} \tag{4.5-1}$$

令楔形体顶面矩形$cdef$的周长为U、面积为A，楔形体$abcddef$的斜面$abef$倾角为α，则有：

$$U = 2(B + D \cot\alpha) = 2\left(\frac{\pi D}{4} + D \cot\alpha\right) \tag{4.5-2}$$

$$A = BD \cot\alpha = \frac{\pi D^2 \cot\alpha}{4} \tag{4.5-3}$$

$$\frac{U}{A} = \frac{2}{D}\left(\tan\alpha + \frac{4}{\pi}\right) \tag{4.5-4}$$

根据静力平衡，竖直方向的平衡方程为：

$\sum F_z = 0$：

$$G + Q_1 - (2T_3 + 2C_3 + T_2 + C_2)\sin\alpha - T_P - C_P - Q_2\cos\alpha = 0 \tag{4.5-5}$$

其中：

$$T_3 = Q_3 \tan\varphi_m$$
$$T_2 = Q_2 \tan\varphi_m$$
$$T_P = P \tan\varphi_m$$

将上述各公式代入式(4.5-5)中，化简得：

$$Q_2 = \frac{(G + Q_1)\cos\varphi_m - (2Q_3\tan\varphi_m + 2C_3 + C_2)\sin\alpha\cos\varphi_m - (P_a\tan\delta_m - C_P)\cos\varphi_m}{\cos(\alpha - \varphi_m)}$$

$$\tag{4.5-6}$$

将楔形体进行受力分析，根据静力平衡得，水平方向的平衡方程为：

$\sum F_y = 0$：

$$P_a + (2T_3 + 2C_3 + T_2 + C_2)\cos\alpha - Q_2\sin\alpha = 0 \tag{4.5-7}$$

其中：

$$T_3 = Q_3 \tan\varphi_m$$
$$T_2 = Q_2 \tan\varphi_m$$

将上述公式代入式(4.5-7)中，化简得：

$$P_a \cos\varphi_m = 3Q_2 \sin(\alpha - \varphi_m) - (2Q_3 \tan\varphi_m + 2C_3 + C_2)\cos\alpha\cos\varphi_m \tag{4.5-8}$$

联立式(4.5-6)和式(4.5-8)可以得到支护力的计算公式为：

$$P_a = \frac{(G + Q_1 - C_P)\tan(\alpha - \varphi_m) - (2Q_3 \tan\varphi_m + 2C_3 + C_2)[\sin\alpha\tan(\alpha - \varphi_m) + \cos\alpha]}{1 + \tan\delta_m \tan(\alpha - \varphi_m)}$$

$$\tag{4.5-9}$$

则可得开挖面中心的支护力为：

$$P_a' = \frac{4S}{\pi D^2} \tag{4.5-10}$$

这样得到了开挖面中心的主动支护力，接下来分析各参数的意义。

1. 摩擦角 δ_0、φ_0、δ_m 和 φ_m

在有关挡土墙的位移土压力理论中，当挡土墙处在初始静止状态，没有位移时，墙后土体的内摩擦角及土体和挡土墙之间的外摩擦角为某一值；当挡土墙有一定的位移时，内摩擦角和外摩擦角也发生了变化，直到挡土墙达到了极限位移，这时内摩擦角和外摩擦角也到了极限值，也就是最大值。随着盾构开挖面支护力逐渐减小，开挖面前方的土体就逐渐向盾构前进的反方向移动，土体就会经历从初始静止状态到非极限状态，最后过渡到主动极限状态的过程。根据挡土墙位移土压力理论，不妨设当盾构开挖到一定的距离，然后静止没有位移时，土体的内摩擦角为 φ_0，土体和刀盘之间也存在摩擦力，其为外摩擦角，大小为 δ_0；在随位移逐渐增大的过程中，还没达到主动极限支护力之前，土体的内摩擦角为 φ_m，外摩擦角大小为 δ_m；当达到主动极限支护力时，摩擦角完全发挥出来，土体的内摩擦角为 φ，刀盘和土体的内摩擦角为 δ。

根据位移土压力理论可得，逐渐发挥的内摩擦角和外摩擦角与位移有一定的关系，因此，仍采用位移土压力理论中内、外摩擦角和位移之间的关系，它们之间的关系如下：

$$\tan\varphi_m = \tan\varphi_0 + K_d(\tan\varphi - \tan\varphi_0) \tag{4.5-11}$$

$$\tan\delta_m = \tan\delta_0 + K_d(\tan\delta - \tan\delta_0) \tag{4.5-12}$$

在上述式子中，K_d 是考虑位移对内摩擦角 φ_m 和外摩擦角 δ_m 影响的系数，它们的计算公式为：

$$K_d = \frac{4\arctan(S/S_a)}{\pi} \tag{4.5-13}$$

式中：S——逐渐变化的位移；

S_a——达到主动极限状态时的位移。

由上述式子可以得到，当挡土墙处于静止状态时，不发生移动时，即 $S = 0$，$K_d = 0$，可以得到，$\varphi_m = \varphi_0$，$\delta_m = \delta_0$；当 $S = 1$，$K_d = 1$，得到 $\varphi_m = \varphi$，$\delta_m = \delta$。

根据位移土压力理论可以得到，初始内摩擦角 φ_0 可以由以下公式得到：

$$\frac{1}{K_0} = \left[\frac{1}{\cos\varphi_0} + \sqrt{\tan^2\varphi_0 + \tan\varphi_0\tan\delta_0}\right] \tag{4.5-14}$$

式中：K_0——静止土压力系数，$K_0 = 1 - \sin\varphi$；

δ_0——可以保守取为 $\varphi_0/2$；

极限内摩擦角可以取为 $\delta = 2\varphi/3$。

2. 楔形体的倾角α

在模型计算中，一般通过对楔形体斜面不同的倾角进行迭代来求得开挖面的极限支护力。李君等[115]对松散颗粒土中楔形体斜面的不同倾角进行取值，然后得到三维楔形体的计算结果，图 4.5-3 是松散颗粒土层不同内摩擦角下改变楔形体的滑裂面倾角得到的主动极限支护力和倾角之间的关系。开挖面的极限支护力和楔形体滑裂面倾角有很大的关系，随着倾角的增大，极限支护力先增大后减小，最大值对应滑裂面的倾角。

在同一重度不同的埋深比下，开挖面土体在极限状态下，楔形体滑裂面的倾角和内摩擦角之间的关系如图 4.5-4 所示。由图可以看出，极限支护力下的楔形体滑裂面的倾角和隧道的直径没有关系，和内摩擦角呈线性关系，和埋深比有一定的关系，但是当埋深比大于 0.5 后，也就基本没有关系。

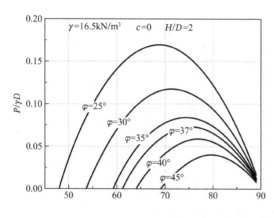

图 4.5-3　开挖面极限支护力随滑动面
倾角的变化规律

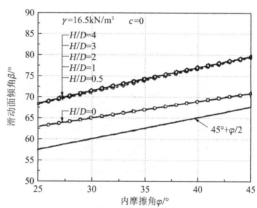

图 4.5-4　极限状态楔形体的倾角

由上图可以看出当埋深达到一定值时，主动极限支护力楔形体滑裂面的倾角和埋深没有关系，和内摩擦角φ呈线性关系。

在通常的情况下，三维楔形体模型中主动极限支护力对应的楔形体滑裂面的倾角为 $45° + φ/2$。可以得到，在盾构开挖面支护力逐渐减小，土体位移逐渐增大的过程中，楔形体的倾角在逐渐地减小。因此，定义楔形体滑裂面的倾角α为：

$$\alpha = 45° + \varphi - \varphi_m/2 \tag{4.5-15}$$

由上述公式可以得到，当开挖面前方土体达到破坏时，当支护力达到主动极限支护力时，也就是$\varphi_m = \varphi$时，$\alpha = 45° + \varphi/2$。

3. 上覆土压力Q_1

当埋深比也就是隧道埋深和隧道直径的比值比较大的时候，地层将会产生比较可靠的土拱效应，假定土压力的计算都要考虑土拱效应，当进行了隧道的开挖以后，因为破坏了原始稳定的地层，开挖面前方土体及上方土体产生了松动，因为开挖面支护结构的存在，支护结构前方松动的土体以重力的形式作用在支护结构上，松动土体产生的土压力被称为松动土压力。

楔形体上方棱柱体产生的力可以叫作上覆土压力，上覆土压力计算方法包括普氏土压力理论、太沙基松动土压力理论以及规范计算理论等，其中，太沙基的松动土压力理论应用最为广泛。本节上覆土压力的计算也采用太沙基松动土压力理论，其指出在隧道开挖以后，破坏了原始地层的稳定产生向下移动的松动土体，然后产生两侧的剪切面。太沙基松动土压力理论有二维解和三维解，而这里的三维楔形体模型采用的是其三维解。

由第 4.4 节数值模拟可以得到不同埋深比（$H/D = 1.0$，1.5，2.0，2.5）下的极限状态竖向位移云图，如图 4.5-5 所示。

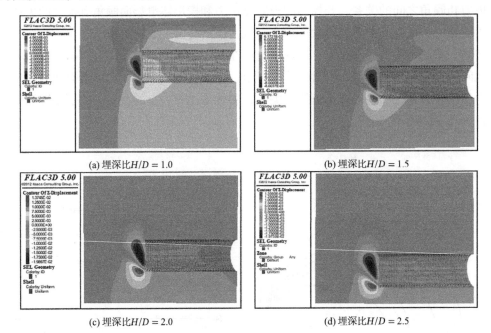

| (a) 埋深比$H/D = 1.0$ | (b) 埋深比$H/D = 1.5$ |
| (c) 埋深比$H/D = 2.0$ | (d) 埋深比$H/D = 2.5$ |

图 4.5-5　不同埋深比下极限状态竖向位移云图

由图 4.5-5 可以得到，当埋深比$H/D \leqslant 1$，土体的破坏发展到了地面，所以在这里假定当埋深比$H/D \leqslant 1$ 的时候，土体的极限破坏可以发展到地面。当埋深比$H/D > 1$ 时，土体的极限破坏不会延伸到地面，并且随着埋深比的增大，土体的破坏高度逐渐增大。将不同埋深比下土体达到极限状态时的破坏高度值提取出来，如表 4.5-1 所示。

<table>
<tr><td colspan="5" align="center">不同埋深比下土体的破坏高度　　　　　　　　　　　　　　表 4.5-1</td></tr>
<tr><td>埋深比</td><td>1</td><td>1.5</td><td>2</td><td>2.5</td></tr>
<tr><td>破坏高度/m</td><td>6</td><td>7.5</td><td>8.6</td><td>9.4</td></tr>
</table>

将埋深比和土体的极限破坏高度进行曲线的拟合，如图 4.5-6 所示。

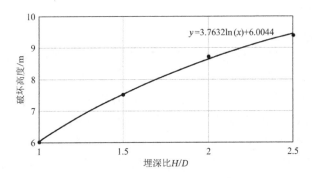

图 4.5-6　埋深比和破坏高度的拟合函数

这里，定义不同埋深比下土体达到极限状态时的破坏高度为Y，埋深比 = H/D。

当埋深比$H/D > 1$ 时，由拟合函数可以得到土体的极限破坏高度和埋深比之间的函数关系为：

$$Y = 3.8\ln(H/D) + 6 \tag{4.5-16}$$

当埋深比$H/D \leqslant 1$ 时，开挖面前方土体的破坏高度为埋深，则土体的破坏高度为：

$$Y = H \tag{4.5-17}$$

当位移逐渐变化的过程中，盾构顶部的土体发生滑动并逐渐向极限破坏高度发展，定义随位移变化的土体破坏高度为X，位移比为W，即$W = M/M_C$，设土体的破坏高度和位移之间的关系为指数函数：

$$X = Y \times W^2 \tag{4.5-18}$$

这里，采用的上覆土层压力的计算模型如图 4.5-7 所示。

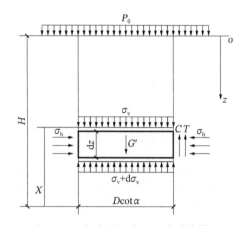

图 4.5-7　太沙基松动土压力计算模型

如图所示，对任意深度z下的松动土体中，某一微小的单元进行静力平衡分析，建立竖向平衡方程为：

$$\sigma_v A + G' = (\sigma_v + d\sigma_v)A + C + T \tag{4.5-19}$$

式中：G'——微单元的自重，$G' = \gamma A\,dz$；

C——土体的黏聚摩擦力，$C = cU\,dz$；

T——土体的滑动摩擦力，$T = K\sigma_v U \tan\varphi_m\,dz$。

将上述微单元自重G'、土体黏聚摩擦力C和滑动摩擦力T代入到式(4.5-19)中，得：

$$\sigma_v A + \gamma A\,dz = (\sigma_v + d\sigma_v)A + cU\,dz + K\sigma_v U \tan\varphi_m\,dz \tag{4.5-20}$$

将式(4.5-20)化简得：

$$\frac{d\sigma_v}{dz} = \left(\gamma - \frac{cU}{A}\right) - K\frac{U}{A}\sigma_v \tan\varphi_m \tag{4.5-21}$$

令：

$$m = \gamma - c\frac{U}{A}$$

$$n = K\frac{U}{A}\tan\varphi_m$$

对式(4.5-21)两边进行积分得：

$$\sigma_v = \frac{m}{n} - \frac{I}{n}e^{-\gamma z} \tag{4.5-22}$$

式中：I——所求系数。

本节中，设地表荷载为 0，即$P_0 = 0$。当$z = H - X$时，$\sigma_v = \gamma(H - X)$，将上式代入到式(4.5-22)中，可以得到X中任意深度z处的松动土压力为：

$$\sigma_v(z) = \frac{m}{n}\left[1 - e^{n(H-X-z)}\right] + \gamma(H-X)e^{n(H-X-z)} \tag{4.5-23}$$

将m，n代入式(4.5-23)中，求得深度为H处的松动土压力：

$$\sigma_v(H) = \frac{\gamma A - cU}{UH\tan\varphi_m}\left[1 - e^{-KX\frac{U}{A}\tan\varphi_m}\right] + \gamma(H-X)e^{-KX\frac{U}{A}\tan\varphi_m} \tag{4.5-24}$$

式中：c——土体黏聚力；

U——楔形体顶部$cdef$的周长；

A——楔形体顶部$cdef$和面积；

γ——土体的重度；

K——主动土压力系数。

这里，采用位移土压力理论中的主动侧压力系数为：

$$K = \frac{1}{\dfrac{\sin\alpha\cos(\alpha - \varphi_m - \delta_m)}{\cos\alpha\cos\delta_m\sin(\alpha - \varphi_m)} - 2\tan\delta_m\tan\alpha} \tag{4.5-25}$$

则上覆土压力为：

$$Q_1 = \sigma_v(H)A \tag{4.5-26}$$

式中：A——楔形体顶部矩形的面积。

4. 楔形体两侧的作用力Q_3和C_3

楔形体受力分析如图4.5-8所示。

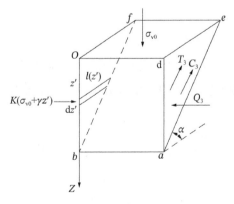

图4.5-8 楔形体受力分析

令楔形体顶面c点为局部坐标原点，坐标以下的深度为z'，楔形体顶部受到的土压力为σ_{v0}，由上覆土压力的计算可以得到，$\sigma_{v0} = \sigma_v(H)$，根据朗肯土压力理论得，则$z'$处的计算公式为：

$$\sigma_v(z') = \sigma_{v0} + \gamma z' \tag{4.5-27}$$

$$\sigma_h(z') = K\sigma_{v0} + K\gamma z' \tag{4.5-28}$$

则楔形体两侧的作用力 Q_3 为：

$$Q_3 = \int \sigma_h(z')\,\mathrm{d}A = \int \sigma_h(z')\,l(z')\,\mathrm{d}z' \tag{4.5-29}$$

其中：

$$l(z') = D\cot\alpha - z'\cot\alpha$$

将上式代入式(4.5-29)中得：

$$Q_3 = \int \sigma_h(z')\,\mathrm{d}A = \int \sigma_h(z')(D\cot\alpha - z'\cot\alpha)\,\mathrm{d}z' \tag{4.5-30}$$

将式(4.5-30)两边积分化简得：

$$Q_3 = \frac{K}{2}\sigma_{v0}D^2\cot\alpha + \frac{1}{6}K\gamma D^3\cot\alpha \tag{4.5-31}$$

式中：K——主动侧压力系数；

　　　D——隧道的直径；

　　　γ——土体的重度；

　　　α——楔形体的滑动倾角。

则楔形体两侧的黏聚摩擦力为：

$$C_3 = c\frac{D^2}{2\tan\alpha} \tag{4.5-32}$$

式中：c——土体的黏聚力。

5. 楔形体的自重 G 和楔形体斜面和刀盘受到的黏聚力 C_2、C_P

楔形体的自重：

$$G = \frac{1}{2}\gamma BD^2\cot\alpha \tag{4.5-33}$$

楔形体斜面上的黏聚力：

$$C_2 = \frac{c\pi D^2}{4\sin\alpha} \tag{4.5-34}$$

刀盘上的黏聚力：

$$C_P = \frac{c\pi D^2}{8} \tag{4.5-35}$$

式中：c——土体的黏聚力；

　　　B——楔形体顶部 $cdef$ 的宽度；

　　　D——隧道的直径。

4.5.3　开挖面主动支护力影响因素分析

1. 土体内摩擦角的影响

根据上一节推导出来的公式，代入不同的内摩擦角和埋深比，利用 Matlab 软件对不同条件下的公式进行计算，并采用 Origin 软件得出主动支护力-位移比曲线，如图 4.5-9～图 4.5-12 所示。

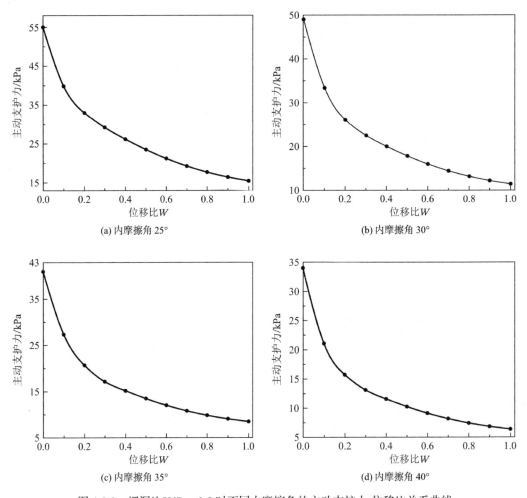

(a) 内摩擦角 25°

(b) 内摩擦角 30°

(c) 内摩擦角 35°

(d) 内摩擦角 40°

图 4.5-9　埋深比 $H/D = 0.5$ 时不同内摩擦角的主动支护力-位移比关系曲线

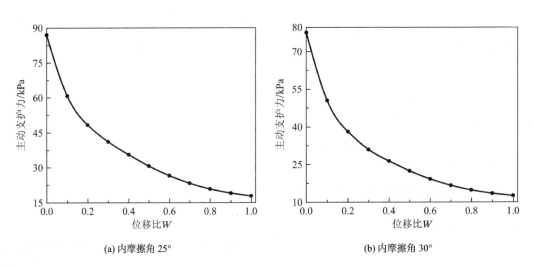

(a) 内摩擦角 25°

(b) 内摩擦角 30°

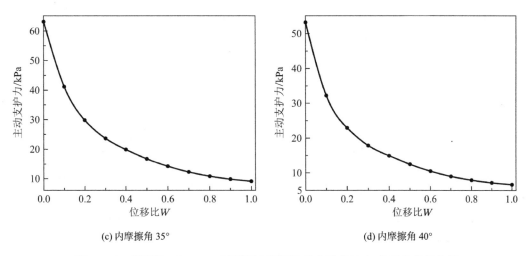

(c) 内摩擦角 35°　　　　　　　　(d) 内摩擦角 40°

图 4.5-10　埋深比 $H/D = 1.0$ 时不同内摩擦角的主动支护力-位移比关系曲线

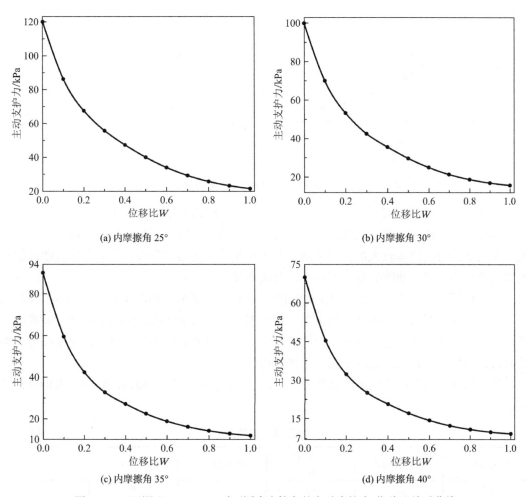

(a) 内摩擦角 25°　　　　　　　　(b) 内摩擦角 30°

(c) 内摩擦角 35°　　　　　　　　(d) 内摩擦角 40°

图 4.5-11　埋深比 $H/D = 1.5$ 时不同内摩擦角的主动支护力-位移比关系曲线

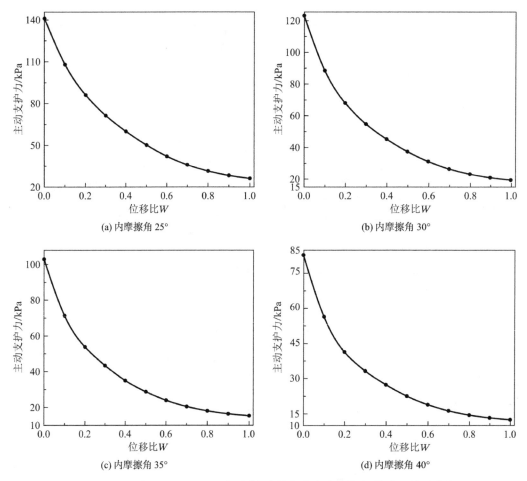

(a) 内摩擦角 25° (b) 内摩擦角 30°

(c) 内摩擦角 35° (d) 内摩擦角 40°

图 4.5-12　埋深比 $H/D = 2.0$ 时不同内摩擦角的主动支护力-位移比关系曲线

由图 4.5-9～图 4.5-12 可以看出，在不同埋深比下不同内摩擦角的主动支护力-位移比关系曲线呈现同样的规律，曲线的变化趋势可以分为两阶段：在第一阶段，随着位移的增大，主动支护力呈斜率较大的直线下降，曲线较陡峭；在第二阶段，主动支护力随着位移的增大而减小缓慢，曲线的变化率较小，曲线平缓。

同一埋深比、不同内摩擦角的主动支护力-位移比关系曲线如图 4.5-9～图 4.5-12 所示。

同一埋深比下的不同内摩擦角主动支护力-位移比关系曲线呈现同样的规律：随着内摩擦角的增大，曲线越靠近坐标轴，曲线较陡峭，开挖面的初始支护力越大；内摩擦角越小的曲线，越远离坐标轴，曲线平缓，土体的初始支护力小。

将不同埋深比下的不同内摩擦角的主动极限支护力总结在一起，如表 4.5-2 和图 4.5-13 所示。

主动极限支护力　　　　　　　　　　　　　　　　　　　　　　表 4.5-2

埋深比 H/D	内摩擦角 $\varphi/°$	主动极限支护力 /kPa	埋深比 H/D	内摩擦角 $\varphi/°$	主动极限支护力 /kPa
0.5	25	14.51	1	25	17.77
0.5	30	11.65	1	30	12.56

埋深比H/D	内摩擦角φ/°	主动极限支护力/kPa	埋深比H/D	内摩擦角φ/°	主动极限支护力/kPa
0.5	35	8.4	1	35	9.57
0.5	40	6.12	1	40	6.6
1.5	25	21.62	2	25	25.84
1.5	30	15.75	2	30	19.49
1.5	35	11.88	2	35	15.38
1.5	40	9.2	2	40	12.6

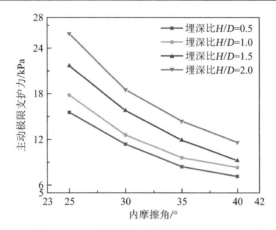

图 4.5-13　内摩擦角对极限支护力的影响

由表 4.5-2 和图 4.5-13 可以看出，在同一埋深比下，主动极限支护力随内摩擦角变化的折线图呈现同样的规律：盾构开挖面的主动极限支护力随着内摩擦角的变化是逐渐变化的，内摩擦角增大，主动极限支护力减小，因为随着内摩擦角的增大，土体越不容易发生破坏；随着内摩擦角的增大，折线的变化率越来越小。

2. 埋深比的影响

同一内摩擦角、不同埋深比的主动支护力-位移比关系曲线如图 4.5-14 所示。

由图 4.5-14 可得：随着埋深比的逐渐增大，曲线越远离坐标轴，并且表现出来的越不平缓，初始支护力压力和极限支护力差值越大；埋深越大，开挖面的初始支护力越大。

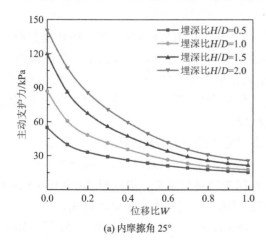

(a) 内摩擦角 25°

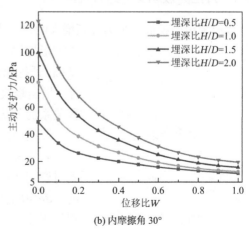

(b) 内摩擦角 30°

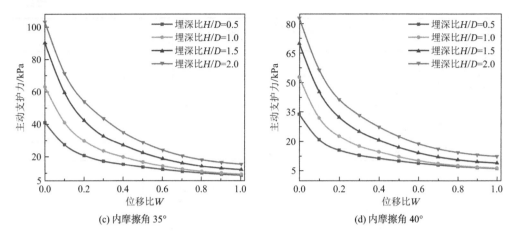

(c) 内摩擦角 35°　　　　(d) 内摩擦角 40°

图 4.5-14　同一内摩擦角下、不同埋深比主动支护力-位移比关系曲线

将主动极限支护力和埋深比做成折线图，如图 4.5-15 所示，盾构开挖面的主动极限支护力随着埋深比的增大而逐渐增大，因为埋深越大，土体的成拱效应越明显，土体发生破坏的可能性越小。

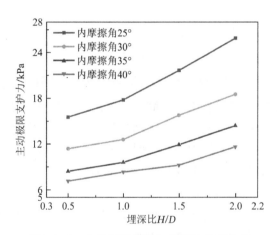

图 4.5-15　主动极限支护力-埋深比关系曲线

4.5.4　开挖面被动支护力公式推导

数值模拟开挖面支护力逐渐增大的过程中，前方土体的破坏发展过程、破坏模型和三

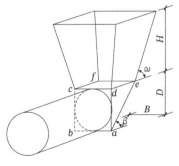

图 4.5-16　修改三维楔形体模型

维楔形体模型的思想一致，所以本节以三维楔形体模型为基础，开挖面前方依旧为楔形体，将楔形体上方改为倒棱柱体，根据修改三维楔形体（图 4.5-16）进行被动支护力和位移关系的公式推导。

开挖面前方楔形体的受力分析如图 4.5-17 所示。

和之前推导的主动支护力和位移的关系公式一样，首先对楔形体的几何参数进行定义，设楔形体中矩形面 $cdef$ 的长 de 为 E，宽 cd 为 B，根据基本假定可以得知，开挖面面积等于前方楔形体面 $abcd$ 的面积，并且隧道直径 D 等于矩形

面 $abcd$ 的高 bc，则有：

$$\frac{\pi D^2}{4} = BD, \quad 则 B = \frac{\pi D}{4} \tag{4.5-36}$$

$$E = \frac{D}{\tan \beta} \tag{4.5-37}$$

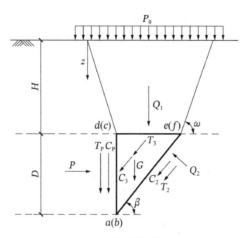

图 4.5-17　楔形体受力分析

G—楔形体 $abcddef$ 的自重，方向竖直向下，不考虑楔形体土块内部的应力重分布；

Q_1—楔形体 $abcddef$ 受到的楔形体上方的滑动体（倒棱柱体）的作用力，方向竖直向下；

Q_2—楔形体前方的土体对楔形体斜面 $abef$ 的支持力，方向垂直于斜面 $abef$ 向上；

T_2—楔形体斜面 $abef$ 和前方土体之间的滑动摩擦力，方向沿 ae 向下；

C_2—楔形体斜面 $abef$ 和其前方土体之间的黏聚摩擦力，方向同 T_2；

Q_3—楔形体侧面受到的土体的支持力，方向分别垂直于楔形体两侧面并朝楔形体向里；

T_3—楔形体侧面 bcf 和 ade 与土体之间的滑动摩擦力，方向沿 ae 向下；

C_3—楔形体侧面受到的土体的黏聚摩擦力，方向同 T_3；

S—盾构对开挖面的支护力，作用在开挖面的中心位置，方向沿水平向右；

T_P—盾构刀盘受到的土体的滑动摩擦力，方向沿竖直方向向下；

C_P—盾构刀盘受到的土体的黏聚摩擦力，方向同上；

φ_m—在随位移变化过程中的土体的内摩擦角；

δ_m—在随位移变化过程中的土体和盾构刀盘之间的外摩擦角；

H—隧道的埋深；

D—隧道的直径；

β—楔形体斜面的倾角；

P_0—地表荷载，假设为 0。

根据静力平衡，楔形体竖直方向平衡方程为：

$\sum F_z = 0$：

$$G_1 + Q_1 + (2T_3 + 2C_3 + T_2 + C_2)\sin\beta + T_P + C_P - Q_2\cos\beta = 0 \tag{4.5-38}$$

其中：

$$T_P = S\tan\delta_m$$

$$T_3 = Q_3\tan\varphi_m$$

$$T_2 = Q_2\tan\varphi_m$$

将上述 T_P、T_2 和 T_3 的三个等式代入到式(4.5-38)进行计算并化简得：

$$Q_2 = \frac{(G + Q_1)\cos\varphi_{\mathrm{m}} + (2Q_3\tan\varphi_m + 2C_3 + C_2)\sin\beta\cos\varphi_{\mathrm{m}} + (P\tan\delta_{\mathrm{m}} + C_{\mathrm{P}})\cos\varphi_{\mathrm{m}}}{\cos(\beta + \varphi_{\mathrm{m}})}$$

(4.5-39)

根据静力平衡，水平方向平衡方程为：

$\sum F_y = 0$：

$$P - Q_2\sin\beta - (2T_3 + C_3 + T_2 + C_2)\cos\beta = 0 \qquad (4.5\text{-}40)$$

其中：

$$T_3 = Q_3\tan\varphi_{\mathrm{m}}$$
$$T_2 = Q_2\tan\varphi_{\mathrm{m}}$$

将上述T_3和T_2的两式代入式(4.5-40)并化简得：

$$P\cos\varphi_{\mathrm{m}} = 3Q_2\sin(\beta + \varphi_{\mathrm{m}}) + (2Q_3\tan\varphi_{\mathrm{m}} + 2C_3 + C_2)\cos\beta\cos\varphi_{\mathrm{m}} \qquad (4.5\text{-}41)$$

联立式(4.5-39)和式(4.5-41)得，总的被动支护力为：

$$P = \frac{(G_1 + Q_1 + C_{\mathrm{P}})\tan(\beta + \varphi_{\mathrm{m}}) + (2Q_3\tan\varphi_{\mathrm{m}} + 2C_3 + C_2)[\sin\beta\tan(\beta + \varphi_{\mathrm{m}}) + \cos\beta]}{1 - \tan\delta_{\mathrm{m}}\tan(\beta + \varphi_{\mathrm{m}})}$$

(4.5-42)

则平均被动支护力为：

$$P' = \frac{4S}{\pi D^2} \qquad (4.5\text{-}43)$$

这样得到了开挖面中心的支护力，接下来分析各参数的选取及意义。

1. 内摩擦角φ_0、φ_{m}、φ和外摩擦角δ_0、δ_{m}、δ

和推导主动支护力和位移关系公式的内摩擦角和外摩擦角选取一样，根据挡土墙的位移土压力理论进行被动支护力和位移关系公式的内摩擦角和外摩擦角选取。

在挡土墙的位移土压力理论中，当挡土墙从初始的静止状态向靠近土体的方向进行移动并最终达到极限状态时，中间土体会经历一个逐渐变化的过程，土体的参数内摩擦角和外摩擦角也是逐渐变化的，它们从初始摩擦角逐渐变化至极限内摩擦角。所以和主动状态摩擦角的确定一样，不妨设盾构从初始静止状态到极限状态的整个过程中，盾构前方土体从初始到中间过程再到最终破坏被动极限状态内摩擦角分别为φ_0、φ_{m}和φ，从初始到中间过程再到最终极限状态的土体和盾构刀盘的外摩擦角分别为δ_0、δ_{m}和δ。

对于极限状态情况下挡土墙和土体之间的外摩擦角δ，经过众多学者和专家的研究，土体向远离土体方向移动和靠近土体方向移动，也就是主、被动情况下的取值是不一样的。在主动的情况下，外摩擦角的取值对于主动土压力的计算大小影响不大，当外摩擦角$\delta = 2\varphi/3$时，计算得到的土压力和实际的土压力最为相似；在被动的情况下，外摩擦角的取值对于被动土压力的计算影响很大，当$\delta < \varphi/3$时，按照库仑土压力理论得到的土压力和实际的土压力最为接近，随着δ的增大，外摩擦角对土压力的计算影响越来越大，因此在计算中，选取土体和刀盘的外摩擦角$\delta = \varphi/5$。

因为外摩擦角对于被动土压力的计算结果影响比较大，当$\delta < \varphi/3$时影响变小，选取的极限外摩擦角较小，所以不考虑初始外摩擦角δ_0的影响，即取$\delta_0 = 0$。根据位移土压力理论，当不考虑土体和挡土墙之间的初始外摩擦角δ_0影响时，采用的土体初始内摩擦角φ_0的计算公式为：

$$\varphi_0 = \arctan\left(\frac{1 - K_0}{1 + K_0}\right) \tag{4.5-44}$$

式中：K_0——可以用静止土压力系数来计算，即 $K_0 = 1 - \sin\varphi$。

对于非极限状态内摩擦角和外摩擦角的取值，从位移土压力理论中可以得到，其是和位移有关系的，并且有计算公式。所以摩擦角的计算和主动状态摩擦角计算一样，依旧选取位移土压力理论中非极限状态两个内摩擦角的计算公式：

$$\tan\varphi_m = \tan\varphi_0 + K_d(\tan\varphi - \tan\varphi_0) \tag{4.5-45a}$$

$$\tan\delta_m = \tan\delta_0 + K_d(\tan\delta - \tan\delta_0) \tag{4.5-45b}$$

在式(4.5-45)中，K_d 是关于位移对内摩擦角和外摩擦角的影响系数，其计算公式为：

$$K_d = \frac{\pi \arctan(S/S_p)}{4} \tag{4.5-46}$$

式中：S——开挖面前方土体的位移；

　　　S_p——开挖面前方土体达到极限状态位移。

根据式(4.5-45)和式(4.5-46)可以得到，开挖面前方土体没有发生移动，处于初始静止状态，即 $S = 0$ 时，$K_d = 0$，$\varphi_m = \varphi_0$，$\delta_m = \delta_0$；当开挖面前方土体达到最终破坏状态，即 $S = S_p$ 时，$K_d = 1$，$\varphi_m = \varphi$，$\delta_m = \delta$。

2. 楔形体滑动面倾角 β、楔形体上方到棱柱体倾角 ω 和侧压力系数 λ

从位移土压力理论中可以得到，挡土墙后土体在被动状态下的滑动面倾角，则在楔形体的倾角 β 采用位移土压力理论中土体的滑动面倾角，其为：

$$\tan\beta = \tan\varphi_m\left[\sqrt{1 + \cot\varphi_m \cot(\varphi_m + \delta_m)} - 1\right] \tag{4.5-47}$$

式中：φ_m 和 δ_m——分别为挡土墙位移变化过程中内摩擦角和外摩擦角。

被动情况下采用的修改三维楔形体模型中，楔形体上方的倒棱柱体的倾角 ω 比楔形体的倾角 β 大，这里采用主动情况下破坏楔形体滑动面倾角，其为：

$$\omega = \frac{\pi}{4} + \varphi - \varphi_m/2 \tag{4.5-48}$$

式中：　φ——土体的内摩擦角；

　　　　φ_m——位移变化过程中的内摩擦角。

土体的侧压力系数采用位移土压力理论中的侧压力系数，为：

$$\lambda = \frac{1}{\dfrac{\sin\beta\cos(\beta + \varphi_m + \delta_m)}{\cos\beta\cos\delta_m\sin(\beta - \varphi_m)} + 2\tan\delta_m\tan\beta} \tag{4.5-49}$$

3. 上覆土压力 Q_1

根据第 4.3 节中数值模拟和已有的经验得到，当开挖面的支护力逐渐增大直至最后的破坏整个过程中，土体的破坏是逐渐发展的，并且当支护力变化相同时，土体滑动的高度是随支护力的增大逐渐增大，且当埋深比达到一定大小时，埋深逐渐增大，土体破坏也发展不到地面，本节中只计算浅覆地层盾构开挖的开挖面被动支护力。

根据所做的基本假定，当位移很小时，土体滑动已经发展到楔形体的上方，则假设楔形体上方土体的滑动的变化高度为 X，它与位移是有关系的，所以采用二次函数将破坏的发展高度X和位移联系在一起。首先设W为位移比，即$W = S/S_p$，则土体破坏的发展高度X为：

$$X = H \times W^2 \tag{4.5-50}$$

式中：H——埋深。

楔形体上方的倒棱柱体的受力分析如图 4.5-18 所示。

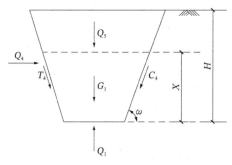

图 4.5-18　倒棱柱体受力分析

Q_1—楔形体和楔形体上方的棱柱体之间的相互作用力，方向竖直向上；
G_1—土体破坏高度内的倒棱柱体的重力，方向竖直向下；
Q_4—倒棱柱体周围的土体对其的作用力，方向水平方向朝棱柱体向里；
T_4—倒棱柱体所受到的土体的滑动摩擦力，方向沿倒棱柱体斜面向下；
C_4—倒棱柱体所受到的土体的黏聚摩擦力，方向沿倒棱柱体向上；
Q_5—破坏高度内倒棱柱体所受到的上方土体的作用力，方向竖直向下。

对倒棱柱体几何参数进行定义，倒棱柱的下表面，即楔形体的上表面，长为E，宽为B，面积为A；倒棱柱的上表面长为E'，宽为B'，面积为A'；倒棱柱体的侧面积为A_1，倒棱柱的体积为V。

倒棱柱底面的几何参数为：

$$E = \frac{D}{\tan \beta} \tag{4.5-51a}$$

$$B = \frac{\pi D}{4} \tag{4.5-51b}$$

$$A = B \times E = \frac{\pi D^2}{4 \tan \beta} \tag{4.5-51c}$$

式中：β——楔形体的倾角。

倒棱柱上表面的几何参数为：

$$E' = E + \frac{2H}{\tan \omega} \tag{4.5-52a}$$

$$B' = B + \frac{2H}{\tan \omega} \tag{4.5-52b}$$

$$A' = B' \times E' = \left(B + \frac{2H}{\tan \omega}\right)\left(E + \frac{2H}{\tan \omega}\right) \tag{4.5-52c}$$

倒棱柱侧面面积为：

$$A_1 = \frac{(B + B' + E + E')X}{\tan \omega} \tag{4.5-53}$$

倒棱柱的体积为：

$$V = \frac{[B \times E + B' \times E' + (B + B')(E + E')]X}{6}$$ (4.5-54)

根据倒棱柱体的受力分析得，倒棱柱体对楔形体的作用力 Q_1 为：

$$Q_1 = Q_5 + G_1 + (T_4 + C_4)\sin\omega$$ (4.5-55)

式(4.5-55)中各未知量的计算如下，

破坏高度内，倒棱柱体受到的上方土体的作用力 Q_5 为：

$$Q_5 = \gamma(H - X)A'$$ (4.5-56a)

破坏高度内倒棱柱体的重力 G_1 为：

$$G_1 = \gamma V$$ (4.5-56b)

倒棱柱体受到的土体的滑动摩擦力 T_4 和黏聚摩擦力 C_4 为：

$$T_4 = \lambda\gamma A_1\left(H - \frac{X}{2}\right)\cos\omega\tan\varphi_m$$ (4.5-56c)

$$C_4 = cA_1$$ (4.5-56d)

式中：λ——侧压力系数；

　　c——黏聚力；

　　H——埋深。

将式(4.5-56)代入式(4.5-55)中，可以得到上覆土压力 Q_1。

4. 楔形体的自重 G、楔形体侧面受到的土体的作用力 Q_3 和 C_3、楔形体斜面和刀盘受到的黏聚力 c_2 和 c_S

楔形体的自重 G 为：

$$G = \frac{1}{2}BD^2\cot\beta$$ (4.5-57)

楔形体侧面受到的土体的支持力 Q_3 为：

$$Q_3 = \frac{\lambda\gamma(H + D/2)D^2}{2\tan\beta}$$ (4.5-58)

楔形体侧面受到的土体滑动摩擦力 T_3 为：

$$T_3 = Q_3\tan\varphi_m$$ (4.5-59)

楔形体侧面受到的土体滑动摩擦力 c_3 为：

$$c_3 = \frac{c\pi D^2}{2\tan\beta}$$ (4.5-60)

楔形体斜面受到的黏聚力 c_2 为：

$$c_2 = \frac{c\pi D^2}{4\sin\beta}$$ (4.5-61)

刀盘受到的黏聚力 c_S 为：

$$c_S = \frac{c\pi D^2}{8}$$ (4.5-62)

式中：c——土体的黏聚力；

　　B——楔形体顶部的宽度；

D——隧道直径；

λ——土体的侧压力系数。

4.5.5 开挖面被动支护力影响因素分析

在被动支护力和位移关系公式推导中，只考虑了浅覆地层，所以在因素分析中，只分析内摩擦角的影响。将埋深比为 0.5 和 1 的不同内摩擦角代入到公式中，得到被动支护力和位移比的关系曲线如图 4.5-19 和图 4.5-20 所示。

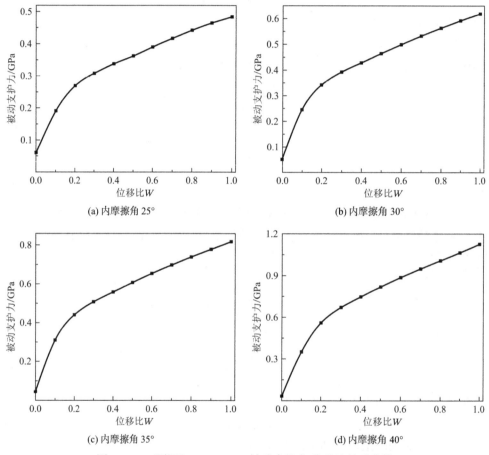

图 4.5-19 埋深比 $H/D = 0.5$，被动支护力-位移比关系曲线

由图 4.5-19 和图 4.5-20 可以看出，根据推导公式得到的开挖面被动支护力和位移比的关系曲线变化有同样的规律，位移增大，被动支护力也增大，并且曲线变化分为两个阶段：第一阶段曲线的斜率比第二阶段的曲线斜率大，第一阶段中开挖面被动支护力增大得很快，而在第二阶段中，曲线随位移的变化呈现出斜率相对较小的直线变化，说明被动支护力随位移的增长较缓慢。

内摩擦角是开挖面的支护力影响因素之一，因为推导的公式是浅覆地层的，所以在本节中只分析内摩擦角对开挖面被动支护力的影响。

由图 4.5-19 和图 4.5-20 可以得到，在同一埋深比下，不同内摩擦角的开挖面被动支护力的位移关系曲线有同样的变化趋势，随着内摩擦角的逐渐增大，开挖面被动支护力和位移比的关系曲线越靠近竖向坐标轴，并且在曲线表现出来的两个阶段中，两个阶段的曲线斜率随内摩擦角的增大而逐渐增大；内摩擦角越小，曲线越靠近横向坐标轴，并且两个阶段的曲线斜率也越小。

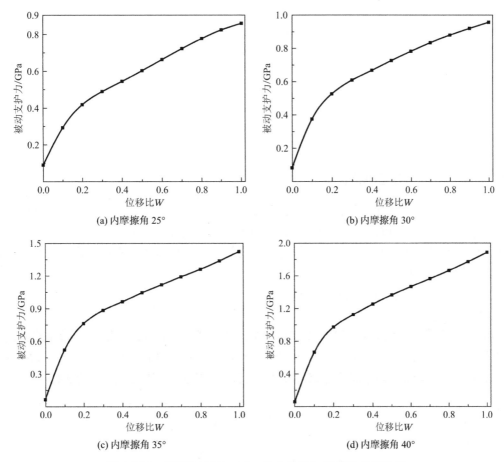

(a) 内摩擦角 25°　　　　　　　　　　　　(b) 内摩擦角 30°

(c) 内摩擦角 35°　　　　　　　　　　　　(d) 内摩擦角 40°

图 4.5-20　埋深比 $H/D = 1.0$，被动支护力-位移比关系曲线

为了比较在不同内摩擦角下的被动极限支护力大小和变化趋势，将被动极限支护力汇总到图表中，如表 4.5-3 和图 4.5-21 所示。

由表 4.5-3 和图 4.5-21 可得，内摩擦角越大，盾构开挖隧道的开挖面被动极限支护力越大，并且曲线变化率随内摩擦角的增大逐渐增大。

被动极限支护力　　　　　　　　　　　　　表 4.5-3

埋深比 H/D	内摩擦角 $\varphi/°$	被动极限支护力/GPa	埋深比 H/D	内摩擦角 $\varphi/°$	被动极限支护力/GPa
0.5	25	0.48	1	25	0.8
0.5	30	0.62	1	30	0.95
0.5	35	0.82	1	35	1.42
0.5	40	1.12	1	40	1.88

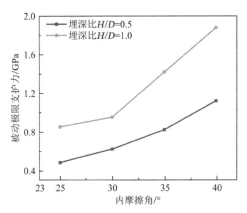

图 4.5-21　内摩擦角对极限支护力的影响

4.5.6　理论求解与数值结果的比较分析

本节前面内容将盾构开挖面的主、被动支护力和位移关系公式进行了推导，并代入不同的影响因素进行了计算分析。为了验证本节推导的开挖面主、被动支护力公式和位移关系公式的正确性，本节将理论公式的计算结果与第 4.4 节中数值模拟结果进行比较，可进一步验证理论模型的合理性。

1. 开挖面主动支护力公式对比分析

1）变化趋势对比

由第 4.4 节数值模拟结果可以得出，对于不同工况，开挖面主动支护力与位移关系曲线的变化趋势是基本相同的，并且根据第 4.4 节推导出来的公式，将不同工况代入其中，提取数据并作图。埋深比 $H/D = 0.5$，内摩擦角为 25°，开挖面支护应力比-位移比关系曲线如图 4.5-22 所示。

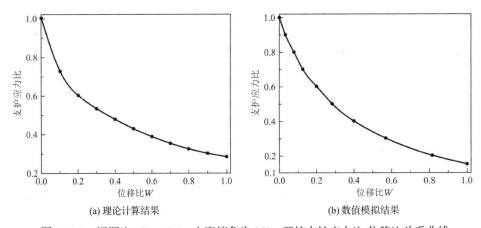

(a) 理论计算结果　　　　　　　　　　　(b) 数值模拟结果

图 4.5-22　埋深比 $H/D = 0.5$，内摩擦角为 25°，开挖支护应力比-位移比关系曲线

由图 4.5-22，采用上一节推导出来的盾构开挖隧道开挖面支护力公式得到的计算结果的曲线图，与数值模拟结果的曲线图进行对比，两者的变化趋势是基本一致的，位移增大，主动支护力减小。变化趋势分为两个阶段：第一阶段，曲线随位移增大快速下降，曲线切线斜率大；第二阶段，曲线随位移增大缓慢下降，曲线切线斜率小。

但两曲线也有不同，两者弯点不一样，理论计算结果的曲线图弯点靠前，数值模拟结果的曲线图弯点靠后。弯点的不同可能与公式中的基本假定有关，因为假定在微小的位移下，土体滑动到楔形体上方。

2）主动极限支护力的对比

根据上一节推导出来的盾构开挖隧道的开挖面的主动支护力和位移关系公式，代入不同埋深比（$H/D = 0.5$，1.0，1.5，2.0）和不同的内摩擦角（$25°$，$30°$，$35°$，$40°$），求出主动极限支护力，然后将推导公式得到的主动极限支护力和与数值模拟结果进行对比，见表 4.5-4。

主动极限支护力对比　　　　　　　　　　　　　　　　　　　　表 4.5-4

埋深比H/D	内摩擦角$\varphi/°$	主动极限支护力/kPa		埋深比H/D	内摩擦角$\varphi/°$	主动极限支护力/kPa	
		理论计算	数值模拟			理论计算	数值模拟
0.5	25	14.51	13.11	1	25	17.77	14.14
0.5	30	11.65	9.75	1	30	12.56	10.5
0.5	35	8.4	8.32	1	35	9.57	9.4
0.5	40	6.12	5	1	40	6.6	5
1.5	25	21.62	20.06	2	25	25.84	25.2
1.5	30	15.75	13.1	2	30	19.49	18.2
1.5	35	11.88	11.3	2	35	15.38	13.34
1.5	40	9.2	6.1	2	40	12.6	10.2

不同埋深比下的理论计算和数值模拟主动极限支护力与内摩擦角关系曲线如图 4.5-23 所示。

由图 4.5-23 可以得到：

（1）在不同埋深比下，理论计算结果和数值模拟结果的主动极限支护力随内摩擦角增大的折线图变化趋势都是相同的，都是在内摩擦角逐渐增大时，主动极限支护力逐渐减小。

（2）理论计算结果和数值模拟结果的主动极限支护力数值相差不大，差值在 0～4kPa 之间，当埋深比为$H/D = 0.5$ 的时候差值最大，在埋深比$H/D = 2.0$ 时差值最小，所以用本节中的理论计算方法得到的主动极限支护力结果比较偏于保守，在实际情况中偏于安全。

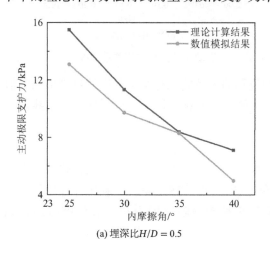
(a) 埋深比$H/D = 0.5$

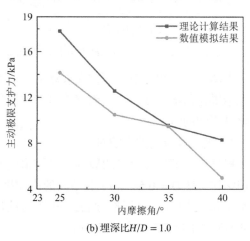
(b) 埋深比$H/D = 1.0$

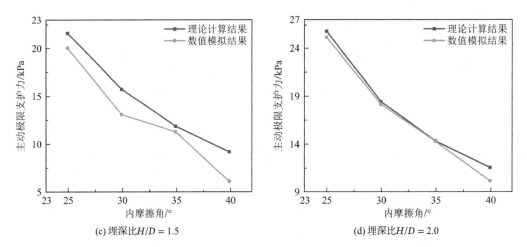

(c) 埋深比$H/D=1.5$　　　　　　　　　(d) 埋深比$H/D=2.0$

图 4.5-23　不同埋深比下理论计算和数值模拟主动极限支护力与内摩擦角关系曲线

2. 开挖面被动支护力公式对比分析

1）变化趋势对比

由第 4.4 节数值模拟结果可以得出，对于不同工况，开挖面被动支护力和位移关系的曲线变化趋势是基本一致的，并且根据第 4.4 节推导出来的公式，将不同工况代入其中，提取数据并作图，埋深比$H/D=1.0$，内摩擦角为 25°，开挖面被动支护力和位移关系曲线图如图 4.5-24 所示。

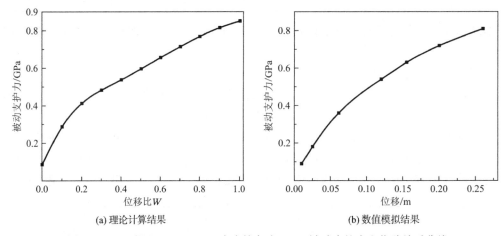

(a) 理论计算结果　　　　　　　　　　(b) 数值模拟结果

图 4.5-24　埋深比$H/D=1.0$，内摩擦角为 25°，被动支护力和位移关系曲线

由图 4.5-24 得，对于开挖面被动支护力和位移的关系曲线趋势，理论计算结果和数值模拟结果是基本一致的，被动支护力随位移的逐渐增大而逐渐增大，但是两者的曲线斜率变化是不同的。

2）被动极限支护力的对比

根据上一节推导出来的盾构开挖隧道的开挖面的被动支护力和位移关系公式，代入不同埋深比（$H/D=0.5$，1.0）和不同的内摩擦角（25°，30°，35°，40°），利用计算软件得到被动极限支护力，根据推导公式得到的理论计算被动极限支护力和与数值模拟结果如表 4.5-5、图 4.5-25、图 4.5-26 所示。

被动极限支护力对比　表 4.5-5

埋深比H/D	内摩擦角φ/°	被动极限支护力/GPa		埋深比H/D	内摩擦角φ/°	被动极限支护力/GPa	
		理论计算	数值模拟			理论计算	数值模拟
0.5	25	0.48	0.5	1	25	0.85	0.8
0.5	30	0.63	0.61	1	30	0.95	1.05
0.5	35	0.82	0.76	1	35	1.42	1.5
0.5	40	1.12	0.98	1	40	1.88	2.1

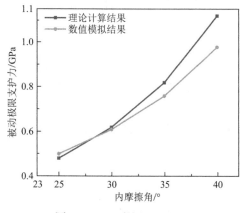

图 4.5-25　埋深比$H/D = 0.5$　　　　图 4.5-26　埋深比$H/D = 1.0$

由图 4.5-25 和图 4.5-26 可以得到：

（1）理论计算被动支护力随内摩擦角变化和数值模拟结果是一样的，即随内摩擦角逐渐增大，开挖面被动极限支护力也随着逐渐增大。

（2）理论计算和数值模拟得到的被动极限支护力相差不大，差值在 0～3kPa，但是两者的大小比较没有确切的结果。当内摩擦角为 25°时，埋深比为 0.5 的被动极限支护力数值模拟结果较大，但是埋深比为 1.0 的被动极限支护力数值模拟结果较小。

4.5.7　小　结

根据第 4.4 节的数值模拟结果，盾构开挖隧道的土体主动破坏模式为：开挖面正前方土体破坏为楔形体状，楔形体上方破坏的土体是烟囱状，可以看作棱柱体，这和众多学者得到的结论一致。首先以三维楔形体模型为基础，根据极限平衡理论和位移土压力理论进行了基本的假设，然后进行了主、被动支护力与位移关系公式的推导，最后将不同的埋深比和不同的内摩擦角代入公式进行计算分析。本节得到以下一些结论：

（1）主动支护力与位移关系曲线的变化趋势可以大致分为两阶段：第一阶段，随位移的逐渐增大，曲线成斜率较大的直线下降，曲线较陡峭；第二阶段，随位移的逐渐增大，曲线的变化率较小，曲线平缓，主动支护力随位移变化减小缓慢。

（2）盾构开挖面的初始状态和极限状态下主动支护力随着内摩擦角的增大逐渐减小；初始静止状态和极限状态主动支护力随着埋深比的逐渐增大，土体越不容易发生破坏。

（3）开挖面被动支护力和位移关系曲线大致分为曲线斜率相差较大的两段,第一阶段,位移变化很小，被动支护力增长很快，曲线切线斜率大；第二阶段，在同样的位移变化下，被动支护力增长较缓慢，曲线变化平缓，曲线切线斜率小。

（4）对于浅覆地层的开挖面被动支护力，相同埋深比，随着内摩擦角的逐渐增大，被动支护力和位移的关系曲线图越接近竖坐标轴，且曲线切线斜率逐渐增大，被动极限支护力也逐渐增大。

（5）在不同工况下，土压平衡盾构开挖面支护力的公式推导结果曲线和数值模拟结果曲线变化趋势是基本一致的，开挖面主动支护力和位移的关系曲线有快速下降阶段和缓慢下降阶段，但两者的弯点不同，和公式推导的基本假定有关。

（6）在不同的埋深比下，主动极限支护力的理论计算结果和数值模拟结果相差不大。两者的开挖面主动支护力都是随着内摩擦角的增大而减小的，两种方式得到的主动极限支护力随着埋深比的增大而增大。

（7）在不同工况下，土压平衡盾构开挖面被动支护力的公式结果推导曲线和数值模拟结果曲线变化趋势是基本一致的，被动支护力随着位移的增大逐渐增大，但是两者的曲线斜率变化不同。

（8）不同埋深比下，理论公式结果和数值模拟结果的开挖面被动极限支护力都是随着内摩擦角的增大而增大。理论计算和数值模拟得到的被动极限支护力相差不大。

第 5 章

盾构隧道开挖中桩基托换引起的桥梁变形

5.1 引 言

石家庄市城市轨道交通 2 号线一期工程长安公园站—蓝天圣木站盾构区间下穿异形板桥——建和桥，盾构隧道结构与建和环形立交桥异形桥桥墩桩基础位置冲突，对异形桥进行了桩基托换，本章研究内容：

（1）建立异形板桥-承台-桥墩-桩基-地层的一体化三维数值模型，研究异形板桥桩基托换动态力学行为及荷载转移机制，通过数值模拟研究施工过程对变形、应力的影响，提供最优监测方案建议。

（2）对自动化监测数据，采用多源异构监测信息融合方法进行施工过程特征研究。

在本项研究中，我们提出了一种融合多源异构监测数据以评估工程结构状态的新方法。所提出的融合方法具有数据层融合和特征层融合的特点。通过加权平均法将相同类型的原始监测数据融合为综合监测数据。每种类型的综合数据都集成为一个主成分，其中包含来自几种不同类型的传感器的所有信息。换言之，监测数据经历了两次整合和融合。为了说明该方法的有效性和实用性，以基桩托换项目为研究对象，将位移监测数据、应力监测数据和倾斜监测数据全部融合为一个时间序列。最后根据最终的融合信息，分析了不规则桥梁在基桩托换过程中的安全性。

5.2 项目概况与研究方案

5.2.1 项目背景

1. 工程概况

石家庄市城市轨道交通 2 号线一期工程长安公园站—蓝天圣木站区间以长安公园站为起点，向北沿建设北大街敷设，至蓝天圣木为终点。主要建（构）筑物有永嘉公园城小区、建和桥及和平路跨线桥等。右线的起始里程为 K32＋699.392，终止里程为 K33＋642.447，总长度为 943.055m。线路纵向坡度呈"一"字形坡，上升纵坡 8.226‰，区间结构覆土厚度约 10.6～15.3m。线路区间在建设北大街与和平路交口工程影响范围内穿越建和桥立交桥（图 5.2-1）。该桥为三层立交桥，第一层为地面，第二层为环桥，第三层为东西向和平路高架桥。建和桥立交桥于 1996 年建成通车。2009 年东西向高架桥西引桥向西延长至中华大街。建和桥环形立交桥上部结构为整体现浇异形箱梁，分为东块、南块、西块和北块；南引桥和北引桥各有 4 孔，上部结构为单幅 T 梁桥，每孔 9 片梁；东引桥和西引桥各有 4 孔，上部结构为双幅 T 梁桥，每孔每幅 4 片梁；下部结构为桩柱式墩台。和平路高架桥主桥上部结构为"30m + 39m + 30m"单箱双室变截面现浇箱梁；西引桥 8 孔，东引桥 7 孔，上部结构为简支 T 梁桥，每孔 9 片梁；下部结构为矩形桥墩，桩基础。

图 5.2-1　长安公园站—蓝天圣木站区间盾构隧道与桥梁平面位置示意图

长安公园站—蓝天圣木站区间采用盾构法施工，盾构隧道内径 5.5m，外径 6.2m。衬砌管片分为 6 块，3 块标准管片（A 型），2 块邻接管片（B_1、B_2 型），1 块封顶管片（C 型）。每环的宽度为 1200mm，环与环之间设 16 个纵向连接螺栓，沿圆周均匀布置。一环中相邻两块管片间环向连接设 2 个螺栓，每环共设 12 个环向螺栓。盾构隧道断面如图 5.2-2 所示。

长安公园站—蓝天圣木站区间线路走向应满足线路通行设计条件，并最大限度减少穿桥桩可能，同时避免对现况桥桩产生破坏，区间隧道结构与现况桥梁桩基础净距应不小于 2m。经过比选，确定了穿越方案，如图 5.2-3 所示。在北部异形桥，盾构隧道结构与建和环形立交桥北异形桥 45 号、46 号桥墩桩基础位置冲突，需进行桩基托换。盾构隧道与 34 号桥墩桩基础最近水平净距 2.52m，与其余桥墩桩基础水平净距 2.74～3.75m。在南部异形桥，盾构隧道结构与建和环形立交桥南异形桥 40～42 号桥墩桩基础位置冲突，需进行桩基托换。盾构隧道与 28 号桥墩桩基础最近水平净距 2.62m，与 22 号桥墩桩基础最近水平净距 3.20m。盾构与需要托换基桩的剖面位置关系见图 5.2-4、图 5.2-5。

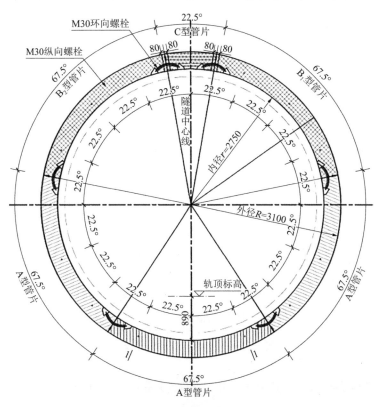

图 5.2-2　盾构隧道断面示意图

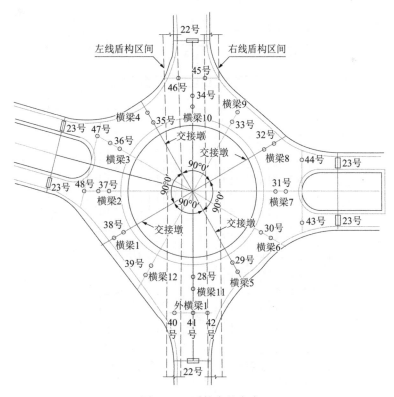

图 5.2-3　盾构穿越方案

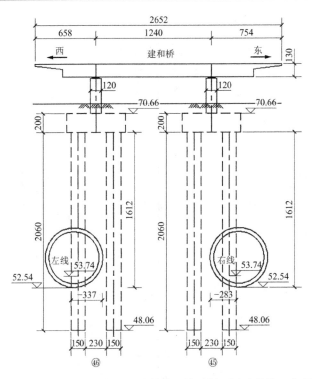

图 5.2-4　盾构隧道与北异形桥 45 号、46 号墩位置关系剖面图（单位：高程 m，其余 cm）

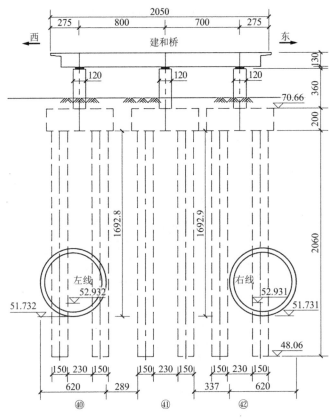

图 5.2-5　盾构隧道与南异形桥 40～42 号墩位置关系剖面图（单位：高程 m，其余 cm）

2. 托换方案

区间盾构隧道与建和环岛桥北异形桥 45 号、46 号墩柱基础共计 4 根桩基础位置冲突，与建和环岛桥南异形桥 40 号、42 号墩柱基础全部 8 根桩基础位置冲突，应进行桩基托换，具体步骤如下所述：

（1）施工前期工作，这一步骤主要包括桥梁安全监测系统的布置和桥墩周围基坑的施工；

（2）新建桩基础；

（3）搭建桩基置换支护平台，支护平台是由新的桩基础支撑；

（4）剪断桥墩旧桩，将桥墩荷载转移到支撑平台和新桩基础上；

（5）在支撑平台周围浇筑混凝土加固支撑平台；

（6）打破与盾构隧道冲突的旧桩基础；

（7）基坑回填，路面恢复；

（8）盾构隧道通过桥下。

具体托换方案概述如下：

（1）北异形桥

由于受既有桥桩位、地铁隧道、新桩间距控制影响，选定托换体系采用整体托换梁主动托换体系。托换体系对 45 号、46 号墩全部桩基进行整体托换设计，其中与隧道完全冲突的旧桩在托换完成并进行人工破除后，盾构再通过桥区。托换体系由 9 根新桩和 3m 厚托换承台组成，由于东西排桩与中间排桩受力差距较大、西侧桩受电力隧道影响，新桩两侧采用 6 根 ϕ1.2m 桩基，中间采用 3 根 ϕ1.5m 桩基。控制新桩基与地铁隧道的间距，除西侧受电力隧道影响按 0.7m 控制外，其余均不小于 1.0m。托换承台 3m 厚，平面尺寸为 29.3m（横）×10.1m（纵），托换承台在旧 ϕ1.5m 桩位置设置 ϕ1.6m 圆洞，圆洞位置根据基坑开挖后实际的旧桩位置设置，浇筑新承台混凝土前，在旧桩外侧包裹 5cm 厚油毛毡。在新旧承台间 0.8m 空间布设顶升千斤顶。旧承台底面和侧面进行植筋，当托换完成后浇筑封固混凝土，起到封闭千斤顶和连接既有承台和下层托换承台的目的。托换承台底设 10cm 厚 C20 混凝土垫层。基础为钻孔灌注桩群桩基础，采用摩擦桩设计。桩长设计为 47.5m，持力层为 ⑨$_2$ 中粗砂卵石层。

（2）南异形桥

由于托换施工、旧桩破除、盾构通过均对 41 号桥墩桩基承载力会产生较大影响。为避免新旧结构沉降差异，托换体系考虑对 40～42 号墩全部桩基进行托换设计，其中与隧道完全冲突的旧桩在托换完成并进行人工破除后，盾构再通过桥区。托换体系由 12 根 ϕ1.5m 桩基和 3m 厚托换承台组成。新桩基控制与地铁隧道的间距不小于 1.0m。托换承台 3m 厚，平面尺寸为 31.2m（横）×13.3m（纵），托换承台在旧 ϕ1.5m 桩位置设置 ϕ1.6m 圆洞，圆洞位置根据基坑开挖后实际的旧桩位置设置。浇筑新承台混凝土前，在旧桩外侧包裹 5cm 厚油毛毡。在新旧承台间 0.8m 空间布设顶升千斤顶。旧承台底面和侧面进行植筋，当托换完成后浇筑封固混凝土，起到封闭千斤顶和连接既有承台和下层托换承台的目的。托换承台底设 10cm 厚 C20 混凝土垫层。基础为钻孔灌注桩群桩基础，采用摩擦桩设计。桩长设计为 42m，持力层为 ⑧$_2$ 卵石层。

5.2.2 研究内容与方案

1. 异形板桥桩基托换动态力学行为及荷载转移机制研究

（1）建立异形板桥-承台-桥墩-桩基-地层的一体化三维数值模型，通过计算分析最不利荷载效应组合，获得桥梁桩基在托换过程中的位移变形极限值，从而计算出结构最大位移处及弹性应力极限值。

（2）利用数值仿真软件对采用桩基托换、盾构下穿的全过程进行模拟仿真，提取数值模型上的监测信息并与实测数据进行相互印证分析，获得每个施工阶段结构的实际内部应力和变形情况，揭示不同施工阶段对于上部桥梁结构所造成的影响，探究桩基托换过程中体系构件的动态力学行为及其荷载转移机制。

（3）基于监测数据突变的施工环节，通过数值模拟研究施工过程对变形、应力的影响，提供最优监测方案建议。

2. 基于多元监测信息融合的异形板桥桩基托换施工过程特征研究

（1）根据自动化监测系统获取的监测点应力、位移时程曲线，采用去噪方法剔除监测数据的失真信息；基于施工全过程监测曲线，采用连续函数变分法获取全过程曲线的速率和加速度曲线，识别不同监测指标曲线的形态特征。

（2）采用缓变变点分析方法，将监测指标作为状态变量、时间作为控制变量，通过多项式拟合技术建立状态变量与控制变量的函数关系，找出时程曲线上不同的监测指标突变点，对施工过程的监测信息的演化进行定量化分段。

（3）将施工过程节点绘制在时间轴上，与监测指标的变点进行一一对比分析，揭示监测信息突变的内在机制。

5.3 异形板桥桩基托换动态力学行为及荷载转移机制

5.3.1 数值模型

根据穿越工程施工对桥梁结构可能产生的危害，参阅原桥梁设计、竣工资料及计算书，结合施工方案，采用有限元 MIDAS 软件，模拟计算地铁开挖及建和桥桩基托换全过程，模型尺寸为 170m×130m×76m，见图 5.3-1。根据地质勘察报告划分地层，见表 5.3-1。

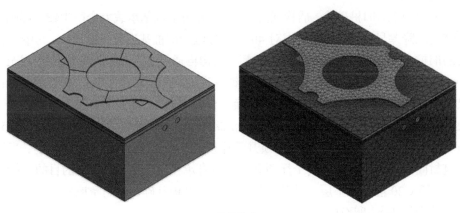

(a) 整体模型

(b) 地下结构模型

图 5.3-1　三维有限元模型

土层计算参数　　　　　　　　　　　　　　　　　　　　表 5.3-1

地层	密度/（g/cm³）	压缩模量/MPa	弹性模量/MPa	泊松比	黏聚力/kPa	内摩擦角/°
①₁ 杂填土	1.65	—	—	0.35	0	8
①₂ 粉土素填土	1.60	2.5	4.0	0.34	8	10
③₁ 黄土状粉质黏土	1.94	6.8	13.3	0.34	26	21
③₂ 黄土状粉土	1.91	9.2	12.1	0.33	14	26
③₃ 粉细砂	1.94	15	12.0	0.32	0	28
④₁ 粉细砂	1.95	18	28.0	0.30	0	29
④₂ 中粗砂	2.00	20	40	0.29	0	32
④₃ 粉土	1.79	11	13	0.32	4	28
④₄ 粉质黏土	1.98	7.2	15	0.32	30	22
⑤₁ 粉质黏土	1.96	7.4	14	0.32	29	23
⑤₃ 粉细砂	1.98	20	33	0.29	0	28
⑥₁ 细中砂	1.99	25	43	0.28	0	30
⑥₂ 中粗砂（含卵石）	2.10	30	46	0.28	0	34
⑥₃ 卵石	2.15	32	62	0.26	0	38
⑦₁ 粉质黏土	1.94	8	18	0.31	23	16
⑦₃ 粉细砂	2.00	25	32.5	0.29	0	30
⑦₄ 中粗砂	2.05	30	46	0.27	0	32
⑧₁ 中粗砂（含卵石）	2.10	32	48	0.24	0	34
⑧₂ 卵石	2.15	35	72	0.22	0	40
⑧₃ 卵石	2.2	40	83	0.16	0	40

建和桥上部桥面结构由 4 块异形板构成，桥面由 35 根桥墩支撑，桥墩墩台下均采用 4 根桩基布置，此次盾构下穿设计影响北桥 45 号、46 号桥墩，需要破除 4 根桩基进行托换；南桥受影响桥墩为 40 号、42 号，需破除 8 根桩基进行托换，托换工作量大，工程较复杂，见图 5.3-2。

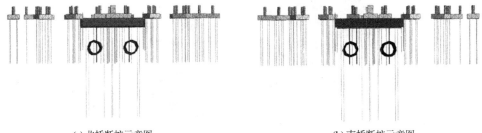

(a) 北桥断桩示意图　　　　　　　　　　　(b) 南桥断桩示意图

图 5.3-2　断桩示意图

北桥地铁穿越波及 4 根既有桩基，南桥地铁穿越波及 6 根既有桩基，两者托换方法一致，由于波及范围大小不同，基坑开挖范围也不同，南桥托换过程中基坑开挖大，新打桩较多，承台桩基达到 12 根，北桥新建承台桩基为 9 根，如图 5.3-3 所示。模型中桩基直径均为 1.5m，设置了 1D 单元，其截面参数输入实际尺寸参与运算，参数见表 5.3-2。模型边界条件及盾构施工的工法设置见表 5.3-3。

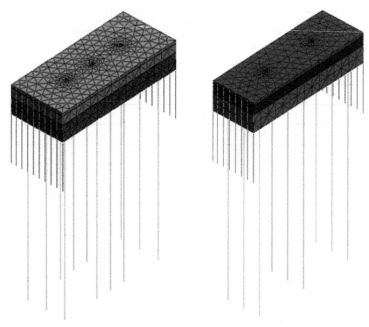

(a) 南桥新做桩基及承台　　　　　　　　　　(b) 北桥新做桩基及承台

图 5.3-3　新建承台地下结构图

混凝土结构计算参数　　　　　　　　　　　　　　　表 5.3-2

部位	密度/（g/cm³）	强度等级	弹性模量/MPa	泊松比
桥梁上部结构	2.5	C50	32500	0.20
桥墩	2.5	C30	30000	0.20
桩基	2.5	C25	28000	0.20
盾构管片	2.5	C50	34500	0.20

边界条件及盾构工法设置　　　　　　　　　　　　　　表 5.3-3

桥墩与桥面板支座单元设置	桩土接触设置	盾构工法
支座单元下部与桥墩设置固定约束；支座单元上部与桥面下部设置弹性连接	建立桩土界面单元，模拟结构和岩土之间相对行为	使用地层结构法：（1）开挖注浆层＋隧道土；（2）施作盾构；（3）施作二衬＋注浆＋注浆属性，钝化盾壳

5.3.2　位移分析

竖向位移主要由基坑开挖和地铁盾构引起，南桥桥面位移最大值为 0.5mm，北桥桥面最大值为 0.2mm，见图 5.3-4。南桥桩基托换造成桥面沉降较大，主要原因有两点：

（1）基坑开挖面积较大，原 40～42 号桥墩桩基新做托换桩中，由于空间限制原因，其布置形式为口字形，中心位置支撑略少。

（2）断桩数量较多，其中 40 号桥墩下 4 根桩基全部切断，扰动较大，造成沉降较大。

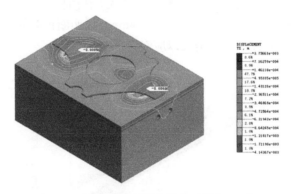

图 5.3-4　开挖完成后竖向位移（单位：m）

由图 5.3-5 可知，南桥区域 3 个桥墩的最大竖向位移为 0.5mm，其相邻南侧桥墩为 0.3mm，正北侧桥墩为 0.4mm、0.3mm，相邻桥墩之间的相对位移基本维持在 0.1～0.3mm，满足行业标准《公路桥涵地基与基础设计规范》JTG D63—2007 要求。

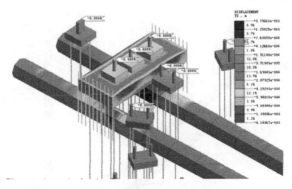

图 5.3-5　南桥区域桥墩位移图（单位：m）

由图 5.3-6 可知，北桥区域 2 个托换桩桥墩的最大竖向位移为 0.2mm，其相邻南侧桥墩为 0.2mm，正北侧桥墩为 0.2mm，相邻桥墩之间的相对位移基本维持在 0～0.1mm，满足行业标准《公路桥涵地基与基础设计规范》JTG D63—2007 要求。

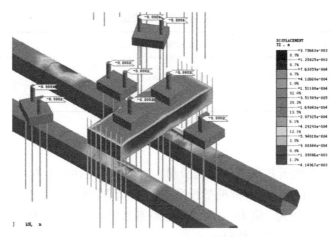

图 5.3-6　北桥区域桥墩位移图（单位：m）

图 5.3-7 显示，托换位置盾构管片位移明显较大，在南桥托换处，盾构管片竖向位移达到 3.2～4.1mm，北桥托换处略小，达到 1.2～1.4mm，说明断桩对周围土体的密实度产生较大的影响，在此区域管片注浆量应增大以应对变形。

图 5.3-7　盾构竖向位移（单位：m）

盾构开挖破桩后，对附近原始桩基会产生一定的影响，为分析其影响程度。以 41 号桥墩下原始桩基为例，其基本情况为：40 号和 42 号桥墩下桩基挖除，其同一轴线上 12 根原始桩基，剩 4 根，见图 5.3-8。

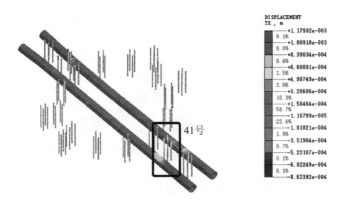

图 5.3-8　盾构完成后原始桩基水平位移图

由图 5.3-9 可知，桩基托换后，地铁开挖对近距离桩基影响较小，41Pile-ES 桩基的水平最大位移为 1.2mm，并且随深度增加而变小。最大水平位移出现在桩顶，说明桩基托换过程中原始承台基坑开挖对 41Pile-ES 桩基影响较大，而盾构开挖同一水平位置桩基位移并未出现较大突变，证明了新打桩基承担了较大比例的荷载，托换方案稳定、可行。

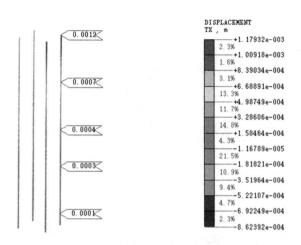

图 5.3-9　桥墩东南桩（41Pile-ES）水平位移图

将距离盾构区间较近的桥墩（41、45、46 号）桩基位移进行统计（表 5.3-4），距离盾构区间最近的 3 个桥墩桩基，桩基托换和地铁开挖综合产生的最大水平位移介于 0.5～1.2mm 之间，最大竖向位移介于 0.11～0.16mm 之间，满足施工要求。

部分桩基位移统计表表 5.3-4

桥墩	桩号	最大水平位移/mm	最大竖直位移/mm
41 号	41Pile-WN	0.6	0.11
	41Pile-WS	1.1	0.13
	41Pile-EN	0.7	0.12
	41Pile-ES	1.2	0.15
46 号	46Pile-EN	0.9	0.13
	46Pile-ES	0.5	0.16
45 号	45Pile-WN	0.8	0.11
	46Pile-WS	0.6	0.12

5.3.3　应力分析

1. 桥梁上部结构应力

如图 5.3-10 所示，桩基托换对异形板桥面受力影响巨大，托换桥墩部位桥面出现剪切应力 10 倍量级增长，其中南桥 40～42 号桥墩部位剪切出现较大的应力集中。无桩基托换的异形板，由于受力及变形相对独立，应力状态变化很小。

监测点 QM1（南桥 41 号桥墩正上方桥面监测点）、QM2（45、46 号桥墩上方桥面中心线点）相关剪切应力数据见表5.3-5，桩基托换造成QM1部位剪应力上升492%，QM2上升371%，而随后盾构施工则引起的变化较小。说明桩基托换施工对桥梁整体应力路径影响较大。

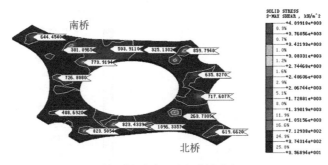

(a) 桥面剪切应力云图（原始状态）

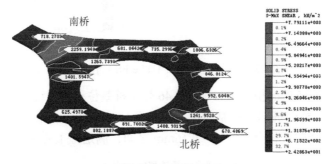

(b) 桥面剪切应力云图（桩基托换后）

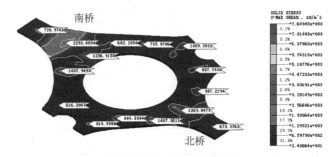

(c) 桥面剪切应力云图（盾构结束）

图 5.3-10　桥面剪切应力变化云图

剪切应力统计表   表5.3-5

部位	初始剪切应力	桩基托换后剪切应力	盾构后剪切应力
桥面（南）QM1	0.381MPa	2.259MPa	2.293MPa
桥面（北）QM2	0.263MPa	1.241MPa	1.269MPa

2. 桩基应力

1）原始桩基应力路径分析

由于托换桩及相邻原始桩数量较多，选取代表性较强的原始桩和托换桩进行应力路径分析，图 5.3-11 展示了 42 号桥墩东北角原始桩（简称 42Pile-EN）应力变化过程。由图 5.3-11 可知，原始状态下 42Pile-EN 随着地层深度增加，其受力呈现出数值逐渐平缓增大，斜率缓慢减小的规律。进行新的桩基工程后，由于新桩基承担了部分桥梁的压力，42Pile-EN 的受力幅值变小，规律变化不大。断桩施工后，由于 42Pile-EN 相邻的两根原始桩基被切断，其受力显著增加，桩身应力随深度呈正弦波动变化，但由于托换桩基的共同作用，42Pile-EN 受力最大幅值未超越原始状态。盾构穿越后，42Pile-EN 的受力状态与穿越前基本一致，说明在安全距离外，地铁盾构施工对桩基影响较小，其主要影响因素为断桩施工。

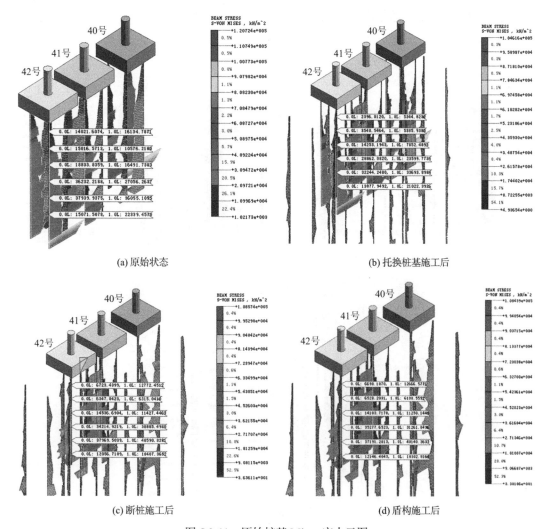

(a) 原始状态　　　　　　　　　(b) 托换桩基施工后

(c) 断桩施工后　　　　　　　　(d) 盾构施工后

图 5.3-11　原始桩基 Mises 应力云图

2）新建桩基应力路径分析

对于新建桩基受力状态，选取 40 号桥墩西北角新建桩基，简称 40Pile-WN，由于 40 号桥墩原始桩基全部截断，因此其周围新建桩基应力状态变化较大。通过图 5.3-12（a）可以发现，新桩基施工后分担了原始桩基部分应力，但幅度较小，呈现出随深度非线性递增的趋势。断桩施工后，受力程度几何增长，基本达到了原始桩基的受力幅度，见

图 5.3-12（b）。盾构施工由于维持了规范要求的盾构外径与桩基的安全距离，新建桩基的受力幅度和规律基本一致，扰动可以忽略，见图 5.3-12（c）。

为方便对比数据，将图 5.3-11 和图 5.3-12 的应力数值汇总，见表 5.3-6。40Pile-WN 在断桩后最大应力增长约 238%，增幅显著，主要原因为其相邻的 40 号桥墩桩基全部切断。根据表 5.3-6 可以看出，以 42Pile-EN 为代表的原始桩基在托换桩基施工后应力状态有一个明显下滑；断桩施工后，保留下的原始桩基应力小幅回升，但没有达到施工前的状态，盾构对桩内应力影响较小，说明托换桩基有效地分担了断桩承重。而以 40Pile-WN 为代表的新建托换桩基，由于承台施压对其内部产生了较小的应力，断桩后，新建托换桩基承担了部分应力转移，受力幅度明显上升，盾构施工对托换桩基影响较小。应力转换具体过程见图 5.3-13。

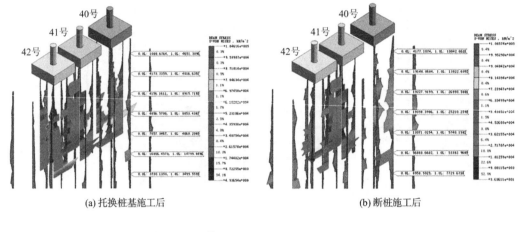

(a) 托换桩基施工后　　　　　　　　　　　　　　(b) 断桩施工后

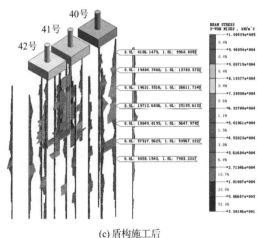

(c) 盾构施工后

图 5.3-12　桩基 Mises 应力云图（托换桩基施工后）

桩基 Mises 应力数据表　　　　　　　　　　　　　　　　　　表 5.3-6

部位	初始 Mises 应力 /MPa	新建桩基后 Mises 应力 /MPa	断桩后 Mises 应力 /MPa	盾构后 Mises 应力 /MPa
42Pile-EN	14.0～37.9	2.3～32.2	6.3～37.9	6.5～37.1
40Pile-WN	—	1.0～16.8	4.1～56.8	4.1～57.3

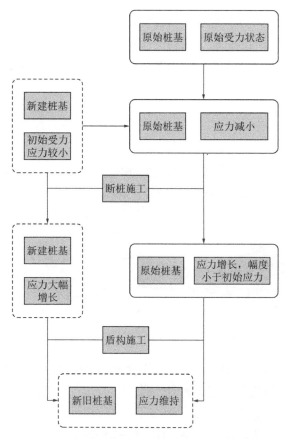

图 5.3-13　托换过程中新、旧桩基应力变化流程图

5.3.4　监测点布置建议

根据上述位移和应力分析结果，在桩基托换和下穿阶段，位移及应力会发生较大幅度变化，建议将监测工作分为三个部分：（1）日常监测；（2）桩基托换过程的加密监测；（3）盾构下穿施工的加密监测。

1. 异形板监测布置方案建议

根据桥面异形板变形分布，其位移基本监测点设置主要应布置在 45、46、40、41、42号桥墩上方，异形板底部区域，并适度扩大监测范围，监测项目为水平、竖直位移，见图 5.3-14 标记区域。

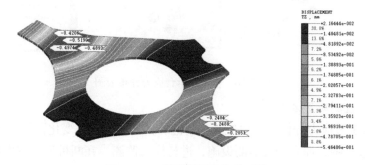

图 5.3-14　异形板竖向位移云图

由于异形板 20 世纪 90 年代建成，其吨位较大，时间久远，其抗拉压强度势必弱于新建桥梁，因此应在位移监测的同时，密切关注受力状态的变化，布置桥面板裂缝、应力监测，其布置原则以异形板受力状态分布为基础，见图 5.3-15，应在图中标记区域布置应力监测和裂缝监测。

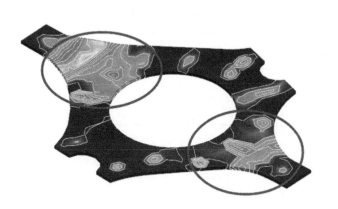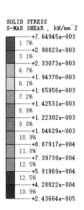

图 5.3-15　异形板剪切应力分布云图

监测过程中应按照本章原则，将监测工作分为三个部分：（1）日常监测；（2）桩基托换过程加密监测；（3）盾构下穿施工加密监测。

2. 桥墩与承台监测布置方案建议

桥墩的主要监测项目为沉降值、倾斜度、差异沉降。

根据第 5.3.3 节计算内容，桥墩位移发生区域主要为南桥和北桥桩基托换区域，其中南桥辐射 10 个桥墩及 7 个原始承台，北桥覆盖 9 个桥墩及 6 个原始承台，因此，应对上述标记区域进行倾斜、沉降监测（图 5.3-16），并对比相邻桥墩的差异化沉降是否满足规范要求。

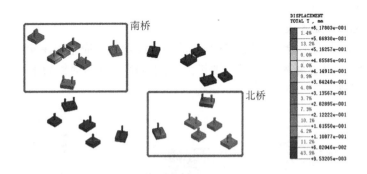

图 5.3-16　桥墩及承台应力分布云图

3. 托换桩基监测布置方案建议

根据第 5.3.3 节应力分析，新建桩基在断桩后，其应力状态变化剧烈（图 5.3-17），因此，应在浇筑过程中，埋入相关监测设施，进行应力监测。在断桩后，应力状态稳定后，方可进行盾构施工。

图 5.3-17　新建桩基最终应力云图

5.3.5　小　结

本节采用有限元软件建立了三维实体模型，模拟了石家庄地铁 2 号线下穿建和桥桩基托换全过程，得出了桥面、桥墩位移沉降分布规律，并分析了异形板及桩基受力状态变化规律。主要的结论如下：

（1）桥面异形板在施工过程中应力变化主要集中在断桩施工阶段，盾构施工对异形板应力变化贡献较小，桩基托换过程中，应力集中部位为 40、41、42、45、46 号桥墩上方。

（2）原始桩基在托换施工全过程中，受力表现出先减小后增大的变化规律，最终受力状态小于施工前。盾构施工几乎不影响桩基的受力状态。

（3）新建桩基有效应力呈现持续增长的现象，断桩施工将原始桩基受力有效转移至新建桩基，证明了设计方案的有效性，盾构施工同样对新建桩基无影响。

（4）根据力学行为的分析规律，给出了异形板、桥墩与承台、托换桩基的监测布置方案。

5.4　基于多元监测信息融合的桩基托换施工过程特征

本节提出了一种融合多源异构监测数据以评估工程结构状态的新方法，其具有数据层融合和特征层融合的特点。通过加权平均法将相同类型的原始监测数据融合为综合监测数据。每种类型的综合数据都集成为一个主成分，其中包含来自几种不同类型的传感器的所有信息。换言之，监测数据经历了两次整合和融合。为了说明该方法的有效性和实用性，以基桩托换项目为研究对象，将位移监测数据、应力监测数据和倾斜监测数据全部融合为一个时间序列。最后，根据最终的融合信息，分析了不规则桥梁在基桩托换过程中的安全性。

5.4.1　多源异构监测数据融合方法

1. 总体框架

图 5.4-1 为多源异构监测数据的融合方案。如图 5.4-1 所示，以三个量纲不同的监测指标为例，说明数据融合的过程。X_i、Y_i 和 Z_i（$i=1,2,\cdots,n$）分别表示第 i 个监测点的位移、应力和倾斜度的原始时间序列。整个分析过程分为三个步骤：首先用小波分析法对每个监测点原始时间序列中涉及的随机误差和其他干扰因素进行消噪，X_i'、Y_i' 和 Z_i'（$i=1,2,\cdots,n$）分别表示第 i 个监测点的位移、应力和倾斜度的去噪时间序列；然后将来自几个不同监测点的相同类型的去噪时间序列融合为相应监测指标的一个综合序列，T_1、T_2 和 T_3 分别表示位移、

应力和倾斜度的综合时间序列；最终将每个监测指标的综合时间序列融合为一个综合监测信息序列，W包含了位移、应力和倾斜度监测数据中的所有信息。

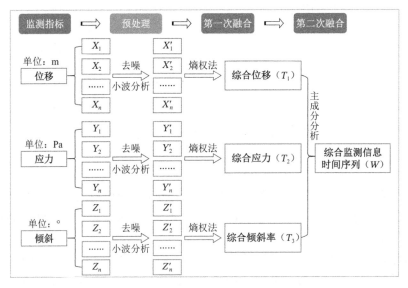

图 5.4-1　多源异构监测数据的融合方案

2. 小波分析去噪方法

监测数据可被视为由真实信息和噪声信息组成的时间序列，即

$$f(t) = s(t) + x(t) \tag{5.4-1}$$

式中，$f(t)$为实际测量的数据；$s(t)$为真实数据；$x(t)$为噪声数据。

在工程结构状态监测过程中，实际监测数据通常是低频信号或平稳信号，而噪声监测数据通常是高频信号。小波阈值去噪法正是基于这一特征进行原始监测数据去噪。小波阈值去噪的主要步骤如下：

（1）在选择合适的小波基函数和分解层数之后，将$f(t)$分解为几个多尺度层。

（2）根据选择的阈值计算方法和阈值处理函数对小波系数进行限制。

（3）重构阈值处理后的高频系数和低频系数，得到去噪后的监测序列。

常见的小波基函数包括 Haar 小波，dbN 小波，symN 小波等。计算阈值λ的公式如下：

$$\lambda = \sigma\sqrt{2\ln(M)} \tag{5.4-2}$$

式中，M为信号长度；σ为噪声的标准偏差。可以根据以下公式估算σ：

$$\sigma = \frac{\mathrm{median}(|w_{j,k}|)}{0.6745} \tag{5.4-3}$$

式中，median是中间值函数，而$w_{j,k}$是去噪之前的小波变换系数。阈值处理功能有两种类型，即硬阈值处理和软阈值处理，如下所示：

硬阈值处理：
$$\overline{w}_{i,j} = \begin{cases} w_{j,k} & |w_{j,k} \geqslant \lambda| \\ 0 & |w_{j,k} < \lambda| \end{cases} \tag{5.4-4}$$

软阈值处理：
$$\overline{w}_{i,j} = \begin{cases} \mathrm{sign}(w_{j,k})(|w_{j,k}| - \lambda) & |w_{j,k} \geqslant \lambda| \\ 0 & |w_{j,k} < \lambda| \end{cases} \tag{5.4-5}$$

式中，$\overline{w}_{i,j}$为去噪后的小波变换系数；sign为符号函数。

3. 基于熵权法的加权融合

对于不同类型的监测指标，需要在不同的监测点布置多个传感器以获取数据。加权平均法在融合来自同类型的不同传感器测量值时，不失为一种方便实用的工具[133]。加权平均法的基本原理是计算所有传感器在每个时刻的输出数据的加权平均值。假设有n个位移传感器用于监测边坡的变形，便可以获得样本数据序列$\{X_1, X_2, \cdots, X_n\}$，其中$X_j$（$j = 1, 2, \cdots, n$）是第$j$个传感器提供的一系列位移。同时假设$w_j$（$j = 1, 2, \cdots, n$）是分配给第$j$个传感器的权重值，加权平均融合模型即可表示如下：

$$T_1 = [w_1, w_2, \cdots, w_n][X_1, X_2, \cdots, X_n]^{\mathrm{T}} \tag{5.4-6}$$

式中，T_1为综合位移的时间序列。

由式(5.4-6)可知，每个传感器所对应的权重值对于加权平均融合模型至关重要。通常，来自某些传感器的监测数据具有明显的规律，而另一部分传感器则没有明显的规律。前一种类型的传感器可提供更有效的信息，并应在数据融合中占更大的比例。熵可用于衡量传感器提供信息的有效性。当传感器的监测数据的变化具有一定规律时，意味着其熵较小，提供的有效信息较多，其权重也较大。相反地，当监测值无规律地变化时，其提供的有效信息较少，对应的权重也较小。

第j个传感器（H_j）的熵定义如下：

$$H_j = -\frac{1}{\ln M} \sum_{i=1}^{M} f_{ij} \ln(f_{ij}) \tag{5.4-7}$$

式中，M为时间序列的长度，f_{ij}的计算式如下：

$$f_{ij} = \frac{1 + X_{ij}}{\sum_{i=1}^{M}(1 + X_{ij})} \tag{5.4-8}$$

其中X_{ij}是第j个传感器的第i个测量值。如果$f_{ij} = 0$，则$f_{ij}\ln(f_{ij})$被视为0。由此，第j个传感器的熵权值计算式如下：

$$w_j = \frac{1 - H_j}{n - \sum_{j=1}^{n} H_j} \tag{5.4-9}$$

其中n是相同类型的传感器的数量，w_j具有以下特征：

$$w_j > 0 \quad \sum_{j=1}^{n} w_j = 1 \tag{5.4-10}$$

4. 基于主成分分析的信息融合

主成分分析是功能数据分析中至关重要的降维工具，它可以通过线性变换将一组给定的线性相关变量转换为另一组正交的线性不相关的变量，其最终目标是使用数学变换来简化数据，从而用较少的变量来解释原始数据中较多的变量[134]。

假设有p个监测指标，并且T_1，T_2，$\cdots$，T_p是根据熵权法获得的不同监测指标的综合时间序列。因此，形成p维向量$T = (T_1, T_2, \cdots, T_p)$，并且$T$的分量彼此相关。$T$的主成分分析过程如下：

（1）为消除监测指标维度的影响，需要对综合时间序列的样本值进行标准化。假设在T中的第j个监测索引的第i个样本值为t_{ij}（$i = 1, 2, \cdots, M$；$j = 1, 2, \cdots, p$），标准化矩阵为：

$$Z = \begin{bmatrix} z_{11} & z_{12} & \cdots & z_{1p} \\ z_{21} & z_{22} & \cdots & z_{2p} \\ \vdots & \vdots & \ddots & \vdots \\ z_{M1} & z_{M2} & \cdots & z_{Mp} \end{bmatrix} \quad z_{ij} = \frac{t_{ij} - \mu_j}{\sqrt{\sigma_j}} \quad (i = 1,2,\cdots,M; \; j = 1,2,\cdots,p) \qquad (5.4\text{-}11)$$

其中μ_j和σ_j是T列的期望值和方差。

（2）计算归一化矩阵Z的相关系数矩阵：

$$R = \frac{1}{M-1}ZZ^{\mathrm{T}} \qquad (5.4\text{-}12)$$

（3）计算相关系数矩阵R的非负特征值和对应的特征向量。

（4）计算累计贡献率，确定主成分，

$$a = \sum_{i=1}^{L} \lambda_i / \sum_{i=1}^{p} \lambda_i \qquad (5.4\text{-}13)$$

其中a表示累积贡献率，λ_i是第i个特征值。如果$a \geqslant 0.85$，则表示矩阵Z中包含的信息可以用L个主成分表示。

5.4.2 基于数据融合的施工力学行为分析

为了评估盾构隧道施工前后的安全性，建和大桥采用了安全状态自动监测技术，其监测内容包括垂直位移监测、水平位移监测和倾斜监测。所有这些监测点都设置在建和大桥北部和南部的墩和桥面板上。在正常监测过程中，监测间隔为1d，在旧桩破除和盾构穿越阶段，监测间隔为2h。在整个施工期间，安全状态监控持续约为1a。从前期工程到盾构隧道通过桥下的施工时间如图5.4-2所示。

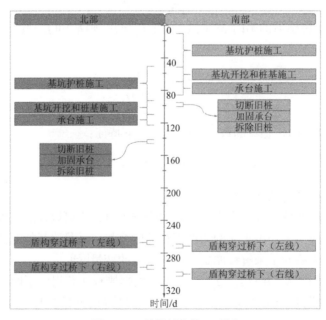

图 5.4-2　基桩托换施工时间

1. 北区施工

在北区，桥面板处有 19 个竖直位移监测点、26 个水平位移监测点和 10 个倾斜位移监测点。同时，在桥墩处设置了 10 个垂直位移监测点、10 个水平位移监测点和 10 个倾斜位移监测点。以桥面板的监测数据为例，图 5.4-3 显示的是未对垂直位移，水平位移和倾斜位移进行任何处理的原始数据。由图 5.4-4 可知，根据原始监测曲线来分析桥梁在施工过程中的安全状态存在较大的困难。因此，有必要根据本节提出的方法对监测数据进行深入分析。

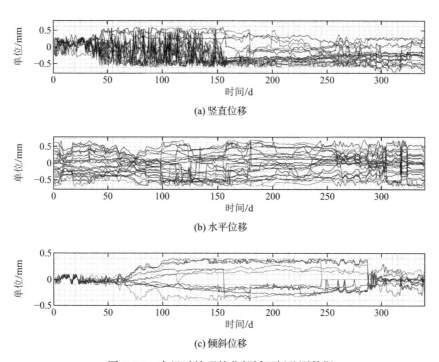

(a) 竖直位移

(b) 水平位移

(c) 倾斜位移

图 5.4-3　未经过处理的北部桥面板监测数据

根据第 5.4.1 节中提出的方法，我们可以获得垂直方向、水平方向和倾斜方向的综合位移，最后得到考虑所有监测数据的综合监测信息时间序列。另外，通过导数法获得它们对应的速度和加速度的随时间变化曲线。图 5.4-4 为综合位移时间序列及其速度、加速度曲线，图 5.4-5 为综合监测信息时间序列及其速度、加速度曲线。以下基于图 5.4-4 和图 5.4-5 分析施工过程中建和大桥北部板块的力学行为。

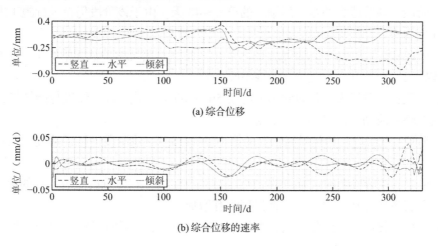

(a) 综合位移

(b) 综合位移的速率

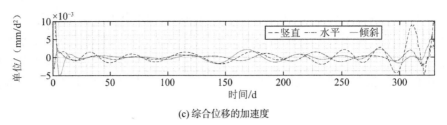

(c) 综合位移的加速度

图 5.4-4　综合位移的时间序列及其对应的速度和加速度（北区桥面板）

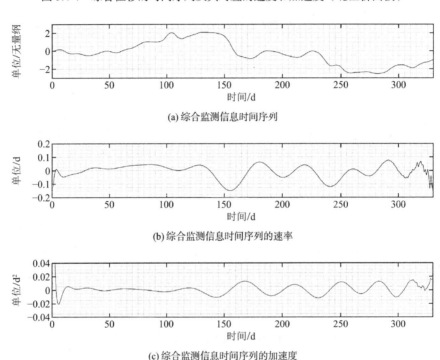

(a) 综合监测信息时间序列

(b) 综合监测信息时间序列的速率

(c) 综合监测信息时间序列的加速度

图 5.4-5　综合监测信息时间序列及其对应的速度和加速度（北区桥面板）

1）垂直方向的综合位移

根据图 5.4-4（a），可以将其粗略地分为 10 个阶段，每个阶段的特性和相应的施工节点如下所述：

第 1 阶段：该阶段大约是时间轴上的第 0～40 天。由于该阶段仍在进行施工准备，垂直位移几乎为零，并保持恒定。

第 2 阶段：该阶段大约是时间轴上的第 40～50 天。基坑围护桩开始施工，桩的挤土效应使整体桥梁结构抬升，垂直位移曲线不断上升。

第 3 阶段：此阶段大约是时间轴上的第 50～100 天。该阶段持续进行围护桩施工。垂直位移曲线略有波动，但整体保持不变。

第 4 阶段：此阶段大约是时间轴上的第 100～115 天。该阶段进行了基坑开挖及新的基桩施工，引起了桥梁结构的沉陷。

第 5 阶段：该阶段大约是时间轴上的第 115～150 天。在该阶段建造了新的承台，采用多个千斤顶将桥体上托。因此，垂直位移略有增加。

第 6 阶段：该阶段大约是时间轴上的第 150～160 天。与盾构隧道冲突的旧桩被切断、拆除，桥梁结构的荷载传导至承台和新桩，因此桥体有明显的沉降。

第 7 阶段：此阶段大约是时间轴上的第 160～220 天。基桩托换完成后，桥梁结构的沉降变形趋于稳定。

第 8 阶段：此阶段大约是时间轴上的第 220～260 天。盾构施工至建和大桥附近，导致桥体继续下沉，直至稳定。

第 9 阶段：此阶段大约是时间轴上的第 260～310 天。左线和右线的盾构隧道分别在第 290 天和第 304 天通过桥下。当盾构通过时，桥梁结构具有明显的沉降，表明竖向位移具有滞后性。

第 10 阶段：此阶段大约在第 310 天到施工阶段结束。可以发现，垂直位移再次逐渐升高。这可能是由于盾构隧道在桥下通过之后盾构衬砌段的翘曲效应引起的。

2）水平方向的综合位移

根据图 5.4-4（a），可以将其粗略地分为 5 个阶段，每个阶段的特性和对应的施工节点描述如下：

第 1 阶段：该阶段大约是时间轴上的第 0～95 天。水平位移没有明显的变化，只有轻微的摆动，这表明基坑围护桩的施工过程对桥梁结构的水平位移没有显著影响。

第 2 阶段：此阶段大约是时间轴上的第 95～110 天。结果表明，基坑开挖对水平位移有影响，导致水平位移增大。

第 3 阶段：该阶段大约是时间轴上的第 110～150 天。该阶段内建造了新的承台。水平位移在最初保持不变，然后在该阶段结束时发生了反向的位移。可能是由于多个千斤顶对桥体的支撑导致了桥体的不均匀上升。

第 4 阶段：此阶段大约是时间轴上的第 150～220 天。水平位移略有上升和下降。与竖向位移的时程曲线相比，表明截断桩的施工过程对水平位移无明显影响，但对竖向位移影响显著。

第 5 阶段：该阶段大约在第 220 天到施工阶段结束。可以发现，水平位移在该阶段开始时上升，然后几乎保持恒定，直至该阶段结束。这可能是由于盾构的行进会引起很大的水平位移，而在穿过桥下部时主要引起竖向位移。

3）倾斜的综合位移

根据图 5.4-4（a），可以将其粗略地分为 5 个阶段，每个阶段的特征和对应的施工节点如下所述：

第 1 阶段：该阶段大约是时间轴上的第 0～100 天。从施工准备到挡土墙施工的完成，倾斜度大大增加。结果表明，挤土效应对桥体的倾斜影响很小。

第 2 阶段：该阶段大约是时间轴上的第 100～150 天。倾斜变形保持不变，表明开挖基坑、建造新桩和承台等程序对倾斜变形没有影响，而是主要影响垂直方向的位移。

第 3 阶段：该阶段大约是时间轴上的第 150～160 天。在此阶段，倾斜度发生了显著变化，表明切断和拆除旧桩会影响桥梁的倾斜变形。

第 4 阶段：此阶段大约是时间轴上的第 160～270 天。在此阶段，盾构完全通过桥下之前，倾斜度会略有起伏。

第 5 阶段：该阶段大约是第 270 天，即时间表上的施工期结束。可以发现，在盾构通过桥下的当天，倾斜度发生了显著变化。

4）综合监测信息时间序列

根据图 5.4-5（a），可以将其大致分为 6 个阶段，每个阶段的特征和对应的施工节点如下所述：

第 1 阶段：该阶段大约是时间轴上的第 0～50 天。综合监测信息时间序列没有明显变化。

第 2 阶段：该阶段大约是时间轴上的第 50～150 天。综合监测信息值不断增加，并在该阶段未出现波动现象。结果表明，围护桩施工与基坑开挖的共同作用，首先对桥体产生逐渐增大的扰动，新桩完成后对桥体状态的扰动没有明显变化。

第 3 阶段：这个阶段大约是时间轴上的第 150～165 天。综合监测信息值急剧下降，旧桩的断桩和破除对桥体的扰动较大，直接表现为综合监测信息的明显变化。

第 4 阶段：此阶段大约是时间轴上的第 165～220 天。综合监测信息在桩基更换完成后发生波动变化，表明桥梁自稳性较好。

第 5 阶段：此阶段大约是时间轴上的第 220～260 天。盾构在建和大桥附近行进，对桥体的扰动不断增大。因此，综合监测信息也在不断变化。

第 6 阶段：此阶段大约是第 260 天，直到施工期结束。桥下的两个盾构隧道通过，导致桥体受到的扰动增加。

根据以上对 4 种不同时程曲线的综合分析发现，与水平位移和倾斜的综合监测指标相比，综合竖向位移能更好地反映不同施工步骤对桥体的影响。另外，多源异构监测数据融合后得到的综合监测信息时间序列可以反映大多数施工步骤中桥梁状态的显著变化。根据以上分析，存在 3 个施工步骤（即开挖基坑、切断并破除旧桩、盾构下穿桥梁桩基）在 4 种时程曲线上产生局部最大速度和加速度。由此表明，在此 3 个施工步骤中，桥梁可能会达到最危险的状态。

2. 南区施工

在建和大桥的南区桥面板和桥墩处也布置了竖直位移、水平位移和倾斜位移的监测点。以桥面板的监测数据为例，如图 5.4-6 所示，根据原始监测曲线来分析桥梁在施工过程中的安全状态存在较大的困难。因此，有必要根据本节提出的方法对监测数据进行深入分析。

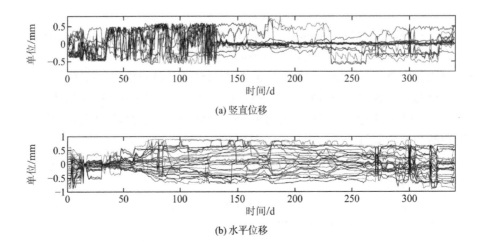

(a) 竖直位移

(b) 水平位移

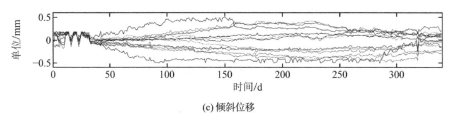

(c) 倾斜位移

图 5.4-6 未经过处理的南区桥面板监测数据

原始监测数据的处理结果如图 5.4-7 和图 5.4-8 所示，分析南区桥面板在施工过程中的力学行为。

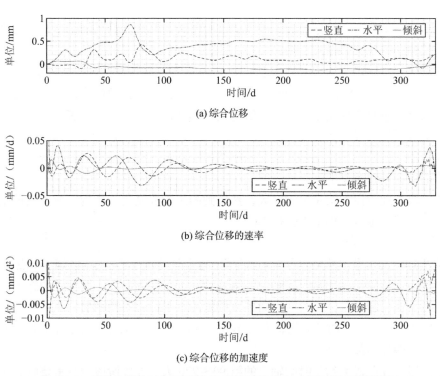

(a) 综合位移

(b) 综合位移的速率

(c) 综合位移的加速度

图 5.4-7 综合位移的时间序列及其对应的速度和加速度（南区桥面板）

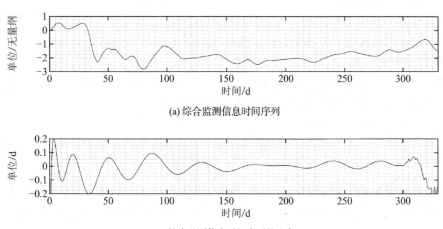

(a) 综合监测信息时间序列

(b) 综合监测信息时间序列的速率

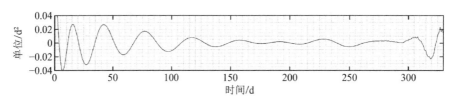

(c)综合监测信息时间序列的加速度

图 5.4-8　综合监测信息时间序列及其对应的速度和加速度（南区桥面板）

1）垂直方向的综合位移

根据图 5.4-7（a），可以将其粗略地分为 5 个阶段，每个阶段的特性和对应的施工节点如下所述：

第 1 阶段：该阶段大约是时间轴上的第 0～40 天。基坑围护桩的施工对墩台周围的土体产生挤压作用，导致桥体向上抬升。

第 2 阶段：该阶段大约是时间轴上的第 40～50 天。基坑的开挖引起桥梁结构的沉陷。

第 3 阶段：该阶段大约是时间轴上的第 50～90 天。在此阶段内进行新桩和承台的施工。桥体的整体垂直位移发生波动，然后达到局部峰值。结果表明，多个千斤顶对桥体进行抬升，引起了桥的竖向变形。

第 4 阶段：此阶段大约是时间轴上的第 90～100 天。综合垂直位移显著减小，表明切断并破除旧桩会导致桥梁下沉。

第 5 阶段：此阶段大约是第 100 天，然后到施工阶段结束。盾构完成了大桥基础的穿越，该阶段的综合垂直位移基本保持不变。

2）水平方向的综合位移

根据图 5.4-7（a），将其粗略地分为 4 个阶段，每个阶段的特征和对应的施工节点如下所述：

第 1 阶段：该阶段大约是时间轴上的第 0～80 天。在此阶段，围护桩的施工、基坑的开挖、新桩的施工和承台施工共同作用导致桥体的水平位移不断增加。

第 2 阶段：该阶段大约是时间轴上的第 80～90 天。在此阶段，切断并破除旧桩会导致水平位移发生明显回弹。

第 3 阶段：此阶段大约是时间轴上的第 90～270 天。在此阶段没有重要的施工步骤，水平位移未发生显著变化。

第 4 阶段：此阶段大约是第 270 天到施工阶段结束。左线和右线的盾构隧道分别在第 275 天和第 314 天通过桥下。水平位移的变化反映了盾构隧道穿越桥下的过程。

3）倾斜的综合位移

与水平和垂直位移曲线相比，整个施工阶段的整体倾斜位移均保持不变，这表明在南区盾构穿越施工过程中，倾斜变形不能反映桥体的状态。

4）综合监测信息时间序列

根据图 5.4-8（a），将其粗略地分为 5 个阶段，每个阶段的特征和对应的施工节点如下所述：

第 1 阶段：该阶段大约是时间轴上的第 0～50 天。在该阶段内主要进行基坑围护桩的施工，将对桥体产生较大的扰动。因此，在一个较短的时间段内，综合监测信息值先急剧降低然后显著升高。

第 2 阶段：该阶段大约是时间轴上的第 50～90 天。在这一阶段，综合监测信息出现了严重的波动。这是由于基坑开挖、新桩和承台施工的共同作用对桥体造成了很大的扰动。

第 3 阶段：此阶段大约是时间轴上的第 90～100 天。切断并破除旧桩导致综合监测信息值发生显著波动。

第 4 阶段：此阶段大约是时间轴上的第 100～270 天。综合监测信息值略有波动，基本保持不变。

第 5 阶段：该阶段大约是第 270 天，直到施工期结束。综合监测信息值随着盾构通过桥下不断增加。结果表明，该阶段施工对桥体有持续性的扰动。

通过以上分析，可以得出结论，水平位移的时程曲线和综合监测信息时间序列可以识别施工过程中的桥梁状态特征。相比之下，倾斜变形不能识别桥梁南部板块的状态特征。此外，由图 5.4-7 和图 5.4-8 中的速度和加速度时程曲线可以发现，速度和加速度在以下三个时间段附近达到局部峰值，开挖基坑、破除旧桩和盾构下穿。由此表明，这三个施工步骤是桩基更换过程中最危险的时刻。

5.4.3　小　结

工程结构的状态监测涉及不同的监测指标，每个监测指标都包含众多监测点，这些监测点会产生大量具有不同量纲的监测数据。在实践中，基于这些原始数据直接评估工程结构的安全状态是一个巨大的挑战。因此，我们提出了一种新的方法来深入分析多源异构监测数据。主要结论如下：

1）处理多源异构监测数据的整个过程可以分为三个步骤：

（1）对原始的监测数据进行小波去噪；

（2）将来自同一监测指标的不同监测点的去噪数据融合在一起，建立同一监测指标不同监测点融合时间序列；

（3）融合不同监测指标的综合时间序列，建立最终的综合监测信息时间序列。

2）在本项研究中，综合垂直位移时间序列可以反映建和大桥北部桥面板在整个施工期间的状态，而南部桥面板则需要采用综合水平位移进行施工过程的状态识别。由此可见，单一的监测指标并不一定能准确表征工程结构在施工过程中的状态。综合监测信息时间序列融合了三个综合监测指标的原始信息。无论是北区桥面板还是南区桥面板，均能够采用综合监测信息时间序列反映其在整个施工过程中的主要状态特征。因此，将加权融合方法与主成分分析方法相结合，可以为监测数据分析提供一种有效的方法。

5.5　工程结构施工过程监测数据融合分析系统开发

5.5.1　软件功能与技术特点

本程序系统基于小波分解技术对不同类型的原始监测数据进行预处理和去噪。然后，借助熵权法将来自不同监测点的相同类型监测数据融合为一个监测序列。随后，利用主成分分析法从不同类型的监测序列中提取出综合监测信息作为时间序列，基于变点分析理论得到随时间变化的工程结构状态。

软件系统在 Windows 操作系统下利用 Matlab 开发实现，主要特点如下：

（1）本软件系统采用 Matlab 语言开发，计算效率高，且系统界面简洁明了，易于操作；

（2）本软件系统的计算过程具有严格的数学基础，能够直观显示施工过程工程结果状态的分段特征。

5.5.2 软件操作指南

工程结构施工过程监测数据融合分析系统的操作界面如图 5.5-1 所示，分为两个模块：

（1）计算模块，计算数据的输入及结果的显示；

（2）显示模块，完成数据分析后，查看分析中的过程变量。

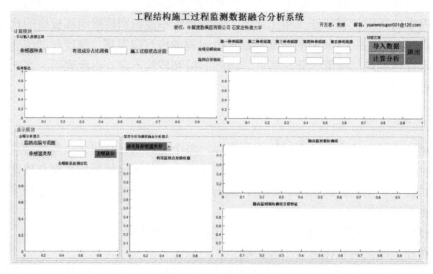

图 5.5-1　系统操作界面

1. 计算模块

1）手动输入数据区域

（1）传感器种类：数据融合的监测数据类型数量。

（2）有效成分占比阈值：综合监测信息时间序列所包含有效信息量与全部监测信息的比值。

（3）施工过程状态分段：根据综合监测信息对整个施工过程进行状态分段的数目。

（4）去噪分解级数：对原始监测数据进行小波去噪处理时，对原始数据分解的层数。

（5）监测点分组数：将同种类型传感器的不同监测点进行分组的数量。

2）按钮区域

（1）导入数据：导入原始监测数据，数据文件为 xlsx 格式，每种传感器的监测数据储存在一个工作表中，每个工作表的数据格式见表 5.5-1。

监测数据存储格式　　　　　　　　　　表 5.5-1

监测时间	监测点 1	监测点 2	监测点 3	监测点 4	……	监测点 $n-1$	监测点 n
时间点 1							
时间点 2						监测数据	
……		监测数据					
时间点 m							

注：1. 监测数据的类型最多是 5 种，每种类型监测数据的监测点个数不限。

2. 监测时间数据格式为相对时间，即相对第一次监测的间隔，比如第××天、第××小时等，监测时间点的数目不限。

3. 不同类型监测数据的监测时间点间隔及时间点数要一致。

（2）计算分析：当完成数据输入和数据导入后，点击"计算分析"按钮，程序系统自动进行计算，并将计算结果在"结果输出"的两个图框中显示。

左边图框：显示综合监测信息曲线及工程结构状态分段特征及分段对应的时间点。

右边图框：显示综合监测信息的速率曲线。

（3）退出：点击此按钮，退出程序系统并清除变量信息。

图 5.5-2 显示计算模块的一个案例，此案例共有 3 种传感器，初始计算预估有效成分占比 0.3，施工过程状态分为 10 段，3 种传感器原始数据去噪分析的层数均为 4，监测点分组数均为 2，本程序系统计算后，施工过程状态分段的时间点分别为 22、39、52、69、89、126、172、239、285、322。

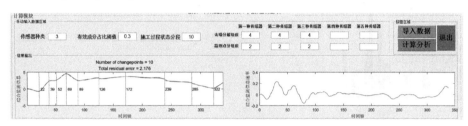

图 5.5-2　计算模块

2. 显示模块

1）去噪分析显示

（1）监测点编号范围：选择要显示的监测点编号，第一方框的值要小于第二方框的值。

（2）传感器类型：选择要显示的传感器类型。

（3）"去噪显示"按钮：输入上述数据后，点击此按钮，在"去噪前后数据对比"图框中显示两组数据，离散点表示原始数据，实线表示去噪后数据。

图 5.5-3 为去噪分析显示的示例。

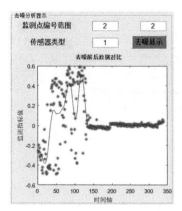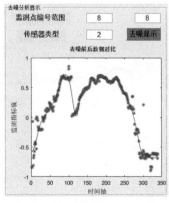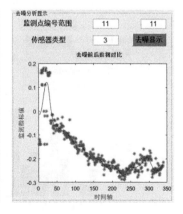

图 5.5-3　去噪分析显示示例

2）聚类分析和熵权融合分析显示

在下拉菜单选择"第一类数据"……"第五类数据"，即可在以下两个图框中显示聚类分析和熵权融合分析结果。

有效监测点及熵权值：相同传感器中用于同类型数据融合的有效监测点编号及对应的融合熵权值。

融合监测指标曲线：相同传感器中用于同类数据融合的有效监测点曲线及多源融合后的监测点曲线，实线表示有效监测点的曲线，离散点表示多源融合曲线。

融合监测指标曲线分段特征：同种类型传感器的不同监测点数据融合后得到的监测指标曲线，并对其进行变点分析获取分段特征。

图 5.5-4 为聚类分析和熵权融合分析显示示例。

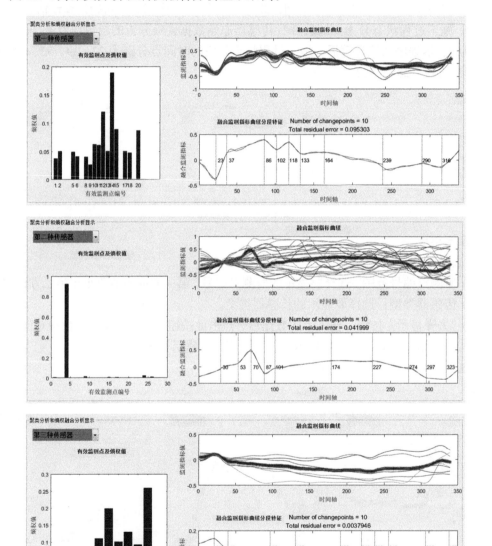

图 5.5-4　聚类分析和熵权融合分析显示示例

第 6 章

结论与展望

6.1 结 论

结合石家庄地铁 1 号线实例对砂黏复合地层盾构隧道施工引起的地层变形规律和开挖面稳定性措施展开相关研究。在研究砂地层复合比与盾构掘进参数的相关性的基础上，建立了适合砂黏复合地层的掘进速率模型。依据实例分析预测公式中 Attewell 公式最适用于盾构穿越砂黏复合地层的地表沉降预测。通过数值模型分析选用盾构机，针对石家庄地铁 1 号线白留区间，土舱压力采用 150kPa，可以有效减小地表沉降；盾尾同步注浆压力取 300kPa，可以有效地控制盾构开挖造成的地表沉降。

结合洛阳 1 号线实例对富水砂卵石地层盾构隧道施工引起的地层变形规律和开挖面稳定性措施展开相关研究。经过室内试验表明改进的切线泊松比邓肯-张模型更适合于砂卵石地层本构模型；通过现场测试分析隧道掘进引起的地层变形和受力状态；采用数值模拟的方法，对盾构隧道的开挖面稳定性和土体的破坏模式进行了分析；推导出了主、被动支护力与位移关系公式。

结合石家庄地铁 2 号线下穿建和桥桩基托换工程实例，分析了异形板桥在桩基托换、盾构隧道穿越施工中动态力学行为及荷载转移机制，提出了一种多源异构融合分析方法。它比单一的监测指标更能准确表征工程结构在施工过程中的状态，并编译成软件，有利于分析监测数据小幅波动的工程施工变形情况。

6.2 展 望

本书中仅对砂黏复合地层和富水砂卵石地层盾构隧道开挖引起的地层变形和稳定性进行了分析和研究，对其他地层盾构隧道开挖引起的地层变形和稳定性研究待以后结合工程实际进行补充修订。

参考文献

[1] 徐朋, 吴永红, 陈鑫, 等. 基于长期监测的大跨度悬索桥主梁活载挠度分析与预警[J]. 科学技术与工程, 2020, 20(36): 15095-15099.

[2] DEWITTE O, JASSELETTE J C, CORNET Y, et al. Tracking landslide displacements by multi-temporal DTMs: A combined aerial stereophotogrammetric and LIDAR approach in western Belgium[J]. Engineering Geology, 2008, 99(1): 11-22.

[3] XIAO D L, ZHANG T, ZHOU X D, et al. Safety monitoring of expressway construction based on multi-source data fusion[J]. Journal of Advanced Transportation, 2020, 8856360.

[4] 何川, 李讯, 江英超, 等. 黄土地层盾构隧道施工的掘进试验研究[J]. 岩石力学与工程学报, 2013(9): 1736-1743.

[5] 王承震. 扬州瘦西湖隧道全黏土地层泥水盾构施工开挖面稳定性研究[J]. 隧道建设, 2015(7): 642-649.

[6] 裴洪军. 基于 ANSYS 盾构法隧道施工开挖面稳定性的研究[J]. 中国农村水利水电, 2010(7): 91-93.

[7] 胡欣雨, 刘安洋. 复合地层泥水盾构开挖面失稳破坏宏微观机理[J]. 上海交通大学学报, 2015(7): 1067-1074.

[8] 乔金丽, 张义同, 高健. 考虑渗流的多层土盾构隧道开挖面稳定性分析[J]. 岩土力学, 2010(5): 1497-1502.

[9] 霍晓龙, 陈寿根. 上软下硬地层中盾构开挖面稳定的可靠度研究[J]. 地下空间与工程学报, 2013(4): 854-860+901.

[10] 邱龑, 杨新安, 徐前卫, 等. 富水砂层盾构隧道开挖面稳定性及其失稳风险的分析[J]. 中国铁道科学, 2015(6): 55-62.

[11] 李君, 陈仁朋, 孔令刚. 干砂地层中盾构开挖面失稳模式及土拱效应试验研究[J]. 土木工程学报, 2011(7): 142-148.

[12] 陈仁朋, 李君, 陈云敏, 等. 干砂盾构开挖面稳定性模型试验研究[J]. 岩土工程学报, 2011(1): 117-122.

[13] 汤旅军, 陈仁朋, 尹鑫晟, 等. 密实砂土地层盾构隧道开挖面失稳离心模型试验研究[J]. 岩土工程学报, 2013(10): 1830-1838.

[14] 韩月旺, 钟小春, 朱伟, 等. 压力舱土体改良对盾构开挖面稳定影响研究[J]. 岩土力学, 2007(S1): 516-520.

[15] PECK R B. Deep excavations and tunneling in soft ground[C]// Proceedings of the 7th international conference on soil mechanics and foundation engineering. Mexico, 1969: 225-281.

[16] MAIR R J, TAYLOR R N, BRACEGIRDLE A. Subsurface settlement profiles above tunnels in clays[J]. Geotechnique, 1993, 43(2): 315-320.

[17] 杨峰峰, 晏红波, 田力, 等. Peck 修正公式在富水砂卵石地层盾构隧道地表沉降预测中的适用性研究[J]. 工程勘察, 2021, 49(11): 72-78.

[18] LEE K M, ROWE R K, LOKY. Subsidence owing to tunneling I: estimating the gap parameter[J]. Canadian Geotechnical Journal, 1992, 29(6): 929-940.

[19] 白海卫，宋守信，王剑晨. Peck 公式在双线盾构隧道施工地层变形中的适应性分析[J]. 北京交通大学学报，2015(3): 30-34.

[20] 杨三资，张顶立，王剑晨，等. 北京黏性土地层大直径土压平衡盾构施工地层变形规律研究[J]. 土木工程学报，2015(S1): 297-301.

[21] 周灿朗. 粉细砂地层盾构施工地层变形规律分析[J]. 铁道建筑，2016(3): 79-82.

[22] SAGASETA C. Analysis of undrained soil deformation due to ground loss[J]. Geotechnique, 1987, 37(3): 301-320.

[23] VERRUIJT A, BOOILER J R.Surface settlements due to deformation of a tunnel in an elastic half plane[J]. Geotechnique, 1996, 46(4): 75-75l.

[24] LOGANATHAN N, POULOS H G. Analytical prediction for tunneling-induced ground movement in clays[J]. Journal of Geotechnical and Geoenvironmental Engineering, 1998, 124(9): 846-856.

[25] PARK K H.Elastic solution for tunneling-induced ground movements inclays[J]. International Journal of Geomechanics, 2004, 4(4): 310-318.

[26] PARK K H.Analytical solution for tunneling-induced ground movementin clays[J]. Tunnelling and Underground Space Technology, 2005, 20(3): 249-261.

[27] 朱忠隆，张庆贺，易宏传. 软土隧道纵向地表沉降的随机预测方法[J]. 岩土力学，2001(1): 56-59.

[28] 王立忠，吕学金. 复变函数分析盾构隧道施工引起的地基变形[J]. 岩土工程学报，2007(3): 319-327.

[29] 魏纲，张世民，齐静静，等. 盾构隧道施工引起的地面变形计算方法研究[J]. 岩石力学与工程学报，2006(S1): 3317-3323.

[30] 魏纲，徐日庆. 软土隧道盾构法施工引起的纵向地面变形预测[J]. 岩土工程学报，2005(9): 1077-1081.

[31] 姜安龙. 盾构隧道施工地层变形三维解及影响因素分析[J]. 现代隧道技术，2015(1): 127-135+142.

[32] 于宁，朱合华. 盾构隧道施工地表变形分析与三维有限元模拟[J]. 岩土力学，2004(8): 1330-1334.

[33] 姜忻良，崔奕，李园，等. 天津地铁盾构施工地层变形实测及动态模拟[J]. 岩土力学，2005(10): 91-95.

[34] 邱明明，姜安龙，舒勇. 城市地铁盾构施工地层变形三维数值模拟分析[J]. 防灾减灾工程学报，2014(2): 161-167.

[35] 关辉辉，王军，刘中心. 石家庄地铁 1 号线土压平衡盾构施工掘进参数研究[J]. 铁道建筑，2015(12): 39-42+99.

[36] 杨三资，王海江. 石家庄轨道交通1号线盾构开挖引起地表沉降分析[J]. 隧道建设，2015(S1): 41-47.

[37] 刘栋. 石家庄市轨道交通1号线小半径曲线隧道盾构施工技术[J]. 隧道建设，2015(S1): 80-84.

[38] 肖昱. 地铁区间隧道穿越粉细砂地层土压平衡盾构施工技术[J]. 国防交通工程与技术，2015(5): 59-62.

[39] 姜忻良，王振军. 盾构法隧道施工工序对地表既有铁路的影响分析[J]. 建筑结构，2013(S2): 96-99.

[40] 王军，熊东旭，马建刚，等. 提高土压平衡盾构掘进效率研究[J]. 隧道建设，2015(S1): 59-64.

[41] 王忠昶，常龙，夏洪春. 地铁盾构双线隧道施工地层变形及衬砌结构应力数值分析[J]. 大连交通大学学报，2017(1): 81-85.

[42] 王军，熊东旭，熊立舟，等. 无水砂层土压平衡盾构长距离掘进施工技术[J]. 隧道建设，2015(S1): 53-58.

[43] 白永学，漆泰岳，吴占瑞. 砂卵石地层盾构开挖面稳定性分析[J]. 土木建筑与环境工程，2012(S1): 89-96.

[44] 凌同华, 朱亮, 黄阜, 等. 地表超载对盾构隧道开挖面稳定性的影响[J]. 中外公路, 2015(5): 217-221.

[45] 郑佳艳, 吕玺琳, 李冯缔. 高水位条件下盾构隧道开挖稳定性数值模拟[J]. 公路交通技术, 2014(3): 86-89+94.

[46] 吕玺琳, 王浩然, 黄茂松. 盾构隧道开挖面稳定极限理论研究[J]. 岩土工程学报, 2011(1): 57-62.

[47] XIAO D L, ZHANG T, ZHOU X D, et al. Safety monitoring of expressway construction based on multi-source data fusion[J]. Journal of Advanced Transportation, 2020, 8856360.

[48] 彭鹏, 单治钢, 董育烦. 多传感器估值融合理论在滑坡动态变形监测中的应用研究[J]. 工程地质学报, 2011, 19(6): 928-934.

[49] 王智伟, 王利, 黄观文, 等. 基于 BP 神经网络的滑坡监测多源异构数据融合算法研究[J]. 地质力学学报, 2020, 26(4): 575-582.

[50] 孙志久, 朱福星, 刘远财, 等. 多源信息融合的大坝安全智能诊断关键技术与系统实现[J]. 水电能源科学, 2020, 38(11): 85-89.

[51] LIU C, SHAO X H, LI W Y. Multi-sensor observation fusion scheme based on 3D variational assimilation for landslide monitoring[J]. Geomatics, Natural Hazards and Risk, 2019, 10(1): 151-167.

[52] WANG Y, LIU Z P, WANG D H, et al. Anomaly detection and visual perception for landslide monitoring based on a heterogeneous sensor network[[J]. IEEE Sensor Journal, 2017, 17(13): 4248-4257.

[53] 北京市轨道交通建设管理有限公司. 北京市轨道交通工程建设安全风险管理体系[R]. 北京, 2008.

[54] 杨志勇, 江玉生, 江华, 等. 北京地铁盾构隧道安全风险组段划分方法研究[J]. 铁道标准设计, 2012(3): 65-68.

[55] 蔡真. 砂卵石地层不同盾构机开挖引起地表沉降特征及控制研究[D]. 成都: 西南交通大学, 2013.

[56] 褚东升. 长沙地铁下穿湘江土压平衡盾构隧道掘进参数研究[D]. 长沙: 中南大学, 2012.

[57] 路平. 基于模糊理论的盾构掘进参数对周围土体变形影响的研究[D]. 天津: 天津大学, 2014.

[58] 管会生. 土压平衡盾构机关键参数与力学行为的计算模型研究[D]. 成都: 西南交通大学, 2008.

[59] 陈馈, 洪开荣, 吴学松. 盾构施工技术[M]. 北京: 人民交通出版社, 2016: 71-76.

[60] 付春青, 刘波. 土压平衡式盾构穿越软弱浅覆土河床施工技术及风险策略[J]. 施工技术, 2018, 47(7): 106-112.

[61] 宋克志, 孙谋. 复杂岩石地层盾构掘进效能影响因素分析[J]. 岩石力学与工程学报, 2007(10): 2092-2096.

[62] 徐前卫. 盾构施工参数的地层适应性模型试验及其理论研究[D]. 上海: 同济大学, 2006.

[63] 王洪新. 土压平衡盾构刀盘扭矩计算及其与盾构施工参数关系研究[J]. 土木工程学报, 2009, 42(9): 109-113.

[64] 李杰, 付柯, 郭京波, 等. 复合地层下盾构掘进速度模型的建立与优化[J]. 现代隧道技术, 2017, 54(3): 142-147.

[65] 王洪新. 土压平衡盾构刀盘开口率对土舱压力的影响[J]. 地下空间与工程学报, 2012, 8(1): 89-93+104.

[66] 郭伟, 胡竟, 刘建琴, 等. 基于计算流体动力学的盾构刀盘开挖面土体分析[J]. 天津大学学报, 2012, 45(12): 1039-1044.

[67] 李文聪. 地铁车站中洞法施工地表沉降变形规律研究[J]. 现代隧道技术, 2018, 55(2): 189-193.

[68] 张建伟. 地铁隧道下穿既有线地表沉降风险监控研究[D]. 北京: 北方工业大学, 2016.

[69] 魏纲. 盾构隧道深层土体沉降槽宽度系数计算方法研究[J]. 公路交通科技, 2010, 27(4): 110-115.

[70] ATTEWELL P B, YEATES J, SELBY A R. Soil movements induced by tunnelling and their effects on pipelines and structures[M]. Glasgow: Blackie, 1986.

[71] MELIS M, MEDINA L, RODRIGUEZ J M. Prediction and analysis of subsidence induced by shield tunneling in the Madrid metro extension[J]. Canadian Geotechnical Journal, 2002, 39(6): 1273-1287.

[72] 曹鲁鹏. 软土场地双线隧道土压盾构施工地表沉降规律研究[D]. 哈尔滨: 哈尔滨工业大学, 2017.

[73] HOYAUX B, LADANYI B. Gravitational stress field around a tunnel in soft ground[J]. Canadian Geotechnical Journal, 1970, 7(1): 54-61.

[74] HEFNY A M. Parametric studies on the interaction between existing and new bored tunnels[J]. Tunnelling and Underground Space Technology, 2004, 19(4-5): 471.

[75] 冯士杰, 来永玲. 盾构隧道同步注浆浆液压力变化规律研究[[J]. 科学技术与工程, 2014, 14(33): 116-121.

[76] 张莎莎, 戴志仁, 白云. 盾构隧道同步注浆浆液压力消散规律研究[J]. 中国铁道科学, 2012, 33(3): 40-48.

[77] 白云, 戴志仁, 张莎莎, 等. 盾构隧道同步注浆浆液压力扩散模式研究[J]. 中国铁道科学, 2011, 32(4): 38-45.

[78] DE BUHAN P, CUVILLIER A, DORMIEUX L, et al. Face stability of shallow circular tunnels driven under the water table: a number analysis[J]. International Journal for Numerical and Analytical Methods in Geomechanics, 1999, 23(1): 79-95.

[79] VERMEER P A, RUSE N, MARCHER T. Tunnel heading stability in drained ground[J]. Felsbau, 2002, 20(6): 8-18.

[80] 朱伟, 秦建设, 卢廷浩. 砂土中盾构开挖面变形与破坏数值模拟研究[J]. 岩土工程学报, 2005, 27(8): 897-902.

[81] 秦建设, 尤爱菊. 盾构隧道开挖面稳定数值模拟研究[J]. 矿山压力与顶板管理, 2005(1): 27-30.

[82] JANSEN H A. Versuche uber getreidedruck in soilzellen[J]. Zeitschrift des Vereins Deutscher Ingenieure, 1895, 39(35): 1045-1049.

[83] 黄正荣, 朱伟, 梁静华, 等. 浅埋砂土中盾构法隧道开挖面极限支护压力及稳定研究[J]. 岩土工程学报, 2007, 28(11): 2005-2007.

[84] 李昀, 张子新, 张冠军. 泥水平衡盾构开挖面稳定模型试验研究[J]. 岩土工程学报, 2007, 29(7). 1074-1079.

[85] 王敏强, 陈宏胜. 盾构推进隧道结构三维非线性有限元仿真[J]. 岩石力学与工程学报, 2002, 21(2): 228-232.

[86] MAYNAR M J, RODRIGUE L E. Discrete numerical model for analysis of earth pressure balance tunnel exvation[J]. Journal of Geotechnical and Geoenvironmental Engineering, 2005, 131(10): 1234-1242.

[87] ZHANG Z X, HU X Y, SCOTT K D. A discrete numberial approach for modeling face stability in slurry shield tunnelling in soft soils[J]. Computers and Geotechnics, 2011, 38(1): 94-104.

[88] 李志华, 华渊, 周太全, 等. 盾构隧道开挖面稳定的可靠度研究[J]. 岩石力学, 2008, 29(S1): 315-319.

[89] LEE C J, WU B R, CHEN H T, et al. Tunnel stability and arching effects during tunneling in soft clayey soil[J]. Tunneling and Underground Space Technology, 2006(21): 119-132.

[90] BORMS B B, Bennermark H. Stability of clay at vertical openings[J]. Journal of the Soil Mechanics and Foundation Division, 1967, 93(1): 71-94.

[91] ATTEWELL P B. Ground movements caused by tunneling in soil[M]//Gedds J D. Large Ground Movements and structures. London: Pentech Press, 1978: 812-948.

[92] DAVIS E H, Gunn M J, Mair R J, et al. The stability of shallow tunnels and underground openings in cohesive materia[J]. Geotechnique, 1980, 30(4), 397-416.

[93] LECA E, Dormieux L. Upper an lower bound solutions for the face stability of shallow circular tunnels in frictional material[J]. Geotechnique, 1990, 40(4): 581-606.

[94] SOUBRA, A H. Three-dimensional face stability analysis of shallow circular tunnels[C]//Proceedings of the International Conference on Geotechnical and Geological Engineering, Melbourne, 2000, 11: 19-24.

[95] SOUBRA, A H. Kinematical approach to the face stability analysis of shallow circular tunnels[C]// Proceedings of the eight international symposium on plasticity, Canada, British Columbia, 2002: 443-445.

[96] 许敬叔, 潘秋景. 盾构隧道开挖面支护力上限分析[J]. 铁道科学与工程学报, 2014, 11(4): 80-84.

[97] LEE I M, Nam S W. The study of seepage forces acting on the tunnel lining and tunnel face shallow tunnels[J]. Tunneling and Underground Space Technology, 2001, 16, 31-40.

[98] LEE I M, Nam S W, Jae-Hum Ahn. Effect of seepage forces on tunnel face stability[J]. Canadian Geotechnical Journal, 2002, 40(2): 342-345.

[99] SOUBRIN D, WONG H. Tunnel face stability in frictional material: a new 3D failure mechanism[J]. Comptes Rendus Mecanique 2002, 330(7), 513-519.

[100] HORN M. Horizontal earth pressure on perpendicular tunnel face[C]//Hungarian National Conference of the Foundation Engineer Industry. Budapest, 1961: 7-16.

[101] VERMEER P A, BONNIER P G, MOLLEN S C. On a smart use of 3D-FEM in tunneling[C]//The 8th International Symposium on Numberical Models in Geomechanics. Italy, 2002.

[102] BROERE W. Face Stability calculation for a slurry shield in hterogneous soft soils[J]. Tunnels and Metropolises, 1998: 215-218.

[103] 魏纲, 贺峰. 砂性土中顶管开挖面最小支护压力的计算[J]. 地下空间与工程学报, 2007, 3(5): 903-908.

[104] HU X Y, ZHANG Z X, KIEFFER S. A real-life stability model for a large shield-driven tunnel in heterogeneous soft soils[J]. Frontiers of Structural and Civil Engineering, 2012, 6(2): 176-187.

[105] JANCSECZ S, STEINER W. Face support for a large mix-shield in heterogeneous ground conditions[C]// Symphony Tunneling. London, 1994. 531-550.

[106] 张子新, 胡文. 黏性土地层中盾构隧道开挖面支护压力计算方法探讨[J]. 岩石力学与工程学报, 2014. 33(3): 606-614.

[107] ANGNOSTOU G, KOVARI K. The face stability of slurry-shield-driven tunnels[J]. Tunneling and Underground Space Technology, 1994, 9(2): 165-174.

[108] ANGNOSTOU, G, KOVARI, K. Face stability condition earth-pressure-balanced shields[J]. Tunneling and Underground Space Technology, 1996, 11(2): 165-173.

[109] 乔金丽. 盾构隧道开挖面的稳定性分析[D]. 天津: 天津大学, 2009.

[110] 张义同, 高健, 乔金丽, 等. 隧道盾构掘进土力学[M]. 天津: 天津大学出版社, 2010.

[111] 高健, 张义同. 盾构掘进速度对开挖面水头分布的影响[J]. 天津大学学报, 2010, 43(4): 287-292.

[112] FUJITA K, KUSAKABE O. Underground construction in soft ground[M]. Rotterdam: Balkema A A, 1995: 337-343.

[113] 孙广, 张鹏飞, 赵士元. 深基坑钢支撑预加轴力施加过程中的影响因素浅析[J]. 勘察科学技术,

2022(2): 6-8+42.

[114] 国计鑫, 孙广, 赵士元. 倒挂井壁法施工竖井在不同地质条件下的沉降分析[J]. 工程建设与设计, 2018(17): 46-48.

[115] 赵成刚, 白冰. 土力学原理[M]. 北京: 清华大学出版社, 2004.

[116] 聂庆科, 孙广, 郝永攀, 等. 多源异构监测数据融合方法及应用[J]. 科学技术与工程, 2022, 22(13): 5348-5357.

[117] SUN GUANG, LIU HAN, GUO ZHIYUAN, et al. A Displacement-Based Theory for Predicting the Support Force on the Shield Tunneling Surface in Sandy Soil Layers[J]. Advances in Civil Engineering, 2021.

[118] BAI B, RAO D, XU T, CHEN P. SPH-FDM boundary for the analysis of thermal process in homogeneous media with a discontinuous interface[J]. International Journal of Heat and Mass Transfer, 2018, 117: 517-526.

[119] QINGKE NIE, GUANG SUN, SIYUAN GAO, et al. Disturbance process of sandy gravel stratum caused by shield tunneling and ground settlement analysis[J]. Frontiers in Earth Science, 2021.

[120] ZHANG PENGFEI, LIU HAN, FENG ZHENTU, et al. A constitutive model of sandy gravel soil under large-sized loading/unloading triaxial tests[J]. Advances in Civil Engineering, 2021.

[121] 赫英超, 刘晗. 地铁隧道断面测量方法浅析[J]. 工程建设与设计, 2017(10): 92-93+111.

[122] BAI B, RAO D, CHANG T, et al. A nonlinear attachment-detachment model with adsorption hysteresis for suspension-colloidal transport in porous media[J]. Journal of Hydrology, 2019, 578: 124080.

[123] 袁淑芳, 韩立洲, 刘洪涛. 自动化监测技术在桥梁桩基托换中的应用[J]. 工程建设与设计, 2019(5): 185-187.

[124] 卢会龙. 地铁隧道变形监测现状分析[J]. 矿山测量, 2019, 47(5): 67-71.

[125] 盖忠奎, 江春建. 地铁隧道下穿既有线对线路结构变形影响的研究[J]. 工程建设与设计, 2020(14): 114-115.

[126] 江春建. 基于中心逼近式的 GM（1，1）模型在变形预测中的应用[J]. 工程建设与设计, 2020(1): 185-187.

[127] 袁淑芳, 聂庆科. 基于 GIS 的建筑物沉降监测信息系统的开发与应用[J]. 工程勘察, 2012, 40(5): 73-76.

[128] 孙广, 国计鑫. 建(构)筑物沉降观测中基准点的设置与选择[J]. 工程建设与设计, 2018(1): 42-44+59.

[129] 甘若, 陈天伟, 郑旭东, 等. 改进的小波阈值函数对变形监测数据的去噪研究[J]. 大地测量与地球动力学, 2020, 40(1): 21-26.

[130] 袁维, 李小春, 白冰, 等. 透镜体对尾矿坝安全性影响的参数敏感性分析[J]. 中南大学学报（自然科学版）, 2013, 44(3): 1174-1182.

[131] 李志平, 彭振斌, 何忠明, 等. 透镜体影响尾矿坝安全性的规律及其简化方法[J]. 中南大学学报（自然科学版）, 2017, 48(5): 1326-1334.